ESCOLA DE JUSTIÇA

História e Memória do Departamento Jurídico XI de Agosto

ESCOLA DE JUSTIÇA

História e Memória do Departamento Jurídico XI de Agosto

Cássio Schubsky (organizador)

Departamento Jurídico XI de Agosto
Faculdade de Direito da Universidade de São Paulo

imprensaoficial

PROJETO EDITORIAL E PESQUISA HISTÓRICA: Editora Lettera.doc
ORGANIZADOR E DIRETOR EDITORIAL: Cássio Schubsky
COORDENADORA EDITORIAL: Cláudia Malinverni
EDITORA EXECUTIVA: Marlene Valensuela
TEXTO E PESQUISA: Cláudia Malinverni, Cássio Schubsky (introdução e cronologia) e Thiago de Faria e Silva (antecedentes históricos e perfis)
ARTE E DIAGRAMAÇÃO: Adalton Martins
FOTOGRAFIA: Marcelo Vigneron/Alto Contraste
REVISÃO: Ana Elisa Camasmie e Guilherme Rocha
TRANSCRIÇÃO DE ENTREVISTAS: Acácio Morais, Diego Amorim Grola e Rinaldo Milesi
SUPORTE ADMINISTRATIVO: José Augusto Altran
CTP, IMPRESSÃO E ACABAMENTO: Imprensa Oficial do Estado de São Paulo

DADOS INTERNACIONAIS DE CATALOGAÇÃO NA PUBLICAÇÃO
BIBLIOTECA DA IMPRENSA OFICIAL DO ESTADO DE SÃO PAULO

Escola de justiça: história e memória do Departamento Jurídico XI de Agosto / org.: Cássio Schubsky – São Paulo : Imprensa Oficial do Estado de São Paulo: Departamento Jurídico XI de Agosto, 2010.

352p.:il.

ISBN 978-85-7060-923-6 (Imprensa Oficial)

1. Universidade de São Paulo. Faculdade de Direito. Departamento Jurídico XI de Agosto – História 2. Assistência jurídiciária – Brasil I. Schubsky, Cássio

CDD 347.81

Índices para catálogo sistemático:

1. Brasil : Assistência judiciária 347.81
2. Departamento Jurídico XI de Agosto : História : Faculdade de Direito : Universidade de São Paulo 378.8161

Foi feito o depósito legal na Biblioteca Nacional (lei nº 10.994, de 14.12.2004)
Impresso no Brasil 2010

DEPARTAMENTO JURÍDICO XI DE AGOSTO
Faculdade de Direito da Universidade de São Paulo

Praça João Mendes, 62 – 17º Andar – Centro
São Paulo – SP – CEP 01501-902
Fone: (11) 3107-1932
diretoria@djonzedeagosto.org.br
www.djonzedeagosto.org.br

imprensaoficial

Rua da Mooca, 1.921 Mooca
03103 902 São Paulo SP
sac 0800 01234 01
sac@imprensaoficial.com.br
livros@imprensaoficial.com.br
www.imprensaoficial.com.br

Sumário

História registrada

Em 1919, nasceu entre as Arcadas da Faculdade de Direito do Largo de São Francisco uma Escola, o berço da assistência jurídica gratuita no País. Nesse cenário, criou-se a maior e mais respeitada instituição privada de atendimento jurídico à população carente do Brasil – o Departamento Jurídico XI de Agosto, inicialmente denominado Assistência Judiciária Acadêmica.

Durante sua história, muitas pessoas por lá passaram. De um lado, inúmeros assistidos tiveram seus problemas jurídicos resolvidos e sua vida modificada. De outro, todo estagiário que entregou sua vida acadêmica à causa teve no Departamento Jurídico sua mais importante formação. O DJ é uma escola de vida, de formação jurídica, mas, principalmente, uma Escola de Justiça!

Hoje, o DJ consolidou-se como uma instituição respeitada, referência no atendimento jurídico à população. Mais do que isso, é lá que os problemas da população com menor acesso à Justiça se aproximam da realidade do estudante da Faculdade de Direito da Universidade de São Paulo. O assistido se conscientiza de que a distância entre seu problema e o Judiciário pode ser encurtada, ao passo que o estagiário entende que seu papel de operador do direito supera as barreiras de um simples processo judicial.

Nesta obra, toda a trajetória de trabalho e sucesso do Departamento Jurídico XI de Agosto está brilhantemente retratada. Fruto de parceria entre o DJ e a Editora Lettera.doc, o livro é resultado de ampla pesquisa histórica em fontes orais, documentais e iconográficas.

Este projeto imortalizará a história do Departamento Jurídico XI de Agosto e será um legado das gerações que por lá passaram para as que ainda passarão, mantendo sempre acesa a chama da luta pelo acesso à Justiça. Além disso, todo o material levantado, por meio da pesquisa e dos depoimentos orais, leva ao registro da construção da assistência jurídica gratuita no País.

Agradecimentos se fazem necessários. A história e a memória do Jurídico não seriam revividas se não fosse a contribuição de todas as pessoas que se empenharam neste projeto. À equipe da Editora Lettera.doc, que não mediu esforços para a elaboração da obra, em especial ao seu organizador, o editor e historiador Cássio Schubsky, pela parceria; às companheiras de diretoria Flávia Freitas e Marília Bortolotto, que fizeram deste o seu projeto de vida; à diretoria da instituição, pelo apoio; a todos os depoentes, fundamentais na reconstrução da trajetória do nosso Jurídico; à Associação dos Antigos Alunos da Faculdade de Direito da USP; à Imprensa Oficial; ao jornal *Diário de S. Paulo*, pela cessão de imagens utilizadas nesta obra; e a todos os doadores, apoiadores, patrocinadores e adquirentes de exemplares antecipados, que tornaram possível este livro, sonho há tanto tempo acalentado por gerações de estagiários do nonagenário Departamento Jurídico XI de Agosto.

Esta obra não pretende resumir nem pôr um fim à história do DJ, cuja contribuição para o acesso à Justiça continuará ainda depois de sua publicação: a cada atendimento realizado, a cada processo resolvido, a cada jurista formado.

Que a história continue sendo escrita, e que outros livros sejam editados, mas que vocês, leitores, possam, desde já, se emocionar com a nossa querida *Escola de Justiça: História e Memória do Departamento Jurídico XI de Agosto.*

Giordano Magri
Presidente
Departamento Jurídico XI de Agosto

Escola de Justiça

"Ao advogado compete assegurar a força jurídica àquele que não dispõe de qualquer outra."
Dalmo de Abreu Dallari, jurista brasileiro.

Pioneiro na assistência judiciária gratuita à população, o Departamento Jurídico XI de Agosto serviu de referência para a criação de outras entidades similares em todo o País.

Engajado em soluções jurídicas para questões sociais, é uma verdadeira escola de formação para milhares de estudantes de Direito, futuros advogados, juízes, promotores, defensores públicos, procuradores, etc. O estágio no departamento permite ao estudante fazer comparações diárias entre o que se aprende na sala de aula (teoria) e a eficaz transposição do aprendizado para a prática, o dia a dia da profissão.

Apoiado em ampla pesquisa, o livro *Escola de Justiça – História e Memória do Departamento Jurídico XI de Agosto,* organizado pelo historiador Cássio Schubsky, cobre importante lacuna do meio editorial: a falta de material sobre a história da assistência judiciária gratuita no País.

Antecipando-se às iniciativas governamentais, os estudantes da Faculdade de Direito da Universidade de São Paulo criaram, em 1919, o Departamento Jurídico, com o objetivo de atender à população mais pobre de São Paulo.

Com mais de 90 anos de atuação, o Departamento Jurídico patrocina, atualmente, 2,6 mil processos e atende aproximadamente 200 novos clientes a cada mês. São cerca de 260 estagiários, sob a orientação de 12 advogados orientadores e 30 advogados colaboradores, além de assistente social e voluntários do Instituto de Mediação e Arbitragem do Brasil.

A entidade é a escola de formação de algumas das mais destacadas e importantes personalidades jurídicas do País. Colheram-se depoimentos de estudantes que estagiaram na entidade e que carregam essa valiosa experiência no currículo – hoje profissionais de destaque em diferentes áreas: Advocacia Pública e Privada, Magistratura, Ministério Público, Defensoria Pública, Parlamento, Delegacia de Polícia, entre outras.

O Departamento Jurídico conta com o apreço da população de São Paulo e com o apoio do Centro Acadêmico XI de Agosto, da defensoria pública e de renomados escritórios de advocacia.

A Imprensa Oficial cumpre seu papel publicando *Escola de Justiça – História e Memória do Departamento Jurídico XI de Agosto,* um relato que precisava ter sido contado para servir de paradigma, e o livro cumpre essa função com extrema competência.

Imprensa Oficial do Estado de São Paulo

ESCOLA
DE
JUSTIÇA

Introdução

Direito de todos

No coração da cidade: no início de 1960, o DJ comprou dois conjuntos no 17º andar do Edifício Jurídico, na praça João Mendes, onde desde então está instalado

Escassa é a bibliografia disponível no Brasil sobre a história da assistência judiciária gratuita. Em parte, essa lacuna se explica pelo proverbial descaso do País com a memória e a preservação do patrimônio histórico e cultural. Há de considerar-se, também, que é relativamente recente a preocupação da comunidade jurídica com o acesso universal à Justiça, que remonta ao início do século passado.

Além da produção diminuta de teses acadêmicas sobre o tema, os relatos históricos são praticamente inexistentes. Não obstante, documentar e publicar fatos atinentes à trajetória da assistência judiciária equivale a registrar capítulo importante das lutas históricas pelo fortalecimento da democracia, do Estado de Direito e da justiça social.

Serviço essencial

A tutela jurisdicional dos direitos de pessoas desprovidas de recursos materiais fomenta o combate às desigualdades sociais. Além da proteção à lesão de direitos individuais, ao Judiciário escoam demandas coletivas por melhores condições de vida da população, em aspectos como saúde, educação, moradia etc.

A efetivação dos direitos individuais e coletivos, por meio da assistência judiciária gratuita, suplanta os limites do direito formal, do arcabouço jurídico que proclama a igualdade perante a lei e a proteção do Estado aos mais pobres. A letra fria da lei aquece-se com o calor da vida real.

A consolidação da democracia brasileira, a partir da promulgação da Constituição Federal de 1988, consagra como essenciais à Justiça os serviços desenvolvidos pela Defensoria Pública da União e dos Estados. Mais de 20 anos após a entrada em vigor da Constituição cidadã,

Na recepção do Departamento Jurídico, diariamente, dezenas de clientes recebem consultoria e assistência judiciária gratuita. Na área de atendimento, uma sala reservada garante a privacidade dos clientes de casos mais delicados e serve, também, para as sessões de mediação de conflitos ainda se faz necessária a ampliação do número de defensores públicos, com remuneração compatível com os vencimentos de outros membros das carreiras jurídicas de Estado (como integrantes da Magistratura, da Advocacia Pública e do Ministério Público).

A luta não é de hoje: o incremento da assistência judiciária gratuita desenvolve-se paulatinamente, ano após ano, desde 1919.

De corpo e alma

Com a criação do Centro Acadêmico XI de Agosto, em 1903, começou a germinar, entre os estudantes, a ideia de implantação de um serviço de assistência judiciária gratuita para a população pobre da cidade de São Paulo.

Antecipando-se às iniciativas governamentais, os estudantes do Largo de São Francisco criaram a Assistência Judiciária Acadêmica, que, em 1947, passaria a ter nova denominação: Departamento Jurídico XI de Agosto. Renovou-se a estrutura de atendimento, e a entidade foi conquistando relevância social crescente.

Para aquilatar o valor do DJ, basta dizer que ele é um dos mais antigos (se não o mais antigo) e um dos maiores (se não o maior) programas de extensão universitária do País. No Jurídico, imbricam-se duas tarefas indissociáveis: prática jurídica e prestação de serviço à comunidade. Ou, dito de outro modo: aprender e defender o Direito.

O livro que agora chega às mãos dos leitores traz uma história vibrante e multifacetada. Vibrante, porque construída, com afinco e paixão, por milhares de estudantes da Faculdade de Direito do Largo de São Francisco ao longo de nove décadas. Multifacetada, pois a trajetória do Departamento Jurídico XI de Agosto revela-se sob variados ângulos, incluindo textos produzidos a partir de um rico levantamento histórico-documental e quase 30 depoimentos de história oral. A iconografia publicada transcende a importância estética conferida à obra: para além da

Há mais de meio século, o compartilhamento solidário de informações entre os estagiários é uma das principais marcas da aprendizagem no DJ beleza de fotos e documentos, as imagens trazem relevantes informações de conteúdo histórico.

Um notável Conselho Editorial, formado por antigos e atuais estagiários do Jurídico, colaborou intensamente na orientação da pesquisa histórica e na edição da obra. A equipe de pesquisa e edição da Editora Lettera.doc, responsável pela publicação, contou com o apoio abnegado de estagiários, orientadores e funcionários do DJ XI de Agosto.

Não custa ressalvar que muitos fatos e personagens não puderam ser mencionados, por razão evidente: o limite no número de páginas do livro. Deixe-se consignado, contudo, que esta história é coletiva, da lavra de estagiários e assistidos, de orientadores e funcionários do DJ. É uma saga feita de corpo e alma.

Prepare o seu coração...*

Cássio Schubsky

* *Verso inicial da canção* Disparada, *de Geraldo Vandré e Theo de Barros.*

Essencial, o estagiário de campo, ou simplesmente vareiro, percorre todos os dias os foros da Justiça comum, das Justiças Federal e do Trabalho e dos Juizados Especiais da capital, para acompanhar o andamento das causas patrocinadas pelo Jurídico

Na Sala de Informática, os estagiários têm à disposição a rede de computadores, na qual estão armazenadas as informações sobre todos os processos conduzidos pela entidade

Origens da assistência judiciária gratuita

A história da assistência judiciária gratuita reveste-se do tênue limiar entre o direito à Justiça e a prática da caridade. O discurso do estudante José Soares de Arruda na Faculdade de Direito do Largo de São Francisco, em 9 de setembro de 1919, durante a inauguração da Assistência Judiciária Acadêmica (AJA) – entidade que, a partir de 1947, passaria a denominar-se Departamento Jurídico XI de Agosto –, apresenta essas duas origens. De um lado, o acadêmico recorre a Roma e à obrigação dos patrícios de defender os mais fracos. Do outro, lembra a preocupação devotada pela Igreja aos pobres, incluindo a possibilidade de os monges prestarem assistência jurídica.[1]

Um direito do cidadão

Entretanto, somente no século XIX a assistência judiciária gratuita inscreveu-se nos estatutos legais e passou a ser, cada vez mais, um direito facultado ao cidadão. Não por acaso, sua regulamentação e estrutura-

Precursor da assistência judiciária gratuita no País: conhecido como o advogado dos escravos, Luiz Gama, ele mesmo cativo liberto, defendia em juízo quem não podia pagar honorários advocatícios *(bico de pena de Angelo Agostini)*

ção ocorrem, principalmente, em Estados modernos mais consolidados, como o francês. Em 22 de janeiro de 1851, ainda segundo o estudante Arruda, a França "*estabeleceu junto de cada tribunal de apelação, das cortes de cassação e do conselho de Estado, um* bureau *de assistência judiciária, composto de um representante fiscal, de um delegado do prefeito e de vários outros membros, os quais eram nomeados, ora pelos próprios tribunais ou pelas cortes, ora pela Ordem dos Advogados*".[2] Outros países, como Inglaterra, Holanda, Itália e Espanha, também passaram a prover assistência judiciária durante o século XIX.[3]

Na América do Sul, países como Chile e Peru trataram do tema em seus ordenamentos jurídicos dos nascentes Estados nacionais. No Império brasileiro, embora não tenha sido estruturado um serviço propriamente dito, um primeiro passo foi dado com a isenção parcial de custas judiciais aos réus pobres.[4]

Raros eram os exemplos de advogados brasileiros que, por conta própria, exerciam a advocacia gratuitamente – entre eles, destaca-se Luiz Gonzaga Pinto da Gama (1830-1882), que defendeu escravos em juízo, entre outras pessoas desprovidas de recursos materiais para arcar com honorários advocatícios.[5]

Entre nós, o exemplo francês só seria seguido durante os primeiros anos da República, quando o Art. 176 do Decreto nº 1.030, de 14 de novembro de 1890, previu o início dos trabalhos para a organização de um serviço de assistência judiciária no Distrito Federal (Rio de Janeiro, à época): "*O Ministro da Justiça é autorizado a organizar uma comissão de patrocínio gratuito dos pobres no crime e cível, ouvindo o Instituto da Ordem dos Advogados, e dando os regimentos necessários*".

Seguindo o Distrito Federal, outros Estados passam a organizar seus serviços de assistência judiciária gratuita. No Rio Grande do Sul, ele é criado pelo governo estadual. Na Bahia, é obra do Instituto dos Advogados Baianos. Sem estar previsto na Constituição republicana de 1891 – o que só viria a ocorrer na Carta constitucional de 1988 –, o serviço

Antigo aluno da São Francisco, o ex-governador André Franco Montoro atuou na Procuradoria de Assistência Judiciária (PAJ), órgão que era vinculado à Procuradoria-Geral do Estado de São Paulo

D. J. E. - G. J
PROC. 1244
FLS. 3

SECRETARIA DA JUSTIÇA E NEGÓCIOS DO INTERIOR
DEPARTAMENTO JURÍDICO DO ESTADO
SÃO PAULO

PROCURADORIA DE ASSISTÊNCIA JUDICIÁRIA

Exmo.Sr.Dr. JOSÉ EDGARD PEREIRA BARRETO,
M.D. Procurador Geral do Estado.

ANDRÉ FRANCO MONTORO, advogado da Procuradoria de Assistência Judiciária, vem, mui respeitosamente, requerer a V.Excia. autorização para gozar as férias regulamentares do corrente exercício, a partir do dia 17 de novembro próximo.

Nêstes têrmos,
P.Deferimento.

São Paulo, 28 de outubro de 1947.

(André Franco Montoro)

oscila ora como esforço de organizações envolvidas com a operação do direito, ora como disposição política de alguns governos.

Pioneirismo do XI de Agosto

Em São Paulo, o serviço de assistência judiciária gratuita segue esse mesmo processo de lenta estruturação. A criação da Assistência Judiciária Acadêmica, em 1919, com absoluto pioneirismo no Estado, inscreve-se no caminho dos esforços cívicos feitos por instituições ligadas ao Direito.[6] Contudo, torna-se exemplo pungente, ao ser obra de estudantes de Direito, mais preocupados com o exercício da profissão e com o parco acesso à Justiça do que propriamente com a distinção social proporcionada pelo título de "doutor".

Logo após a criação da Assistência Judiciária Acadêmica, a Lei Estadual nº 1.763, de 29 de dezembro de 1920, organiza a Assistência Judiciária do Estado de São Paulo, que só viria a ser implantada, de fato, em 14 de março de 1922, pelo presidente do Estado, Washington Luís (antigo aluno das Arcadas, da turma de 1891).[7] Embora adotado em diversas cidades do Estado[8] e em áreas específicas, como a assessoria jurídica aos trabalhadores agrícolas do Departamento de Trabalho Agrícola (Decreto Estadual nº 4.819, de 7 de janeiro de 1931), o serviço foi mais bem estruturado a partir da criação do Departamento de Assistência Social do Estado, em 1935, constituindo-se o Consultório Jurídico de Serviço Social. Com um corpo pequeno de funcionários e pouca verba, o órgão encontrou dificuldades em seus primeiros anos.

Em 27 de junho de 1947, o serviço passa a ser competência da Procuradoria de Assistência Judiciária (PAJ), com a criação do Departamento Jurídico do Estado. Dele participaram centenas de bacharéis formados na Faculdade de Direito da Universidade de São Paulo, entre os quais o ex-governador de São Paulo André Franco Montoro. Desde então, a PAJ não parou de crescer em número de pessoas atendidas e

A Procuradoria de Assistência Judiciária, que funcionava na avenida Liberdade, 32, no centro da capital paulista, foi parceira do DJ de 1995 a 2006

no tipo de causas patrocinadas. Em 2006, a Lei Complementar Estadual 988 extinguiu o órgão e criou a Defensoria Pública do Estado de São Paulo.

Em 1988, após vitoriosa campanha de setores da sociedade civil, da qual participou, ativamente, o Centro Acadêmico XI de Agosto, a Constituição brasileira contemplou, no Art. 134, as Defensorias Públicas dos Estados e da União: "*A Defensoria Pública é instituição essencial à função jurisdicional do Estado, incumbindo-lhe a orientação jurídica e a defesa, em todos os graus, dos necessitados, na forma do Art. 5º*". Selou-se, assim, um árduo processo histórico de instituição da assistência judiciária gratuita como direito garantido pelo Estado.

No entanto, mesmo com a garantia constitucional, muito resta por fazer, pois o acesso à Justiça ainda aguarda sua plena realização e manutenção. Por isso, as instituições da sociedade civil participantes do esforço de democratização do acesso à Justiça – como as seções estaduais da Ordem dos Advogados do Brasil e os serviços de assistência judiciária das universidades – mantêm-se, ainda hoje, fundamentais. Afinal, historicamente, coube a elas o papel de ora apontar caminhos ao Estado, ora associar-se a ele, sem se furtar da incontornável relação entre o pleno exercício do direito e a atenção às questões sociais.[9]

Gabinete da Defensoria Pública do Estado de São Paulo, que mantém convênio, desde sua implantação, em 2007, com o Departamento Jurídico

Maior escritório particular de assistência jurídica gratuita do Brasil, o DJ patrocina, atualmente, cerca de 2,6 mil processos

Antônio Carlos de Abreu Sodré

Nascido em 1898, em Santa Cruz do Rio Pardo (SP), teve intensa vida pública, marcada pela defesa da democracia. Em 1917, participou da fundação da Liga Nacionalista, juntamente com Olavo Bilac. Na Faculdade de Direito do Largo de São Francisco, foi presidente do Centro Acadêmico XI de Agosto, em 1919, e, posteriormente, um dos diretores da Associação dos Antigos Alunos da Faculdade de Direito da USP. Durante a sua gestão à frente do XI de Agosto, teve como principal realização a criação da Assistência Judiciária Acadêmica.

Na década de 1920, foi promotor público no interior paulista, em Olímpia e Botucatu. Nesse período, ingressou no Partido Democrático (PD) e foi o vereador mais votado nas eleições para o Conselho Municipal de Botucatu.[1] Integrante do Diretório Central do PD, participou ativamente das articulações em prol da Aliança Liberal e da Revolução de 30. Durante os desentendimentos entre o PD e o Governo Provisório, foi um dos signatários dos manifestos de 5 e 6 de abril de 1931, rompendo com o interventor João Alberto e exigindo a convocação de uma Assembleia Constituinte.[2] Também participou da formação da Frente Única Paulista (FUP), que congregava opositores ao governo federal oriundos do PD e do Partido Republicano Paulista (PRP). Como desdobramento da sua atuação política, engajou-se na Revolução Constitucionalista e no MMDC, o movimento criado em homenagem aos quatro jovens mortos em 1932. Após o fracasso do levante, exilou-se na Argentina até 1933.

Ao retornar, elegeu-se para a Assembleia Nacional Constituinte, pela Chapa Única por São Paulo Unido, base para a posterior consolidação do Partido Constitucionalista, pelo qual se elegeu deputado federal, exercendo o mandato de 1935 até o golpe do Estado Novo, em 1937. Foi preso em 1940 e 1943, além de responder a um inquérito no Tribunal de Segurança Nacional, acusado de reorganizar o MMDC. Durante esse período, exerceu a advocacia e sofreu com o agravamento de seus problemas respiratórios.

Pouco antes de falecer, no dia 18 de novembro de 1946, contribuiu para a fundação da União Democrática Nacional (UDN). Trecho de um de seus discursos sintetiza bem sua trajetória: "Cobrir-se com a liberdade para a destruição dos privilégios".[3] A frase foi grafada em uma herma em sua homenagem, instalada na praça da Liberdade, mas a placa com os dizeres foi depredada e a escultura permanece sem identificação.[4]

Acima, na página ao lado, o jovem Abreu Sodré, que em 1919, como presidente do XI de Agosto, ajudou a fundar a Assistência Judiciária Acadêmica; e a herma em sua homenagem, na praça da Liberdade, abandonada pelo poder público municipal

No princípio, era a Assistência Judiciária Acadêmica

No dia 9 de setembro de 1919, tinha início a história do mais longevo serviço de assistência judiciária gratuita não governamental de que se tem notícia na América do Sul. Naquele dia, idealizada por um diminuto grupo de estudantes da Faculdade de Direito do Largo de São Francisco, era fundada a Assistência Judiciária Acadêmica (AJA), embrião do Departamento Jurídico XI de Agosto. Sob os auspícios do Centro Acadêmico, já uma das mais importantes agremiações estudantis do País, fundado em 1903, a AJA nascia para atender à população pobre de uma São Paulo ainda distante da metrópole que o futuro iria desenhar.

Era um sonho antigo dos estudantes, que vislumbravam na entidade também um instrumento para exercitar a almejada advocacia. Registros indicam que, ao menos sete anos antes da fundação da AJA, os alunos das Arcadas já discutiam a criação de um órgão de assistência judiciária. Em julho de 1912, o estudante J. Benicio de Paiva, em

"O 11 DE AGOSTO

SUMMARIO

Onze de Agosto . . . — Theodoro F. Camar
Sonhar Idyllio . . . — Octavio Brisola
Dentro da Noite . . — Edvard Carmillo
Ruben Dario . . . — —
Bouquet . . . — Ruben Dario
A fallencia é um instituto de direito formal. — Vicente Rao
O Zé da Venda . . — Diogo de Mello
Nunca mais. . . . — Silvestre da Serra
Dança do "Ai! Ai!". — Melchiades Vilhe
Silhuetas . . . — —
O engenho . . . — Adolpho M de Barr
Direito Commercial. . — Celso Pinto
O passado e o futuro. — Theodoro F. Camar
O fim dos sonhos de um bacharel. . . — Fabricio Velho
Assistencia judiciaria . J Benicio de Pai
O desejo eterno . . — Menotti del Picc
Scenas da roça. . . — Diogo de Mello
As condições subjectivas do contracto commercial . . . . . G. Reis
Rabiscos . . . . — C. Gomes de Freit
Condôres . . . . Tullio França
O contracto social . — Gontran Reis
A cruz de teus cabellos — Silvestre da Serra
Vencedor vencido . . — D. Justo Seabra
Desillusão! . . . . — Arthur Egydio
C. Estrella
Capital . . . . . — Adarol
Noticiario . . . . — —

Capa de *O 11 de Agosto*, informativo do Centro Acadêmico, publicado em julho de 1912. Nesta edição, artigo de J. Benicio de Paiva *(reproduzido na íntegra nas duas próximas páginas)* revela o desejo dos estudantes das Arcadas de criar uma entidade de assistência judiciária

Assistencia judiciaria

Nos circulos academicos de nossa velha e querida Faculdade de Direito, nasceu e hoje corre, toma vulto, fórma e côr na intensidade viva e palpitante dos sentimentos com que a mocidade sabe vestir e animar as ideias generosas e alevantadas, a lembrança digna de franca e enthusiastica acolhida, de se fundar nesta Capital, uma Assistencia Judiciaria, com a collaboração e o apoio de todos os alumnos daquelle estabelecimento de ensino juridico, e destinada, como aliás se deprehende de sua propria denominação, a amparar, defender e patrocinar as causas abandonadas de réus pobres no jury desta cidade.

Como todos os tentamens dignos e elevados, em que se embebe, fremente, esse vivo e instinctivo sentimento de perfeição moral que impelle o homem na estrada da civilisação como uma força impulsiva e ineluctavel, a boa ideia vae encontrando, victoriosamente, campo feraz e largo para a sua germinação no dominio da realidade viva, em todos os espiritos intelligentes e adiantados, em todos os corações abertos ás sensações dignificantes do amor á Justiça e ao Direito—supremas expressões do culto sagrado de que seremos mais tarde, nós, estudantes de direito, os apostolos dedicados nos torvelinhos incessantes da vida social...

Mas esse enthusiasmo e a facilidade com que a ideia fecunda e grande, generosa e humanitaria foi acolhida e vae se propagando no seio da mocidade academica, não são, a nosso ver, sinão a manifestação natural de um phenomeno que a cada passo vemos cahir sob a objectiva da nossa observação, em todos os avanços, em todas as tentativas que os homens e as sociedades, em virtude de uma lei necessaria a que estão chumbados, operam quotidianamente no sentido de attingir o maximo progresso, em todas as fórmas da actividade humana. E, effectivamente, as ideias sãs e grandiosas, os emprehendimentos nobres e de legitimo alcance moral, si correspondem ás vibrações com que nos sacodem a alma as illusões do progresso indefinido, si fazem acordar e rebentar no coração a representação impressionante de uma ideia, de uma aspiração que nelle ainda vivia latente ou nelle confusamente se agitava, tendem logo a se traduzir em realidade, muito embora encontrem, aqui ou alli, empeços naturaes e inevitaveis á effectivação de tudo que reverte em achega preciosa para o vasto e opulento patrimonio do progresso humano.

E' que as boas ideias trazem em si uma força de penetração poderosa e irresistivel, um luminoso poder de expansão que actua activamente, em todos os espiritos, que acabam por se render avassalados pelos explendores da verdade de que aquellas são o facho immarcessivel. Agem num trabalho de sapa formidavel, persistente, energico e incessante como a força vulcanica nas paredes subterraneas do nosso globo, até que irrompe á face do sólo na explosão violenta dos elementos incandescentes e desordenados. Assim, as grandes ideias, no dominio dos espiritos; assim, estamos certos, na alma ardente da mocidade academica, a ideia brilhante, louvavel, patriotica e altamente humanitaria da fundação nesta Capital de uma Assistencia Judiciaria, constituida pelos alumnos de nossa Faculdade, que saberão mantel-a, fazel-a prosperar, produzindo os sazonados fructos de que as arvores boas se arreiam e se enfeitam. As vantagens de ordem pratica para o exercicio delicado e difficil da profissão que nos espera la fóra, no grande tablado da vida social, não necessitamos de mencional-as aqui, tão evidentes se nos affiguram ellas. Sabemos que é um dos estorvos, uma das ideias-phantasma que acompanham e torturam o espirito de quem não possue o dom de uma palavra facil e brilhante, o exercicio da tribuna, cujos azares expoem não raro bellas intelligencias ao pelourinho de apreciações malevolas e pouco lisongeiras, preparando, encaminhando, muita vez sobre a reputação intellectual do orador infeliz uma corrente de ideias desfavoraveis — ideias que serão o seu desprestigio, a sua infelicidade, a sua ruina. Ora, a instituição de que tratamos, aplaina, ou quando menos, attenúa, essa difficuldade. O exercicio continuo da tribuna judiciaria acaba por emprestar á pessoa mais inexperta nos difficeis torneios da palavra uma firmeza, uma segurança tranquilla e imperturbavel que ella jámais alcançaria, si não houvesse antes procedido a esse *entraînement*. Por esse lado, vê-se quão util é a ideia que já vae acalentando e abrazando como uma ascua sagrada uma parcella pequena, mas, selecta da alma academica. Si, porém, o tentamen é de grande utilidade pratica, é, por outro lado, de grande significação moral, de um alcance que deve ensoberbecer a quantos que para sua realização dependeram energias e venceram difficuldades. Realizada a ideia, constituida a Assistencia Judiciaria, muitos infelizes que se veem arrastados á barra dos Tribunaes, sem que os caprichos da fortuna lhes proporcionem meios para o contracto de um advogado que com sua causa, a causa de sua liberdade, mais se identifique, teriam nessa instituição bemfazeja, mantida ao calor fecundo e creador do coração da mocidade academica, um braço forte, sincero e desinteressado para amparal-os, um coração e uma intelligencia para sentir por elles e por elles clamar a justiça devida.

E' verdade que a sociedade, pelo orgam do magistrado que preside aos trabalhos do tribunal julgador, corre o dever de dar a esses infelizes desprotegidos o apoio de uma palavra, um advogado á sua causa; mas, sabe-se que o advogado, salvas as excepções, assim nomeado no momento, acceita aquella incumbencia, altamente melindrosa, porque envolve a liberdade de um cidadão — mais por um dever que lhe impõe a profissão, do que mesmo pelo interesse superior de defender o direito em jogo. A Assistencia Judiciaria virá sanar esse mal, nomeando no circulo de seus membros, quem capaz seja de patrocinar, com vantagens e sinceridade, a causa que reclamar os seus serviços...

Como se vê pelas linhas atraz, traçadas ligeiramente e sem nenhuma pretensão, a ideia que se ventila aqui, é nobre, digna dos applausos dos espiritos esclarecidos e bem intencionados, dos corações generosos e bem formados. Oxalá, possa ella encontrar, em todos os alumnos da velha Escola de Direito de S. Paulo, o appoio que merece, o carinho que faz jus pela sua grandeza como pelo seu grande alcance social.

As sementes fecundas germinam, mesmo em terreno safaro e ingrato; si isto é verdade, acreditamos que a semente aqui atirada não morrerá mirrada no frio esterilizante do indifferentismo...

S. Paulo, Julho de 1912.

J. BENICIO DE PAIVA.

O desejo eterno

Povoava-me a alma, numa ancia insubmissa, um desejo vago de bem estar, que velava sempre, mordendo-me a vontade aguçando-a, numa revolta de si mesmo, num nojo de paz preguiçosa e improficua e da inercia molle e velhaca.

O desespero da luta dava-me arrepios de febre e o cansaço, vindo traiçoeiro, me afiava esse desejo grande, que não dormia nunca, esse grande desejo de não desejar nada. Estranha obsecação.

Attribui esse inimigo ao meu estado nervoso.

Consultei medicos: Riam-se todos:

— Não tem nada... E abraçavam-me amigavelmente, compadecidos, intuindo em mim um ser bizarro, psychologicamente morboso.

Um calor de satisfação intima adelgaçava-me os labios na certeza da minha sanidade physica. Mas o desejo occulto, emboscado dentro de mim, ardiloso, incoherente roia-me o socego como um microbio ruim, desesperado na sua faina pathogenica.

Um dia concentrei-me e puz-me a examinar o meu desejo. Sentia a alma cheia de aspirações estravagantes que elle engendrava, e em vão, sabendo-o nesse cahos moral, buscava dissecal-o, sentil-o só, isolado para extirpal-o como uma herva ruim.

Interrogava me a mim mesmo: Que é que eu quero?

Nada! De facto, não me faltava nada.

Mas elle estava alli, o maldito desejo, e me arrastava, louco, insaciado, a procura de uma cousa obscura, longe, que eu mesmo não sabia...

***

— Vês? Como é bom viver assim! Como é adoravel a paz. — Gostas da paz?

— Não. Não gosto da paz. A paz excita-me o tedio e o tedio mata-me.

— E' estranho... Então gostas de luta?... E's um cigano. Soffres da vontade de... Molestia excentrica e aberrante. Vê se a esmagas e reanimas a vontade bohemia. Deixa-te arrastar na correnteza da vida...

— E' corrompida demais. E' rapida demais. Dá vertigens...

— Isso é sentimentalismo. Procura nella só o que ha de bom. E ha nella de muita cousa que é boa.

artigo na revista do Centro Acadêmico, expunha as motivações do acalentado projeto:

"Estamos certos, na alma ardente da mocidade acadêmica, da ideia brilhante, louvável, patriótica e altamente humanitária da fundação nesta Capital de uma Assistência Judiciária, constituída pelos alunos de nossa Faculdade, que saberão mantê-la, fazê-la prosperar, produzindo os sazonados frutos de que as árvores boas se arriam e se enfeitam. (...) Oxalá possa ela encontrar em todos os alunos da velha Escola de Direito de S. Paulo o apoio que merece, o carinho que faz jus pela sua grandeza, pelo seu grande alcance social. (...) Realizada a ideia (...) muitos infelizes que se veem arrastados à barra dos Tribunais, sem que os caprichos da fortuna lhes proporcionem meios para o contrato de um advogado que com sua causa, a causa de sua liberdade, mais se identifique, teriam nessa instituição benfazeja, mantida ao calor fecundo e criador do coração da mocidade acadêmica, um braço forte, sincero e desinteressado para ampará-los, um coração e uma inteligência para sentir por eles e por eles clamar a justiça devida".[1]

Surpreendente discurso

A criação da Assistência Judiciária Acadêmica não teria sido possível sem o decisivo empenho do presidente do Centro Acadêmico à época, Antônio Carlos de Abreu Sodré, e do segundo orador do Onze, Alcyr de Luné Porchat, como destacou o bacharel Oscar de Vasconcelos Galvão, em crônica publicada no jornal *A Gazeta*, em 1930: "*Um dos mais proveitosos trabalhos de Abreu Sodré no XI de Agosto foi, sem dúvida, a fundação da Assistência Judiciária Acadêmica. A proposta não foi sua, porém, tudo fez o presidente de 1919 para que o projeto de Alcyr Porchat se tornasse realidade*". Galvão também enfatiza a participação de Porchat: *"Alcyr Porchat, que tem grandes serviços à sociedade representativa dos estudantes de Direito, prestou, com a criação da Assistência Judiciária Acadêmica, o mais assinalado de todos".*[2]

O ESTADO DE S. PAULO

S. PAULO — QUARTA-FEIRA, 10 DE SETEMBRO DE 1919

NUM. 14.860

ANNO XLV

TELEGRAMMAS

Serviço especial do "ESTADO DE S. PAULO", da Agencia Havas e da "United Press"

EXTERIOR

ALLEMANHA

CIRCO QUEIROLO

ESTADOS UNIDOS

FORMICIDA JUPITER
CARA, MAS ECONOMICA

FRANÇA

BRILHANTES
COMPRAM-SE POR BOM PREÇO
CASA BENTO LOEB

ITALIA

RUSSIA

WHITE LABEL
ou não beber

BELGICA

SUISSA

NORUEGA

HESPANHA

AUSTRIA

HUNGRIA

MEXICO

ADUBOS POLYSU
PARA TERRAS FRACAS

INGLATERRA

FACULDADE DE DIREITO

ASSISTENCIA JUDICIARIA ACADEMICA

HOMENAGEM A MESTRES FALLECIDOS

ASSISTENCIA JUDICIARIA

No dia 10 de setembro de 1919, os jornais paulistas deram destaque à inauguração da AJA; entre eles, *O Estado de S. Paulo*, que publicou na íntegra os discursos proferidos em solenidade na Faculdade de Direito do Largo de São Francisco

Simpáticos à causa, muitos professores da Faculdade de Direito empenharam publicamente, à primeira hora, seu apoio à AJA. *"No seu início, (...) mereceu os melhores cuidados de muitos professores da Academia de São Paulo, principalmente de José Joaquim Cardoso de Mello Neto, que – e nós somos insuspeitíssimos para louvar sua ação – foi, incontestavelmente, o grande fator de seu triunfo"*, aponta Galvão.

O evento ganhou destaque na imprensa paulista. Para o *Correio Paulistano*, o gesto dos alunos da Faculdade de Direito demonstrava o *"elevado senso moral dos estudantes desta capital nesse compromisso de, gratuitamente, auxiliarem com abnegado esforço a todos os pobres que carecerem de seus serviços profissionais"*.[3]

Um dos mais eminentes professores da São Francisco, da qual se tornaria diretor décadas mais tarde, além de prefeito e governador de São Paulo, Cardoso de Mello participou da sessão solene de inauguração da entidade. Em discurso emocionado, publicado na íntegra por alguns dos principais jornais da época, antecipava a defesa obstinada que faria, ao longo da vida acadêmica, dos princípios que sustentavam a AJA, destacando o papel dos jovens nas lutas de interesse social: *"Inicia-se hoje, sob os auspícios dos moços, a Assistência Judiciária. Não se poderia instalar sob melhor patrocínio: a Assistência é o consórcio do desinteresse e da abnegação a serviço da Justiça, e estas virtudes, inatas da mocidade, são as virtudes tradicionais dos estudantes de Direito de S. Paulo. Mas isto, que é muito, não é tudo. Nem é por este lado somente que o tentame dos moços deve ser aplaudido e merece ser encorajado. A Assistência Acadêmica em São Paulo representa a primeira pedra do edifício da Assistência Judiciária existente há mais de um século em outras terras civilizadas"*.[4]

Coube ao bacharelando José Soares de Arruda proferir um surpreendente discurso inaugural, que entraria para a história da entidade. Depois de um périplo histórico sobre a assistência judiciária aos carentes, resgatando suas origens na Roma antiga, e incursionando por sua aplicação em diversos países europeus, com ênfase na França, e em alguns da

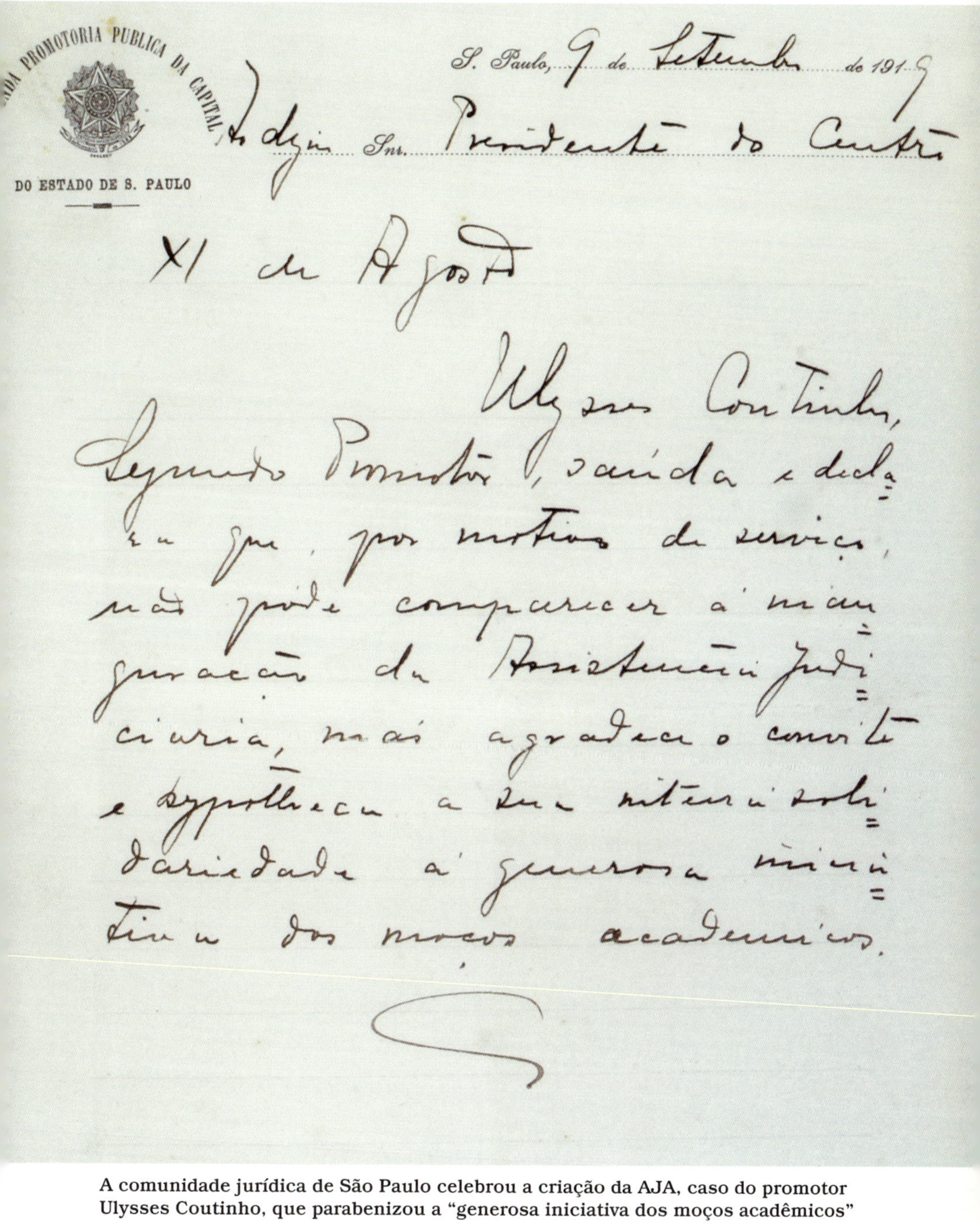

DA PROMOTORIA PUBLICA DA CAPITAL
DO ESTADO DE S. PAULO

S. Paulo, 9 de Setembro de 1919

Ao Exmo. Snr. Presidente do Centro XI de Agosto

Ulysses Coutinho, Segundo Promotor, saúda e declara que, por motivos de serviço, não pode comparecer á inauguração da Assistencia Judiciaria, mas agradece o convite e hypotheca a sua inteira solidariedade á generosa iniciativa dos moços academicos.

A comunidade jurídica de São Paulo celebrou a criação da AJA, caso do promotor Ulysses Coutinho, que parabenizou a "generosa iniciativa dos moços acadêmicos"

América do Sul, ele cita as poucas iniciativas públicas brasileiras na área: Distrito Federal (Rio de Janeiro, à época), Rio Grande do Sul e Bahia. *"No Rio Grande, a assistência é obra meritória do governo estadual e, na Bahia, ela representa uma conquista do Instituto dos Advogados Baianos, que a fundou e mantém (...)"*, relata Arruda. E acrescenta, a respeito do cenário paulista: *"Entre nós, pesa-nos dizer, nada se fez ainda nesse sentido. Apenas o Instituto dos Advogados de São Paulo, corporação, aliás, de existência recente, votou um projeto (...)".*[5]

Ao falar do futuro que os estudantes projetavam para a AJA, Arruda soou profético: *"Não temos dúvida, por isso, de que a Assistência Judiciária Acadêmica, transposto o período de expectativa que precede a realização de todo empreendimento altruístico, há de se impor ao respeito e veneração do público, especialmente da classe desfavorecida"*. E finalizou exortando a comunidade estudantil a não esmorecer diante dos desafios impostos pela iniciativa: *"Por mais trabalhosa que seja a causa que couber ao nosso patrocínio, não hesitemos em defrontá-la e defendê-la com o denodo próprio dos moços e com o estoicismo peculiar aos verdadeiros apóstolos do direito".*[6]

O difícil começo

Na primeira década de existência, a Assistência Judiciária Acadêmica enfrentou dificuldades para se estabelecer: eram escassos os recursos para sua manutenção, basicamente repassados pelo XI de Agosto, e não há informações sobre nenhum outro tipo de suporte financeiro público, privado ou da própria Faculdade. E a AJA só ganhou contornos de um serviço consistente e efetivo a partir de meados dos anos 1920, quando patrocinou seus primeiros casos. Alojada nas dependências do Centro Acadêmico, no prédio da Faculdade de Direito, a AJA redigiu seu primeiro regimento em 1929.[7]

Nesse período, é notório o esforço dos estudantes para divulgar o trabalho da entidade no Judiciário paulista. Em ofício datado de 21 de

JUIZO DE MENORES
S. PAULO

Nº 11-854 Em 21 de A G O S T O de 1929

Exmo. Sr. Presidente e mais membros da Directoria da "Assistencia Judiciaria" do Centro Academico XI de Agosto.

Accusando o recebimento do attencioso officio de VV. Exas., de 14 do corrente, só hontem recebido, em que o "Centro Academico XI de Agosto", brilhante aggremiação de distinctos e talentosos alumnos de nossa respeitada e tradicional Faculdade de Direito, offerece, gratuitamente, os seus serviços, no sentido de auxiliar a este Juizo, na medida do possivel, n'essa obra grandiosa e eminentemente social, que é uma de suas principaes attribuições, - de assistencia e protecção á infancia-, agradeço, penhorado e muito commovido, esse generoso offerecimento, que acceito, com a maíor satisfação, aguardando, apenas, occasião opportuna, que avisarei, para ter a cooperação da "Assistencia Judiciaria Academica", d'esse Centro, n'essa cruzada santa do bem, em pról da infancia, que será, por certo, o esteio futuro da nossa nacionalidade, como bem disse o distincto secretario d'essa "Assistencia", signatario do referido officio.

Prevalecendo-me do ensejo, apresento a V. Exa. os meus protestos de alta estima e distincta consideração.

Attenciosas saudações.

Juiz de Menores.

Juiz de menores de São Paulo agradece e aceita a oferta de ajuda feita pelos estudantes ligados à Assistência Judiciária Acadêmica agosto de 1929, um juiz de menores agradece à diretoria da AJA a oferta *"gratuita de seus serviços, no sentido de auxiliar a este Juízo, na medida do possível, nessa obra grandiosa e eminentemente social, que é uma das principais atribuições da assistência e proteção à infância"*.[8]

A entidade era já uma referência, segundo a *Folha da Manhã*, que, naquele ano, destaca a excelência do trabalho do estudantes: *"A Assistência Judiciária ensina quase tanto como a Faculdade de Direito. Não devia ser apenas o resultado brilhante do esforço dos próprios estudantes"*. E opina sobre o apoio à AJA: *"Devia ser uma instituição amparada e regulamentada pelo governo"*.[9]

Responsável, desde o início, pelas causas patrocinadas pelo XI de Agosto, a entidade foi incumbida pelos estudantes de acompanhar o processo de extradição do escritor italiano Mario Mariani, militante ligado aos movimentos antifascistas no Brasil. Em abaixo-assinado, de 19 de maio de 1930, membros do Centro Acadêmico pedem *"que se converta em diligência o assunto, encarregando a Comissão de Assistência Judiciária Acadêmica, o órgão do Centro indicado para tal, de procurar a polícia do Estado, para examinar aquele inquérito, trazer dentro do prazo de cinco dias, um relatório (...) depois da apresentação desse relatório e do pronunciamento do Supremo Tribunal, e nunca antes, deve o Centro tomar uma atitude"*.[10]

A AJA foi a primeira entidade paulista a prestar assistência judiciária aos menos favorecidos. O Estado só organizaria serviço dessa natureza em 1920, com a promulgação da Lei 1.763, em 29 de dezembro daquele ano. A assistência judiciária do Estado foi criada na gestão de Washington Luís, egresso da São Francisco, que, em 1926, se tornaria presidente da República. Contudo, sua regulamentação só viria quase um ano depois, com o Decreto 3.425, de 13 de dezembro de 1921.[11]

Em 1947, a AJA foi reorganizada e passou a denominar-se Departamento Jurídico do C.A. XI de Agosto. A assistência judiciária gratuita prestada pelos estudantes da São Francisco ganhava novo impulso.

As Arcadas do Largo de São Francisco, onde Alcyr de Luné Porchat concluiu o curso de Direito, em 1927

Alcyr de Luné Porchat

Filho do professor Reynaldo Porchat, foi orador do Centro Acadêmico XI de Agosto durante os anos de 1919 e 1920. Estudante relapso, formou-se apenas em 1927, em decorrência das inúmeras reprovações.[1]

Em 1919, foi o autor do projeto de criação da Assistência Judiciária Acadêmica, implantada pela gestão de Abreu Sodré à frente do XI de Agosto. Apesar do apoio do professor catedrático de Economia Política Cardoso de Mello, o projeto foi ignorado pela Congregação da Faculdade de Direito, que contava com Reynaldo Porchat como um de seus membros.[2] Em discurso durante a inauguração da Assistência Judiciária Acadêmica, o bacharelando José Soares de Arruda afirmou que o projeto era "*a nota vibrante e patriótica de uma mocidade sadia, pois teve a sugeri-lo e imaginá-lo, e a impulsioná-lo, o verbo imaginoso de Alcyr Porchat. E apraz-nos, dizei-o, meus senhores, a iniciativa dos estudantes, longe de ser uma dessas tentativas platônicas da juventude, representa, ao contrário, a sagração magnífica de uma das mais belas afirmações da solidariedade humana*".[3]

Após a formatura, de 1934 a 1938, foi assessor particular de seu pai na Reitoria da recém-inaugurada Universidade de São Paulo, tendo participado de inúmeras reuniões do Conselho Universitário, como conselheiro.[4] Em 1936, integrou a Sociedade de Sociologia, presidida por Fernando Azevedo, que tinha como integrantes Antonio Candido, Mário de Andrade e Sérgio Milliet, entre outros.[5]

Ubirajara Keutenedjian

Filho de industriais armênios, nasceu em São Paulo, em 1923. Em 1947, foi presidente do Centro Acadêmico XI de Agosto, em um mandato de grandes realizações. Em sua gestão, deu significativo apoio à construção da Casa do Estudante (moradia pertencente ao Centro Acadêmico, situado na avenida São João, em São Paulo), participou de campanhas em defesa do petróleo e implantou o Departamento Jurídico XI de Agosto.

A reorganização da antiga Assistência Judiciária Acadêmica trouxe inúmeros benefícios. Os estudantes do 4º e 5º anos passaram a contar com um espaço próprio para os atendimentos, cedido por Keutenedjian e localizado na avenida Rangel Pestana, 28.[1] Além disso, ele instituiu uma gestão autônoma a partir da nomeação da primeira diretoria, cujo diretor-presidente era Flávio Trombetti. Outro marco organizativo legado pela sua gestão foi a aprovação do Estatuto do DJ.

Em 1950, elegeu-se deputado federal por São Paulo pelo Partido Social Progressista (PSP) e, em 1954 e 1962, deputado estadual paulista pelo Partido Social Trabalhista (PST). A partir de 1967, passou a se dedicar a atividades empresariais, como diretor da Fábrica de Porcelanas Jaguar, do Lanifício Varam e da Varam Motores, além de ter sido presidente do Comercial Futebol Clube de São Paulo.

Faleceu no dia 17 de março de 2002, em São Paulo.

Fachada da Faculdade de Direito do Largo de São Francisco, no centro da cidade de São Paulo

Uma bela guinada

Na tarde de 17 de setembro de 1947, o serviço de assistência judiciária gratuita oferecido pelo Centro Acadêmico XI de Agosto desde 1919 ganhava novo impulso. A Assistência Judiciária Acadêmica (AJA) passava a se chamar Departamento Jurídico XI de Agosto. Levada a cabo por um grupo de cinco acadêmicos que compunham a diretoria da entidade – Flávio Trombetti, presidente; Carlos Salles Buono, vice-presidente; Moacir Leite, tesoureiro; Nilo Delorenzo, secretário; e Heitor Reale, segundo secretário –, sob a liderança de Ubirajara Keutenedjian, então presidente do Centro Acadêmico, a iniciativa colocou a assistência jurídica do Onze em um novo patamar.[1]

A reorganização do Departamento Jurídico era um compromisso assumido por Keutenedjian durante sua campanha para presidente do XI de Agosto, como informava, em declaração à imprensa, um dos 20 solicitadores acadêmicos

Sob as tradicionais Arcadas, os estudantes de Direito reorganizaram a AJA, que, a partir de 17 de setembro de 1947, passou a chamar-se Departamento Jurídico XI de Agosto que pleiteavam, então, uma vaga para estagiar no DJ. E, assim que a cerimônia de reorganização da entidade foi encerrada, teve início imediato o atendimento.[2]

Sucedâneo da AJA, o serviço já recebia o nome de Departamento Jurídico desde, pelo menos, 1946. Em portaria assinada pelo presidente do XI de Agosto, Sylvio de Campos Mello, datada de 15 de março de 1946, é nomeado *"para o cargo de diretor-presidente do Departamento Jurídico o acadêmico Waldemar Mariz de Oliveira JUNIOR"*, que, anos mais tarde, viria a ser um dos mais respeitados advogados do País.[3]

Dos estatutos, instituídos naquele mesmo 17 de setembro de 1947, depreende-se que o Departamento Jurídico só foi oficialmente criado e nomeado como tal na gestão de Keutenedjian. No Art. 1º do Capítulo I, também são explicitados os objetivos da entidade:

> *"Terá por fim dar assistência jurídica à classe acadêmica e a toda classe universitária que lhe for enviada por entidades particulares, pelos juízes, pelo Serviço de Assistência Social ou quando for pessoalmente procurado pelos interessados".*[4]

No mesmo artigo, ao destacar o papel de formação profissional dos estagiários, os estatutos determinavam que o DJ desenvolvesse *"cursos de seminário e de debates, cursos e debates estes que serão orientados por professores da Faculdade ou por livre-profissionais especialmente convidados para tanto".*[5]

Os estatutos também previam a defesa e orientação aos clientes que não pudessem pagar pelo atendimento e determinavam que a entidade prestasse assessoria para a instalação de serviço semelhante em outras agremiações estudantis, no Brasil inteiro. Definia a forma de seleção dos estagiários, necessariamente alunos do 4º e 5º anos, e ainda o modelo de atendimento dos casos e os princípios éticos que embasariam o trabalho dos estudantes.[6]

CENTRO ACADÊMICO "XI DE AGOSTO

DA FACULDADE DE DIREITO DA UNIVERSIDADE DE SÃO PAULO

São Paulo, 13 de agosto de 1947.

Ilustríssimos Senhores:

Servimo-nos do presente para solicitar a VV.SS. a fineza de enviarem para a AV. RANGEL PESTANA Nº 28, DEPARTAMENTO JURIDICO DO CENTRO ACADÊMICO "XI DE AGOSTO", os jornais que atualmente estão sendo enviados para a rua Riachuelo, 194.

Certos de suas providências, neste sentido, firmamo-nos, com elevado aprêço e consideração,

UBIRAJARA KEUTENEDJIAN

\- Presidente -

À REDAÇÃO DO "DIÁRIO OFICIAL DO ESTADO"
RUA DA GLORIA
CAPITAL

Correspondência de Keutenedjian ao *Diário Oficial do Estado* indica que a primeira sede do DJ foi na rua Rangel Pestana, 28

No Capítulo VII, Art. 24, os estatutos instalavam um Tribunal de Honra, que seria acionado sempre que a atitude de algum estagiário comprometesse o nome da entidade. Integrado por orientadores do DJ e membros da diretoria, o Tribunal tinha por objetivo evitar que fosse *"desvirtuada a finalidade da instituição"* e, ao mesmo tempo, *"manter bem alto o nível profissional dos futuros advogados"*. Cópia das decisões tomadas pelo Tribunal, segundo o Art. 27, seria enviada *"para a Ordem dos Advogados, de que constará também um relato completo dos trabalhos desenvolvidos"*.[7]

Não há notícia de que o Tribunal de Honra tenha sido, em algum momento, acionado. De qualquer modo, nos estatutos de 1947, eram dadas as diretrizes da estrutura que nortearia todo o trabalho dos estagiários nas décadas seguintes.

Primeiros passos

Alojado, desde o início, nas dependências do Centro Acadêmico, o serviço de assistência judiciária dos alunos da São Francisco tinha, finalmente, instalações próprias. Documento assinado por Keutenedjian, um mês antes da cerimônia de inauguração do repaginado Departamento Jurídico, informava o novo endereço da entidade. Ao *Diário Oficial do Estado*, o presidente do XI de Agosto solicitava a alteração do endereço da correspondência destinada ao DJ:

> *"Servimo-nos da presente para solicitar a VV.SS. a fineza de enviar para a AV. RANGEL PESTANA, Nº 28, DEPARTAMENTO JURÍDICO DO CENTRO ACADÊMICO 'XI DE AGOSTO', os jornais que atualmente estão sendo enviados para a rua Riachuelo, 194"*.[8]

Pelo inventário do Departamento Jurídico de 1948, é possível dimensionar a estrutura física que abrigava os estagiários: entre outros

Outubro de 1949

...LIBERTADOR

...ARTAMENTO JURÍDICO DO "XI DE AGÔSTO"

...epartamento Jurídico do ... Acadêmico XI de Agôsto, ...dado em 1947, na gestão ...rajara Keutenedjian, cons... das mais interessantes ...ões daquela diretoria. De...a positivamente uma necessário dizer-se das dificuldades muitas, dos impecílios vários que se lhes entolhavam.

Foi compreendendo o problema que a diretoria daquele ano houve por bem organizar o Departamento que, em tão curto prazo, mento do funcionamento das questões em juizo.

Realmente, não se compreende que bachareis em direito desconheçam o mecanismo de funcionamento da justiça em seu país.

Paralelamente, o Departamento

...rupo formado no Dep. Juridico, vendo-se da direita para a esquerda os academicos: Conrado ...undefeld, Emilio A. Correia Meyer, Milton Gonçalves, Mario Salvatore, o presidente Anhaia Mello, José Albino Pereira, candidato do P. A. L. à presidencia do "C. A. XI A.", Carmo D. ...atene, Milton Dias Tatit, o Dr. Silvio Ramos e Rubens A. Liberatori

...dade que de há muito se impunha a organização de um serviço jurídico, onde os acadêmicos de direito se iniciassem nos em... profissionais. Especialmente ... nosso sistema de ensino de di..., todo doutrinário, essa ne...idade avultava sobremaneira. Chegados ao fim de um curso ... anos os bacharéis se en...travam praticamente sem me... conhecimento técnico da ...tica que deveriam iniciar. Destão relevantes e meritórios serviços tem prestado aos nossos estudantes.

As finalidades do Departamento Jurídico são várias. Duas, entretanto, se destacam, pela sua importância. Em primeiro lugar lhe compete dar aos solicitadores a oportunidade de tomar contacto direto com a advocacia, através dos casos concretos em que funcionarão, aquinhoando conhecimentos sobre o desenvolvi- tem uma função de assistência jurídica gratuita à classe universitária em geral e aos desprotegidos da fortuna, atendendo aos inúmeros casos enviados pelos juízes pelo Serviço Social ... do ou quando procur... ramente pelos interess...

Realiza assim o D... Jurídico uma obra ... sistência jurídica soc... neficios não serão ... calcular.

Presentemente é d... partamento Jurídic... Emílio Adolfo C... coadjuvado pelos ...

Quixote na adolescência

[1]

[2]

SERVIÇO GRATUITO DE ASSISTENCIA JUDICIARIA AO POVO DE SÃO PAULO

Inaugurado ontem, funcionará sob o patrocinio do Centro "XI de Agosto" — Expediente diario a partir das 14 horas

17/9/47

Inaugurou-se ontem, o Departamento Juridico do Centro Academico "XI de Agosto", da Faculdade de Direito da Universidade de São Paulo, à Avenida Rangel Pestana, 28, Edificio R. Monteiro, 11.o andar, sala 1106.

Um corpo de solicitadores academicos, isto é, estudantes licenciados dos quarto e quinto anos de Direito, assistidos por advogados experimentados, prestarão à classe academica e a qualquer pessoa que a solicite, assistencia judiciaria gratuita.

O expediente do Departamento Juridico será dado diariamente a partir das 14 horas e aos sabados pela manhã, às 9 horas.

O Departamento está confiado à seguinte diretoria: srs. Flavio Trombetti, presidente; Carlos S... lee Buono, vice-presidente; Mo...cir Leite, tesoureiro; Nilo Delorenzo; secretario e Heitor Reale, 2.o secretario.

Cerca de vinte solicitadores já se inscreveram, bem como alguns advogados orientadores. Apesar de a assistencia juridiciaria ser dada por solicitadores e bachareis, no ano subsequente ao de sua formatura, o Departamento Juridico cederá suas dependencias aos advogados recem-formados, que queiram, nos seus escritorios, tratar de causas que patrocinam.

A INAUGURAÇÃO

Ontem, às 16 horas deu-se a cerimonia de inauguração, com a presença de advogados, academicos convidados, tendo falado o presidente Ubirajara Keutenedjian, o qual frisou as finalidades do empreendimento.

Agradecendo, falou o academico Antonio Lamarca, solicitador inscrito, ressaltando a significação do Departamento, como serviço de utilidade do publico, e louvando a concretização desse Departamento, que é o sexto ponto do programa minimo da administração do atual presidente do Centro "XI de Agosto".

EM FUNCIONAMENTO

Finda a inauguração, teve curso o expediente de ontem à tarde, sendo atendidos, já, alguns casos, que serão distribuidos pelos diversos patronos, inscritos no Departamento. Em franco funcionamento o Departamento Juridico do Centro "XI de Agosto" atenderá gratuitamente a qualquer consulente que solicite seus serviços.

RECORTE SOBRE INAUGURAÇÃO DO "JURÍDICO" 17-9-47
- O ACADÊMICO: ANTONIO LAMARCA É HOJE MINISTRO DO T.R.T.

[1] Em edição de outubro de 1949, *O Libertador*, jornal de estudantes da São Francisco, destaca a expansão dos serviços prestados pelo DJ, então presidido por Emilio Adolfo Correia Meyer, indicado pelo presidente do Onze, Anhaia Mello; [2] Recorte de jornal, não identificado, de 1947, traz notícia sobre a inauguração do Departamento Jurídico XI de Agosto

itens, 15 cadeiras, três escrivaninhas grandes e três pequenas, uma mesa na sala de espera, duas estantes, um arquivo e apenas uma máquina de escrever. Um quadro de Ubirajara Keutenedjian completava o cenário.[9]

Organizado como um escritório de advocacia, nos três meses que se seguiram à inauguração em endereço próprio o DJ patrocinou 30 casos. Para Keutenedjian, a reorganização do Departamento Jurídico foi uma das maiores realizações de sua gestão na presidência do XI de Agosto. Em balanço publicado em março de 1948, ele diz que *"graças ao espírito desprendido e trabalhador dos acadêmicos Flávio Trombetti e Carlos Salles, pudemos torná-lo* [o DJ] *uma grande realidade"*.[10]

Em 1949, o presidente do Centro Acadêmico, José Luiz de Anhaia Mello, anunciava duas importantes conquistas para o Departamento Jurídico: uma preciosa ajuda financeira da Reitoria da Universidade de São Paulo e a ampliação da biblioteca da entidade, graças à doação de livros feita por um antigo aluno das Arcadas, Moysés Nogueira Marx.[11] A subvenção foi destacada pelo jornal acadêmico *O Libertador*, em outubro: *"É de se louvar o interesse da atual diretoria do Centro XI de Agosto pelo Departamento Jurídico, conseguindo, através do Presidente Anhaia Mello, uma subvenção de Cr$ 2.500,00 da Reitoria da Universidade, destinados ao pagamento das múltiplas despesas do Departamento"*.[12]

Naquele ano, segundo um estudo realizado pelo DJ em 1955, a entidade patrocinou 78 ações.[13]

Primeira sede própria

Os anos seguintes foram marcados pelo crescimento expressivo de casos patrocinados pelo Departamento Jurídico, que investia na divulgação maciça das atividades desenvolvidas pela entidade. Em função disso, o número de ações passou de 218, em 1952, para 678, em 1953.[14]

Definitivamente transformado em referência para os membros do Sistema Judiciário e clientes sem posses da cidade de São Paulo, o DJ

utebol no Departamento Juridico

Nota: Por serem antagônicas, vai nesta página a cronica futebolistica apresen-
ndo o quadro do Departamento Jurídico.
E não é só: o antagonismo maior existe entre o supervisor e o próprio Futebol.

O velho porverbio latino (velho, usado, comum e besta) «mens sana in corpore sano», é também aplicado no D. J. pois as atividades descanso-esportiva deste Departamento têm sido grandes.

Em vista das ultimas «sestas», ou melhor, das ultimas competições realizadas, das quais saimos vencedores, com galhardia, garbo e elegância, vimos de público, convidar (desafiar solenemente) a todas entidades esportivas da Capital, do Estado, do Brasil de aquem e além mar para a disputa da taça (não a de amargura) «Velocidade e Destreza». Este nosso desafio é dirigido, inclusive ao Corintians, Palmeiras, São Paulo, «Mengo», Jânio-Quadros e demais entidades campeãs do Quarto Centenário.

Temos a comunicar aos apostadores e apaixonados de nosso quadro que diante da técnica sugerida pelo Presidente de «largar a nossa perna», nós do D. J. continuamos a «chutar muito bem»; tanto, que alguns juizes, assistindo aos treinos feitos com o técnico «Kawocas», admitiram nossa futura vitória no Campo do «FOR HUM» na Inglaterra.

Comunicamos também que agora impera no campo do D. J. limpeza, moralidade e respeito impostos pelo supervisor.

Para todo e qualquer desafio assim se apresentará (como se tem apresentado) o quadro do D. J. que alinha os seguintes craques:

Moleza; Tira e Vava; Mandu, Popó e Lulu; Almeidinha, Dudu, Scheriff, Passoca e Cruzeiro.

Reservas: Mãozinha e Roliço.

Técnico: Kawocas — Supervisor: «A Unica».

Roupeiro: Oscarito.

Massagista: Procura-se um.

Charge publicada no jornal acadêmico *Folha Paulista*, que dedicou toda a edição de dezembro de 1954 ao Departamento Jurídico experimentava rotina agitada. Uma grande reportagem publicada na *Folha Paulista*, em dezembro de 1954, descrevia o cenário: *"Duas filas de clientes, à entrada da sala, bem demonstram a grande procura pelos serviços prestados pelo Departamento"*.[15]

Para o advogado Jayme Kawas, a consistente formação teórica obtida na São Francisco, aliada à prática diuturna da advocacia nas mais variadas áreas do Direito, tornava os estagiários do Jurídico diferenciados. Para ele, que estagiara no DJ em 1951 e 1952 e foi o primeiro advogado orientador da entidade, a partir de 1953, era evidente, naqueles primeiros anos de funcionamento, que o *"aproveitamento é o máximo e a aprendizagem é completa, tornando-se o futuro bacharel um verdadeiro advogado, apto para todo e qualquer embate profissional ou para o exercício de cargos na Magistratura, no Ministério Público, ou quejandos"*. Kawas acrescentava que, àquela altura, os ex-estagiários do DJ *"brilham no exercício da advocacia ou foram distintamente aprovados em concursos, recentemente realizados"*.[16]

O reconhecimento público quanto à excelência dos serviços prestados e o consequente aumento da demanda levaram à saturação as instalações da avenida Rangel Pestana. Em 1954, com a expectativa de ultrapassar 900 ações, as diretorias do Centro Acadêmico e do DJ, tendo à frente seus respectivos presidentes, Victor Augusto Fasano e Setembrino Viard de Campos, lançaram uma campanha para a aquisição de sede própria para o Jurídico e outros departamentos do Onze.[17]

A arrecadação permitiu ao Departamento Jurídico instalar-se, em 3 de junho de 1955, na 5ª sobreloja do Edifício Bocaiuva, à rua Quintino Bocaiuva, 255 e 257.[18] Segundo Luiz Francisco Beltrame, em reportagem para a *Revista XI de Agosto*, em 1960, a mudança *"possibilitou o aprimoramento do Departamento. Permitiu o estágio de 25 solicitadores. Uma biblioteca foi iniciada. Organizou-se um arquivo das causas. Conseguiram-se telefones"*.[19]

Foi na Quintino Bocaiuva, entendem alguns remanescentes daquele período, que se formou a "mentalidade do Jurídico". Em repor-

Assinatura da escritura dos dois conjuntos do Edifício Jurídico, no dia 23 de fevereiro de 1960. Sentados, à esquerda, Luiz Carlos Bettiol, presidente do XI de Agosto, e, à direita, Italo Antonio Fucci, um dos três diretores do DJ, incumbido da minuta da escritura; e, ao centro, o escrevente. De pé, da esquerda para a direita: Jamil Antonio, Maurício de Oliveira, Luiz Francisco Beltrame e Luiz Carlos Rocha Pinto

Área de atendimento aos clientes do DJ, que em 1960 contava com 35 estagiários e dois funcionários

tagem publicada no *Jornal do XI*, em abril de 1976, João José Ozores Angeli traçava essa mentalidade: *"Acolher com cortesia a todos que lá demandassem, união, participação e ajuda recíproca entre os estagiários, ausência de política partidária, chopada, jantares, desprendimento, trabalho... muito trabalho"*.[20]

O clima de camaradagem já era descrito em artigo de Elias Miguel Raide, publicado em 1956 na *Revista XI de Agosto*, que exemplificava a metodologia do DJ: *"O estagiário estreante mal sabe encaminhar uma carta ao delegado, solicitando atestado de pobreza para o cliente. Padece ao redigir uma procuração... A presença dos antigos, cujos conhecimentos variam em extensão e profundidade, (...) é a garantia do neófito. Eles o orientam nos primeiros passos"*.[21]

As décadas seguintes

Em 1957, quando completava dez anos de atividades ininterruptas com a nova designação, o Departamento Jurídico já tinha ampliado consideravelmente o acervo da sua biblioteca. Na seara financeira, comemorava a obtenção de verba da Prefeitura de São Paulo e de doação em dinheiro da Ordem dos Advogados do Brasil – Seção São Paulo, por empenho do seu conselheiro Francisco Emygdio Pereira Neto, o Chico Emygdio, que dá nome à Sala dos Estagiários.[22]

Além de uma recepção na sede do DJ, que reuniu conselheiros da OAB, magistrados e membros do Ministério Público, a data foi marcada por uma conferência sobre o júri na Sala dos Estudantes, na Faculdade de Direito da USP, com a presença do advogado e ministro cassado do Supremo Tribunal Federal Evandro Lins e Silva e do professor Soares de Mello, além de um júri simulado.[23]

Naquele final dos anos 1950, o Departamento Jurídico daria seu mais ousado salto estruturante. Graças aos esforços da gestão de 1958, presidida por Mario Lima, o DJ conseguiu angariar fundos para com-

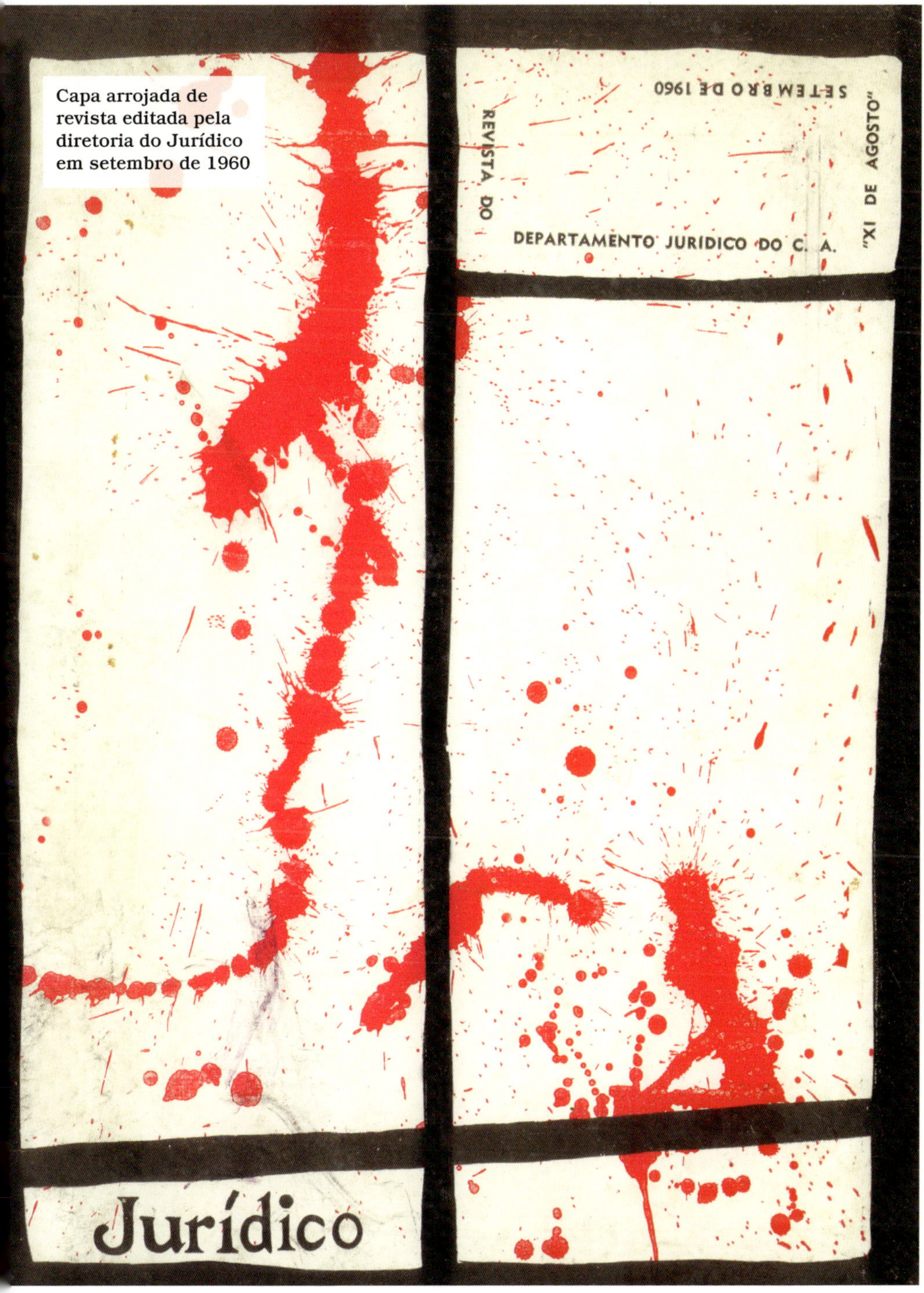

Capa arrojada de revista editada pela diretoria do Jurídico em setembro de 1960

Rapidamente transformado em referência para a população pobre da cidade de São Paulo, o DJ provocava longas filas na portaria do Edifício Jurídico

prar, no início de 1960, os conjuntos 1701 e 1702 do Edifício Jurídico, situados na praça João Mendes, 62, 17º andar.[24]

Assinados em 23 de fevereiro de 1960, pelo presidente do XI de Agosto, Luiz Carlos Bettiol, e por um dos diretores do DJ, Italo Antonio Fucci, os compromissos de compra e venda e de promessa de compra e venda de benfeitorias de cada um dos imóveis – construídos pela Construtora Elias e Elias Ltda. – custaram Cr$ 2.300.000,00 (dois milhões e trezentos mil cruzeiros). Recursos doados pelo embaixador José Carlos de Macedo Soares, presidente do Centro Acadêmico em 1905 e primeiro presidente da Associação dos Antigos Alunos da Faculdade de Direito da USP, fundada em 1931, também foram essenciais para a compra da nova sede.[25]

Instalado no Edifício Jurídico desde então, o DJ segue cumprindo a missão para a qual foi idealizado há 90 anos: iniciar os estudantes da Faculdade de Direito do Largo de São Francisco na prática da advocacia, ao mesmo tempo em que garante à população pobre da cidade de São Paulo acesso gratuito à Justiça.

DEPARTAMENTO JURÍDICO
CENTRO ACADÊMICO XI DE AGOSTO
FACULDADE DE DIREITO DA USP
PÇA. JOÃO MENDES 62, 17.º AND. SP

ASSEMBLÉIA - 12.09.75

DELIBERAÇÕES

1 - BIBLIOTECA

Decidiu-se pela não saída dos livros da Biblioteca devendo, portanto, as consultas serem feitas tão somente nas dependências do "Jurídico".

2 - MÁQUINAS DE ESCREVER

O colega VENERANDO voltou a fazer o seguinte pedido: Todo estagiário que notar defeitos nas máquinas de escrever deve colocá-las de lado marcando-as com um "X" c/ GIZ (OU AVISAR WILSINHO OU CESAR)

3 - GAVETAS

A situação das gavetas deve ser regularizada no prazo de 30 dias. Ao estagiário mais velho da mesa caberá o direito a duas gavetas aos demais estagiário uma.

- PRESOS POLÍTICOS

Decidiu-se pela prestação de Assistência Carcerária aos presos políticos. Acoordenação dessa assistência está cargo da colega LILIAN. Convite aberto a todos os interessados.

São Paulo, 15 de setembro de 1.975.

PERCIVAL MENON MARICATO
Diretor

Em setembro de 1975, auge das restrições às liberdades impostas pelo regime militar, os estagiários do DJ decidiram, em assembleia, prestar assistência carcerária aos presos políticos

Sob as bênçãos das Arcadas, estagiários do Departamento Jurídico prestam atendimento a clientes sem recursos financeiros

Miguel Aldrovando Aith

Nascido em 1933, formou-se na Faculdade de Direito do Largo de São Francisco em 1958, tendo sido diretor-presidente do Departamento Jurídico XI de Agosto em 1957. Em sua gestão, o DJ prestou assistência a 3 mil casos e ampliou os locais de atendimento, com a inauguração do Serviço de Assistência Judiciária junto ao Juizado de Menores. Houve ainda melhorias estruturais, como a ampliação da biblioteca, com a obtenção de uma verba da OAB/SP, após propositura de Chico Emygdio, além da conquista de uma verba de Cr$ 200.000,00 (duzentos mil cruzeiros) doada pela Prefeitura de São Paulo, mediante projeto do vereador Corintho Baldoino.[1]

Após a formatura, Miguel Aith foi advogado orientador dos estagiários do DJ durante vários anos. Exerceu a advocacia e trabalhou na Consultoria Jurídica do Hospital do Servidor. Na década de 1970, apoiou a fundação do Teatro Popular União e Olho Vivo (inicialmente denominado Teatro do Onze), responsável por inúmeras apresentações populares e pela resistência cultural à ditadura militar de 1964. Nesse período, também defendeu presos políticos e contribuiu com a fundação do Partido dos Trabalhadores. Foi sócio de Paulo Gerab, em escritório de advocacia, durante muitos anos. Miguel Aith faleceu em 1984, vítima de um infarto.

Miguel Aldrovando Aith, terceiro da esquerda para a direita, e colegas da turma de formandos das Arcadas em 1958

Favela de Vila Prudente: paradigma da luta social do Departamento Jurídico, iniciada no final da década de 1960, a favor da moradia digna

ESCOLA
DE
JUSTIÇA

Interesse Coletivo

Celeiro de inovações jurídicas

Os estudantes da São Francisco nem imaginavam, mas, ao criarem a Assistência Judiciária Acadêmica, em 1919, estavam dando início a um trabalho que se transformaria em paradigma para o Direito, em geral, e para a assistência judiciária gratuita, em particular. Primeiro na cidade de São Paulo e, depois, no Brasil inteiro.

Reorganizado e renomeado Departamento Jurídico do C.A. XI de Agosto, em 1947, o serviço firmou-se como uma referência para a comunidade acadêmica e, sobretudo, para a população carente da capital paulista, mesmo enfrentando sempre dificuldades financeiras.

Além da excelência do trabalho dos solicitadores acadêmicos (os atuais estagiários), apontava Jorge Rubens Neiva Camargo, em artigo publicado na *Folha Paulista*, em 1954, o êxito era fruto inequívoco de uma ampla campanha publicitária, em 1952. Dizia Camargo: "*Daí por diante, foi sempre num crescendo até se tornar o gigante que é hoje. O número de clientes triplicou* [em 1953]".[1]

A informação é corroborada por estatísticas publicadas na *Revista XI de Agosto* de 1955. O número de casos atendidos pelo DJ saltou de 218, em 1952, para 678, no ano seguinte. E não parou mais de crescer: em 1955, a entidade patrocinou 2,7 mil processos. E eram, então, apenas 15 solicitadores acadêmicos, que atuavam sob a orientação de um único advogado, Jayme Kawas, ex-estagiá-

O combate aos loteamentos clandestinos transformou o DJ em um instrumento de organização social de base, e a entidade passou a ser procurada por praticamente todas as comunidades instaladas em terrenos irregulares da periferia de São Paulo rio. Entre os processos de 1955, destaque para uma vitória conquistada pelo Departamento a favor do Centro Acadêmico XI de Agosto, que movera ação indenizatória contra os governos estadual e municipal de São Paulo *"por depredações feitas aos carros alegóricos da 'Peruada' de 1945"*.[2] Peruada é a tradicional manifestação político-etílico-carnavalesca.

Em artigo publicado na *Revista XI de Agosto*, Elias Miguel Raide traça o perfil dos casos e da clientela que chegavam ao Jurídico, em 1956: *"Desfile de causas difíceis, de clientes sem posses"*. Ao apontar a precária situação socioeconômica da população atendida, ele sintetiza a essência do DJ: *"Não se interpreta no Departamento Jurídico apenas sob o ângulo do aprendizado advocatício (...) experiência social, portanto, tão significativa quanto o tirocínio da advocacia. É o contato com a realidade viva, com os homens vindos de favelas, dos porões, das habitações coletivas"*. E registra que, apesar de a entidade já não divulgar suas atividades, a procura crescia aceleradamente.[3]

Mais politizado

Nos anos seguintes, ainda que sensível à realidade social da sua clientela, o Departamento Jurídico teve uma atuação basicamente técnica, atendendo majoritariamente a casos de família, ações criminais e reclamações trabalhistas. A ação política dos alunos da São Francisco estava concentrada no Centro Acadêmico.

Mas, no final dos anos 1960, o ingresso no Departamento Jurídico de um grupo ligado ao movimento estudantil e o surgimento de novas demandas judiciais mudariam o cenário. À visão da dura realidade com que o Jurídico convivera ao longo de quatro décadas, somava-se agora a práxis de militantes engajados na luta contra a ditadura instalada com o golpe militar em 1964. De forma muito peculiar, o DJ começava a se tornar um catalisador de grandes causas da população, extrapolando as questões jurídicas.

Assistencia juridica gratis para as vitimas da explosão

O Departamento Juridico
o Centro Academico XI de
gosto, dos alunos da Fa-
uldade de Direito da USP,
olocou-se à disposição das
inquenta pessoas feridas na
xplosão da caldeira da fa-
rica de piche, na Vila Bue-
os Aires, para, gratuitamen-
, defender seus interesses
m ações de indenização
ontra os proprietarios da-
uela empresa.

O advogado Airton Esteves
oares, diretor do Departa-
ento Juridico do XI de
gosto, explicou que "se as
sões foram culposas — isto
se ocorreram por imperícia,
nprudencia ou negligencia
os responsaveis pela fabri-
— deverá haver o corres-
ondente processo penal; te-
então havido crime, no
so, punivel com detenção
ue pode variar de dois me-
s a 1 ano". Fora isso, cabe
processo civil: a ação para
paração de perdas e danos,
nsiderados tanto pessoal
mo materialmente.

Se se comprovar no pro-
sso civil que o Estado
mitiu realmente o funcio-
mento da fabrica, sem que
caldeira tivesse o indispen-
vel "registro de seguro"
e a lei determina, então
mbem a administração estará envolvida; isto é, o Estado terá sua cota, no pagamento dos prejuizos sofridos pelas vitimas.

Segundo um funcionario da companhia seguradora da fabrica de piche — que já foi fechada, por funcionamento ilegal — o relatorio preparado pelos proprietarios da empresa afirma não ter havido vitimas da explosão. Mas houve, e são 50: um dos feridos, por sinal, é funcionario da propria fabrica (ele, sua mulher e filhos foram atingidos, estando todos internados no Hospital dos Defeitos da Face).

AS DIFICULDADES

A maioria das vitimas sofreu serias queimaduras. No dia 10, a Assistencia Social da Administração Regional da Penha mandou removê-las para o Pronto Socorro do Tatuapé, para serem convenientemente medicadas, e sem ter que pagar nada, já são pessoas de poucas posses.

Mas os feridos queixam-se de que foram muito mal atendidos no PS do Tatuapé. Alguns dizem que os funcionarios do PS "não estavam de bom humor e reclamavam o tempo todo de que o serviço não era de sua competencia, tratando-nos até com brutalidade".

Depois de medicadas, as vitimas receberam instrução de voltar lá em caso de piora. Na madrugada de domingo para segunda-feira, d. Teresinha Inês Valentim sentiu-se mal; de dia, resolveu procurar o PS. Segundo consta, ao chegar lá não havia enfermeira de plantão, e ela foi encaminhada à encarregada do setor infantil.

— A enfermeira — diz d. Teresinha — nem desenfaixou minha perna. Foi logo esticando com força. Resultado: o sangue jorrou pela queimadura.

A queixa é comum entre todos os feridos. Ninguem quer mais ir ao PS do Tatuapé. Preferem, ainda que à custa de seus parcos recursos, tratar-se numa farmacia da Vila Buenos Aires. Segundo o dono dessa farmacia, "os feridos já gastaram aqui mais de 2 mil cruzeiros, até agora; alguns pagam na hora, outros mandam marcar para pagamento posterior". Ele acha que a maioria das vitimas deveria ter sido internada logo após o acidente, o que não aconteceu.

O jornal *Folha da Tarde* de 16 de outubro de 1970 destaca iniciativa do Jurídico de defender trabalhadores de uma fábrica de piche

O loteamento clandestino foi a primeira grande causa social a ser abraçada pela entidade. A desocupação de uma favela em Vila Prudente, na Zona Leste da cidade, em 1968, desencadeou o seu envolvimento nessa área. E foi exemplar, porque o Jurídico, apesar de ter assumido o caso às vésperas do cumprimento da ordem de despejo, conseguiu fazer com que o governo do Estado declarasse o terreno de utilidade pública e, consequentemente, interrompesse a desocupação. A vitória foi fruto da mobilização dos moradores, liderados pelos estagiários do Departamento Jurídico XI de Agosto.[4]

O DJ virou referência para praticamente todos os movimentos sociais que lutavam pela regularização da posse da terra na cidade de São Paulo. E certamente contribuiu para a criminalização dos responsáveis por loteamentos clandestinos, em 1979, com a promulgação da Lei Federal nº 6.766, a Lei Lehman.[5]

Desde então, o direito à moradia é uma questão cara ao Jurídico e perpassa sua história nas últimas quatro décadas. Em todas elas, grupos de estudo e trabalho, organizados pelos próprios estagiários, atuaram em diferentes vertentes da causa, prestando assistência jurídica e organizando movimentos como os dos sem-teto e de cortiços.[6]

Atualmente, além de patrocinar processos individuais nessa área, o DJ também atua em uma perspectiva coletiva, focada na educação popular, por meio do Núcleo de Direito à Cidade. Grupo de estudos aplicados vinculado à Pró-Reitoria de Cultura e Extensão da USP, o Núcleo foi criado em 2003, a partir de convênio entre a Prefeitura de São Paulo e o Centro Acadêmico para um projeto-piloto de regularização fundiária na comunidade de Paraisópolis, na Zona Sul da cidade. Inicialmente ligado ao Serviço de Assessoria Jurídica Universitária (Saju) da Faculdade de Direito da USP, desde 2008 ele integra a estrutura do DJ.

O Núcleo patrocina, atualmente, três processos coletivos de usucapião em um quarteirão de Paraisópolis. A estagiária Ana Na-

Em 1989 e 1990, cortiços paulistanos foram visitados por estagiários do Grupo de Moradia, que prestava assistência judiciária gratuita aos moradores varrete explica que os autores – cerca de 200 famílias, representando aproximadamente 400 pessoas – cumprem os requisitos da ação de usucapião especial, prevista na Constituição Federal: cinco anos de posse mansa e pacífica, utilização exclusiva do imóvel para moradia e inexistência de posse de outros imóveis. As ações foram propostas em 2005 e 2006. A primeira delas já foi objeto de perícia e aguarda a manifestação dos antigos proprietários; as outras duas estão em fase de perícia técnica.

Ana Navarrete ressalta que, para além do patrocínio de processos jurídicos tradicionais, o Núcleo discute os limites e possibilidades dos processos de urbanização de favelas, sob a ótica da nova ordem jurídico-urbanística. No início composto apenas de alunos de Direito, o grupo agrega, também, estudantes de outros cursos da USP, como Arquitetura, Gestão de Políticas Públicas e Ciências Sociais.[7]

Inovações e conquistas

Lidando com todos os ramos do Direito, o "Direito real, concreto", como definem antigos e novos estagiários, o Departamento Jurídico viu-se frequentemente obrigado a operar nas fronteiras do imponderável, buscando criar jurisprudência. E essa prática acabou por transformar a entidade em celeiro de inovações jurídicas. Foi graças ao DJ, por exemplo, que a Justiça brasileira reconheceu o direito de meação da concubina, em um período de forte moralismo. Contou ao *Jornal da Tarde*, em 1974, o orientador Paulo Gerab: *"Foi uma inovação pleiteada judicialmente por nós. A princípio foi repelida. Mas nós insistimos, entrando em juízo repetidas vezes. E esse direito acabou sendo reconhecido"*. E de tanto insistir, ressaltava Gerab, o Jurídico firmou jurisprudência no assunto.[8]

Outra conquista importante: em 6 de outubro de 1992, a Quarta Turma do Superior Tribunal de Justiça, por unanimida-

Área urbana ocupada por habitantes da cidade de São Paulo, na Zona Norte da capital; o DJ conseguiu evitar a reintegração de posse pela Caixa Econômica Federal, na virada para a década de 1990, e no local, anos depois, foi erguido um conjunto habitacional beneficiando os sem-teto de, deu provimento a recurso especial do DJ que pleiteava a contagem em dobro do prazo processual para as ações patrocinadas pela entidade, equiparando-se à vantagem das Procuradorias e Defensorias Públicas.[9]

Sandra Mayumi Hosaka, então estagiária, conduziu a ação reivindicatória. Hoje procuradora do município de São Paulo, ela lembra as circunstâncias que motivaram o DJ: "Precisávamos de tempo físico para elaborar uma defesa consistente dos nossos assistidos. Tempo para ouvi-los, reunir os documentos, testemunhas, realizar pesquisa de doutrina e de jurisprudência, conversar com os advogados orientadores, visitar o fórum para obter cópia do processo".[10]

Desafiando o regime

Em 1975, em plena vigência do AI-5 – o mais duro Ato Institucional do governo militar, decretado em dezembro de 1968 –, o Departamento Jurídico XI de Agosto aceitou um caso rejeitado por diversos advogados da cidade de São Paulo. De acordo com o jornal *Última Hora*, tratava-se de uma *"ação popular contra a operação Camanducaia, que ninguém queria pegar"*.[11] Tido até hoje como um dos mais escabrosos crimes cometidos por policiais contra menores que viviam nas ruas da capital paulista, a operação envolveu 93 crianças e adolescentes, de 12 a 17 anos, irregularmente presos em delegacias da cidade. Levados de ônibus até o município mineiro de Camanducaia, a 145 quilômetros da cidade de São Paulo, os menores foram espancados e jogados, nus, de uma ribanceira da rodovia Fernão Dias, por volta de 2 horas da madrugada. Em reportagem sobre o arquivamento do processo, proposto pelo então procurador-geral de Justiça do Estado, Oscar Xavier de Freitas, o *Diário Popular* informava que uma sindicância da Corregedoria dos Presídios e da Polícia Judiciária apontava como *"mentor da operação o ex-diretor do Deic Rubens Ameleto Liberatori e outros 13 delegados, investigadores e carcereiros"*.[12] Os policiais envolvidos nunca foram punidos.

Superior Tribunal de Justiça

RECURSO ESPECIAL Nº 23.952-0 - SÃO PAULO - (REG.: 92.0015875 - 7)

RELATOR : **O EXMO. SR. MINISTRO FONTES DE ALENCAR**
RECORRENTE: VICENTE CUSTÓDIO DA SILVA
RECORRIDA : HILARINDA D'ASSUMPÇÃO
ADVOGADOS : DRS. SANDRA MAYUMI HOSAKA E OUTROS E PEDRO HELFENSTEIN PRADO

E M E N T A

ASSISTÊNCIA JUDICIÁRIA. PRAZOS DOBRADOS.

Aos advogados do Centro Acadêmico XI de Agosto, da Faculdade de Direito da USP, entidade conveniada com o Estado de São Paulo "visando à prestação de assistência judiciária gratuita," enquanto prestantes da referida assistência às pessoas carentes, contam-se em dobro todos os prazos.

Recurso especial a que se deu provimento.

Unânime.

A C O R D Ã O

Vistos e relatados estes autos em que são partes as acima indicadas:

Decide a Quarta Turma do Superior Tribunal de Justiça, por unanimidade, conhecer do recurso e dar-lhe provimento, na forma do relatório e notas taquigráficas constantes dos autos, que ficam fazendo parte integrante do presente julgado. Os Srs. Ministros SÁLVIO DE FIGUEIREDO, BARROS MONTEIRO, BUENO DE SOUZA e ATHOS CARNEIRO votaram com o Relator.

Brasília, 06 de outubro de 1992. (Data do julgamento).

______________________, PRESIDENTE
MINISTRO ATHOS CARNEIRO

______________________, RELATOR
MINISTRO FONTES DE ALENCAR

Recurso especial do STJ assegurou ao Departamento Jurídico a contagem em dobro do prazo processual, equiparando a entidade às Procuradorias e Defensorias Públicas

Bolsa-aluguel, conquista

Em meados de 2005, o Departamento Jurídico XI de Agosto venceu na Justiça de São Paulo uma causa com a sua marca: o direito à moradia digna. Naquele ano, a entidade garantiu à diarista Merabi Pereira de Santana, então com 57 anos, o recebimento de um subsídio financeiro da Prefeitura paulistana para o pagamento de aluguel. Em reportagem de 5 de novembro de 2005, o *Jornal da Tarde* contava que Merabi estava inscrita no Programa Bolsa-Aluguel do Município de São Paulo, criado em janeiro de 2004, último ano de gestão da prefeita Marta Suplicy.[13] O programa contemplava o pagamento do aluguel, por um período de 30 meses, a famílias com renda de até dez salários mínimos que viviam em moradia precária ou em situação de risco, nas regiões centrais da cidade. O Bolsa-Aluguel foi suspenso pelo prefeito José Serra, assim que assumiu o cargo, em 2005. A vitória do Departamento Jurídico na ação ordinária com pedido de antecipação de tutela fez com que se cumprissem, por extensão, todos os contratos firmados com as pessoas e famílias que obtiveram o subsídio na administração anterior, e que igualmente tinham sido suspensos.

O prazo em dobro para o cidadão carente, acrescenta a procuradora, é direito à isonomia, garantido pela Constituição. "'Todos são iguais perante a lei, sem distinção de qualquer natureza'. Entretanto, para o exercício do direito de igualdade, o Direito Constitucional atenta para as condições em que se apresentam as pessoas para verificar se estão sendo tratadas de forma isonômica. É o princípio da isonomia material, ou seja, os iguais devem ser tratados de forma igual, mas os desiguais de forma desigual, para que haja um efetivo equilíbrio nas relações jurídicas e aumente a possibilidade de se aplicar bem a lei e de se fazer Justiça. O STJ entendeu que os assistidos do DJ têm direito a prazo processual em dobro porque estão em desvantagem econômica e social", conclui Sandra Hosaka.[14]

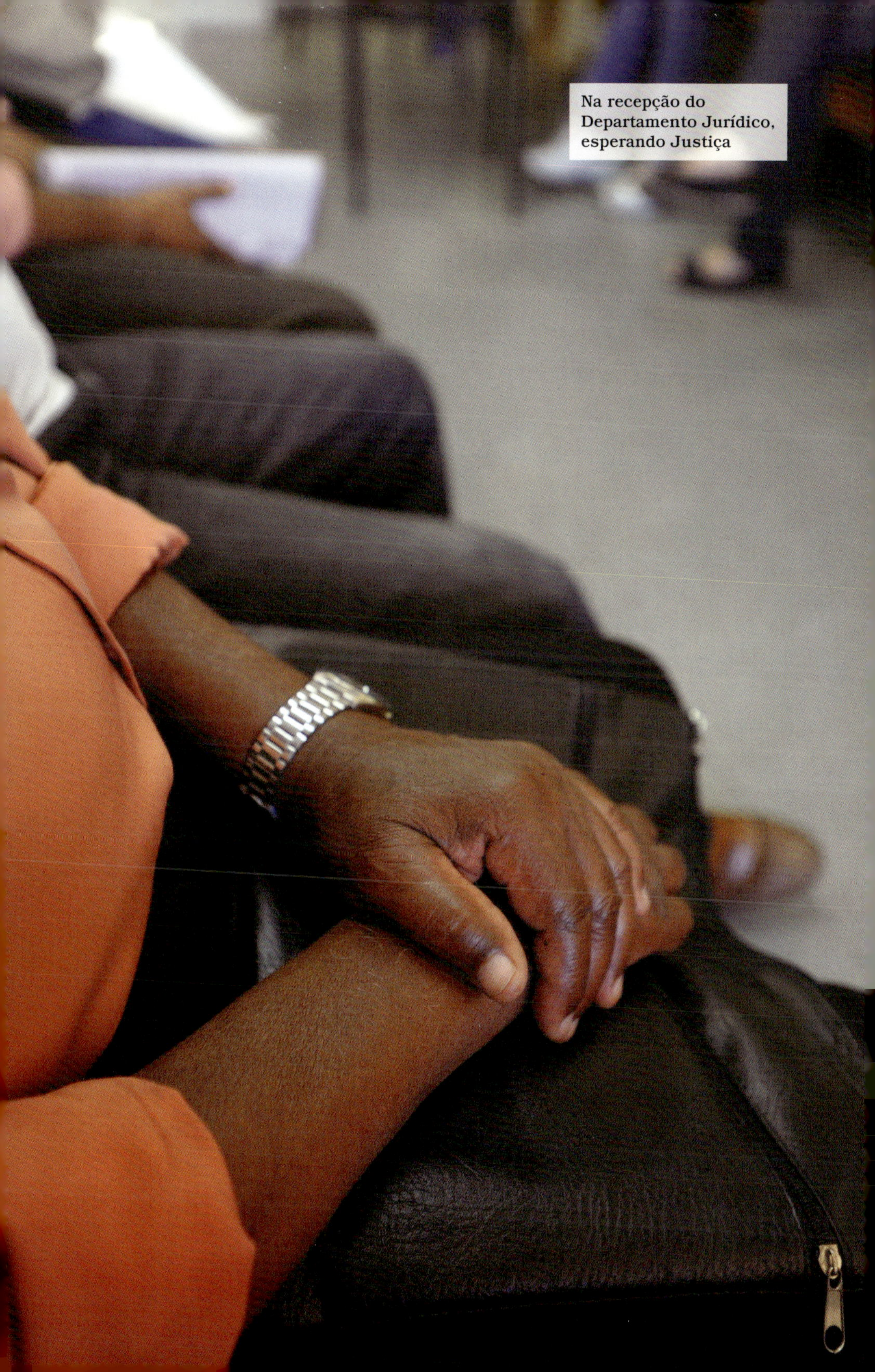

Na recepção do
Departamento Jurídico,
esperando Justiça

"Tábua de salvação"

Há 20 anos, Maria Aparecida Gomes Ferreira, hoje com 50 anos, pensava ter realizado o sonho da casa própria.[1] Mas a oportunidade, surgida em 1990, transformou-se em pesadelo.

Maria, auxiliar de enfermagem, cuidava da proprietária do imóvel e lá vivia com ela. Os herdeiros propuseram-lhe a venda quando a mãe morreu. Para fechar o negócio, Maria vendeu os seus poucos bens e, confiando na palavra deles, concordou com um contrato de gaveta, aliás, refeito três vezes. A cada assinatura, um novo pagamento. Quando ela se deu conta, quitara a dívida antes de registrar em cartório o compromisso de compra e venda.

Há cinco anos, o pior aconteceu: Maria descobriu que havia uma avalanche de processos pedindo a penhora do imóvel, que ainda não estava em seu nome. Uma das herdeiras faliu, e um dos principais bens para a execução das dívidas era exatamente a sua casa.

Desempregada, ela já não sabia o que fazer para salvar o patrimônio. Chegou ao DJ em 2009, e no primeiro atendimento sentiu que as coisas iriam melhorar. "Deus me mandou para este lugar; aqui está a minha tábua de salvação", diz.

O DJ cuida de sete embargos trabalhistas e um processo de usucapião para garantir a Maria Aparecida o direito de ficar com seu único imóvel

A plantonista que aceitou o desafio, Flávia da Silva Meirelles de Souza Freitas, acredita que a cliente tem chances de ganhar.[2] Ela cuida de sete embargos trabalhistas – as demais penhoras estão com outros advogados, contratados por Maria – e de um processo de usucapião. Se ganhar esta causa antes de levantar todas as penhoras, as demais ações serão encerradas. "E, finalmente, poderei registrar a casa em meu nome", conclui Maria.

"Eles sabem ouvir"

Encaminhada ao Jurídico pela Defensoria Pública, a universitária Elizete Rosa de Jesus dos Santos, 27 anos, chegou desconfiada. Trazia uma intimação para comparecer à audiência de revisão de pensão alimentícia pedida pelo pai de seu filho, de 5 anos. "Nunca tinha ouvido falar deste lugar, cheguei esperando o pior."[3] Mas, assim que entrou no DJ, mudou de opinião. "É um atendimento diferenciado, não esperava mesmo."

A estagiária Marília Bartolomei Bortolotto explica que o prazo complicava a situação: apenas dois dias para providenciar a documentação, fazer a petição e escalar o advogado para ir à audiência.[4] Fiel à tradição de resolver o problema do cliente sempre, o DJ aceitou o caso. "O Daniel Shan Lee, sob orientação do Caio *[Godeguez Coelho, diretor de estágio]*, me explicou tudo, e nos encontramos no Fórum para o acordo."

Elizete descreve a experiência no Jurídico como "incrível", destacando o trabalho de orientação. "Aqui, diferentemente de todos os lugares públicos em que já estive, conseguimos entender as orientações." Salienta, também, o acolhimento: "São jovens com um nível econômico muito maior do que o nosso. E o que esperar de meninos bem-nascidos? Que tenham certo distanciamento. Mas, no primeiro contato, o que se vê é a mão estendida e alguém dizendo '*muito prazer, sou fulano de tal*'". Para Elizete, os estagiários do DJ têm sensibilidade para entender a dor dos clientes. "São meio psicólogos. Eles sabem ouvir, percebem o outro. Quem dera todos os lugares fossem assim."

Elizete, encaminhada pela Defensoria, chegou ao DJ desconfiada; saiu convencida de que não poderia encontrar melhor atendimento em uma instituição pública

"Dona Lúcia"

Maria Lúcia Cantarino Leopoldo estava perto da aposentadoria quando, em 30 de maio de 2008, perdeu a batalha contra uma leucemia, diagnosticada um ano antes. Dona Lúcia trabalhava como telefonista do Departamento Jurídico havia quase nove anos.[5] Contratada em meados de 1999, no início pensou em desistir do emprego, assustada com o volume de pessoas que circulavam no DJ e com a correria dos estagiários. Telefonista experiente, ela trabalhara durante 20 anos em uma transportadora.

Com o tempo, foi ganhando confiança e se aproximando dos estudantes, aos quais ajudava a organizar o trabalho, resolver problemas administrativos e superar momentos de angústia. Definida como carinhosa, alegre e generosa, também era uma referência para os assistidos que ligavam para o DJ, mantendo com eles uma relação direta e pessoal.

Quando adoeceu, os diretores do DJ decidiram que não contratariam outra pessoa para a sua vaga – somente em março de 2008 a atual telefonista, Amanda Nascimento Triviño, foi contratada. Por um bom período, os calouros revezavam-se ao telefone, cumprindo sua tarefa até que dona Lúcia pudesse voltar ao trabalho. Durante o tratamento, os estagiários lhe enviaram cestas de café da manhã, flores; alguns a visitaram em casa. Mesmo debilitada pela quimioterapia, dona Lúcia fez algumas visitas rápidas ao Jurídico.

Os filhos contam que dona Lúcia definia o trabalho no DJ como algo gratificante, uma motivação para enfrentar o difícil tratamento. Sonhava ser curada e poder voltar a trabalhar. Sua perda foi classificada pelos estagiários que a conheceram como irreparável.

Departamento Jurídico XI de Agosto: noventa anos atendendo à população pobre da cidade de São Paulo

Jayme Kawas

Jayme Kawas *(tocando violão)*, reconhecido pela competência na advocacia e pelo talento musical, ao lado de colegas do DJ

Bacharel em Ciências Jurídicas e Sociais pela Faculdade de Direito da USP em 1953, foi o primeiro advogado orientador do Departamento Jurídico XI de Agosto.

Jorge Rubens Neiva Camargo, em artigo publicado em dezembro de 1954 no jornal *Folha Paulista*, comenta o momento em que Kawas tornou-se, voluntariamente, orientador dos estagiários: "*O movimento e a natureza das causas exigiam a presença de um advogado e só conseguimos suprir essa lacuna, agravada com a falta de verba, quando graciosamente se colocou à nossa disposição o Dr. Jayme Kawas, antigo e querido companheiro nosso, recém-formado. A ele devemos muitas de nossas vitórias; a ele, preito de gratidão. Podemos dizer que, praticamente, viveu toda sua vida acadêmica no Departamento e vive agora também a profissional*".[1]

Em 1954, em artigo denominado "Outros apontamentos", Kawas destacou seu orgulho em relação ao Departamento Jurídico, ao afirmar: "*Honra sobremaneira a notícia de que a União Nacional dos Estudantes, em cuja presidência se encontra Augusto Cunha Netto, acaba de fundar um Departamento Jurídico na Capital da República. É este inteiramente inspirado e moldado na organização do Departamento Jurídico do XI de Agosto. Acadêmicos de todas as faculdades do Brasil que nos têm visitado entusiasmaram-se com essa instituição* sui generis *e cogitam de imitá-la nos seus respectivos Estados*".[2]

Até 1957, foi o único advogado orientador, quando passou a ser auxiliado por Humberto Luiz D'Urso. Em 1959, recebeu um prêmio de Cr$ 90.000,00 (noventa mil cruzeiros) e foi considerado "verdadeiro fundador, idealizador e mantenedor do Departamento".[3] Exerceu a advocacia durante toda a sua vida, até falecer, em outubro de 1995, em São Paulo.

Dificuldades Financeiras

A luta pela sobrevivência

Nascido sob a égide do voluntarismo, o Departamento Jurídico XI de Agosto parece forjado para enfrentar crises financeiras. As dificuldades, sempre superadas, resultaram em episódios insólitos e pitorescos ao longo de sua história.

Durante as primeiras décadas, a entidade conseguiu manter-se com os recursos repassados principalmente pelo Centro Acadêmico XI de Agosto. Na década de 1950, dispunha também de uma pequena verba da Reitoria da USP, como informava, em 1954, o diretor-presidente da entidade, Setembrino Viard de Campos: *"As maiores dificuldades são de ordem financeira, por ser pequena a verba recebida da Reitoria da Universidade de São Paulo, e isto se reflete nas, atualmente, deficientes instalações materiais"*.[1]

Em uma longa nota de esclarecimento dirigida à comunidade estudantil das Arcadas, datada de 22 de outubro de

Da sala Chico Emygdio, chamada de Sala dos Estagiários, vista para o Fórum João Mendes Jr.

1974, sobre os problemas financeiros da entidade, a diretoria do DJ informava que as despesas de condomínio eram pagas *"há mais de 10 anos pela Reitoria"*. E acrescentava que *"o pagamento sofre atrasos todos os anos devido às dificuldades burocráticas para a liberação de verba"*.[2] Não há registro do momento em que o envio desse recurso foi interrompido.

Projetos mais ousados só foram viabilizados graças à colaboração de terceiros, muitos dos quais ligados às Arcadas. Em 1954, o advogado orientador Jayme Kawas justificava o lançamento de uma campanha de arrecadação de fundos para a compra da sede própria: *"Muito acanhado, no início, (...) hoje* [o DJ] *necessita de novas instalações para atender ao sempre crescente número de acadêmicos e clientes. Por isso, justifica-se plenamente a campanha pró-sede própria que se destina a angariar fundos para a aquisição dos conjuntos imobiliários onde serão instalados alguns departamentos do Centro* [XI de Agosto], *mormente, o Jurídico"*.[3] Em 1959, com dinheiro doado pelo embaixador José Carlos de Macedo Soares, ex-presidente do XI de Agosto, a sede finalmente foi comprada.

Primeiras grandes crises

Ao menos desde a década de 1970, a receita era complementada com a mensalidade cobrada dos estagiários e de honorários, simbólicos, de alguns clientes. Luiz Antonio Alves de Souza, presidente do C.A. em 1973, observa que, historicamente, a entidade sempre precisou de dinheiro, mas a situação esteve sob controle por muitos anos "graças ao espírito de solidariedade e voluntarismo de estagiários e advogados orientadores, que fizeram do Jurídico um apostolado".[4]

Para tanto, a entidade mantinha uma estrutura enxuta, essencialmente a mesma desde os anos 1950. Informa o *Jornal da Tarde* de 20 de maio de 1969 que a precária condição econômica do DJ limitava a expansão do quadro, formado então por 40 estagiários, dois advogados orientadores (Miguel Aldrovando Aith e Paulo Gerab), um vareiro e um funcionário administrativo.[5] E o repórter pondera, com surpresa: *"Talvez seja o único lugar onde se paga para trabalhar: o estagiário deposita uma taxa inicial de 20 cruzeiros novos e mais 15, todo mês"*. Mais adiante, explica: *"Apesar do trabalho de utilidade pública do Departamento, (...) não conseguiu das autoridades a dispensa de pagamento de imposto predial e taxa de água e esgoto"*. Os diretores lutavam, então, para *"poder pagar as contas de luz e telefone, do papel usado nos processos, das despesas de condomínio"*.

Ainda assim, naquele ano, o DJ atendeu a cerca de 600 pessoas por mês, média 20% superior ao movimento registrado em 1968.[6]

Agravamento da crise

Na década seguinte, apareceram sinais claros do aguçamento da crise financeira, que alcançaria seu ápice nos anos 1980. Em 1973, reportagem do *Diário de S. Paulo* informava que a maior dificuldade do DJ estava na *"arrecadação de fundos para a manutenção das instalações e compra de folhas de papel timbrado..."*.[7]

Em 1974, um diretor do DJ revelava, ao *Jornal da Tarde*, pleito à Faculdade de Direito: a doação de uma linha telefônica e dez máquinas de escrever novas, pois as disponíveis estavam velhas. Expunha, também, a crescente animosidade dos demais condôminos contra a clientela do Departamento: *"Os outros advogados do prédio, de renome, reclamam do número de clientes do Jurídico: dizem que há um superuso das instalações comuns"*.[8] Para a diretoria da época, tratava-se de preconceito de classe.

Em 1981, os problemas ganharam contornos dramáticos, com a decisão da Prefeitura de interditar o Edifício Jurídico. A ação, em princípio, atingiria os 34 condôminos, que tinham 30 dias para desocupar o prédio.[9]

Um mês depois, a ameaça pairava apenas sobre o DJ, que tinha dois dias para se mudar. Ao mesmo tempo, o condomínio limitou o acesso dos clientes ao Departamento. Armou-se a confusão: *"Como a distribuição de senhas para atendimento demorasse muito (...) o síndico resolveu chamar a polícia. Meia dúzia de policiais (...), estagiários (...) e o síndico iniciaram uma longa discussão jurídica sobre os termos e os prazos da intimação (...) enquanto as filas ocupavam toda a calçada da praça João Mendes".*[10]

Pressionado, o prefeito Reinaldo de Barros suspendeu a ação, comprometendo-se, ainda, a ceder em comodato um novo espaço para os estagiários.[11] Contudo, manteve-se irredutível quanto ao livre acesso dos cerca de 400 clientes ao Departamento: apenas 30 de cada vez. A imposição transformou a calçada defronte do edifício em um caos. Para amenizar a situação, a diretoria levou o Jurídico para a rua, onde instalou uma mesa. A triagem ao ar livre limitava o atendimento aos casos emergenciais, como ações penais e contestações de prazo.[12]

Mais crises e uma reforma

O DJ não foi despejado, mas nem por isso a situação no 17º andar do Edifício Jurídico melhorou. Não havia dinheiro sequer para pagar as contas de luz, telefone, condomínio. Geraldo Henrique Moromizato, ex-diretor do DJ e hoje oficial tabelião da Comarca de Palmas (TO), classifica o período como de mendicância e lembra que a energia elétrica era frequentemente cortada.[13]

O cenário dramático, que só se acentuava, ao menos teve o mérito de atrair para a causa a atenção do poder público. Em 1984, por empenho de Luiz Antonio Alves de Souza, que integrava, então, a cúpula da Secretaria Municipal dos Negócios Jurídicos, na gestão de Mário Covas, surgiu o primeiro convênio. "Naquela época não havia em São Paulo sequer a Procuradoria do Município. A única assistência judiciária gratuita de abrangência local era a do DJ", lembra.

Com o apoio do secretário municipal de Negócios Jurídicos, José Afonso da Silva, e de seu assessor Walter Piva Rodrigues, ambos professores da São Francisco, Alves de Souza finalizou o projeto de convênio.

População perde serviço gratuito de advogados

Edmundo Carlos

Benedito Januário culpa a falta de verba

A partir de hoje o Departamento Jurídico XI de Agosto, ligado à Faculdade de Direito da Universidade de São Paulo (USP), paralisa seu serviço de atendimento gratuito à população. "Sem verbas e sem estagiários, a situação está um caos", desabafa Benedito Vitor Januário, assessor administrativo do departamento há 12 anos. "A verba que temos disponível é insuficiente para pagarmos os estagiários, os orientadores, que são advogados formados, e as outras despesas", disse.

O Departamento Jurídico conta com uma verba mensal de Cr$ 1,2 milhão de cruzeiros, concedida pela Secretaria da Justiça desde 1986. O valor estipulado não sofre reajuste há seis meses. "Enquanto os gastos continuam subindo, a verba continua fixa", contou Grasiela Mattioli de Oliveira, estagiária.

Segundo o assessor, o reajuste, além de ser semestral, vem somente no terceiro mês após os cálculos do novo valor estipulado para o semestre. "Nós temos de aplicar o dinheiro para poder cumprir os nossos compromissos com condomínio, telefone, funcionários etc., e já atrasamos algumas vezes os salários dos funcionários".

Atualmente, o departamento conta com 70 estagiários de 4º e 5º anos, que atendem casos mais complicados como despejo, usucapião, desquite litigioso e recebem Cr$ 450,00 por caso, e 130 de 2º e 3º anos, que cuidam de desquite amigável e dão orientação jurídica ao público, sem remuneração. "Recebendo Cr$ 450,00 por caso, nenhum estudante quer estagiar aqui. Eles têm procurado escritórios particulares, onde ganham dois salários mínimos", disse Grasiela.

Dos 80 casos que o departamento atendia diariamente, só 10 novos casos estavam sendo atendidos por dia neste mês, fora os dois mil processos em andamento. Para solucionar o problema, o departamento está tentando convênios com a Reitoria da USP e com a Prefeitura de São Paulo. "Um reajuste trimestral da verba cedida pela Secretaria da Justiça também está sendo tentado, mas até agora não obtivemos resposta", finalizou Vitor.

As recorrentes crises financeiras do DJ sempre foram notícia na imprensa paulista. No *Diário Popular (ao lado)* o risco de fechamento é anunciado em reportagem de 1º de novembro de 1990. E, na *Folha de S.Paulo (abaixo)*, em 13 de fevereiro de 1985

FOLHA DE S. PAULO — Quarta-feira, 13 de fevereiro de 1985 — GERAL — 23

[Cri]se financeira pode fechar jurídico do Onze de Agosto

O departamento presta assistência a pessoas que não podem pagar

Reportagem Local

Apesar das extensas filas que se formam todos os dias no corredor e das três fileiras de bancos de madeira tomadas por pessoas que precisam do auxílio de um advogado, mas que não podem pagar, o Departamento Jurídico do Centro Acadêmico Onze de Agosto poderá fechar suas portas. Com uma dívida de aproximadamente Cr$ 15 milhões, ameaça de interrupção de duas linhas telefônicas por falta de pagamento, condomínio atrasado e funcionários sem receber há quatro meses, o Departamento, dirigido pelos estudantes de Direito da Universidade de São Paulo, passa por uma crise sem precedentes.

Criado em 1947 para o treinamento profissional dos futuros advogados, o Jurídico —instalado na praça João Mendes, 62, 17º andar— conta hoje com 43 estagiários de quarto e quinto anos do Largo de São Francisco, além de oito orientadores — advogados já formados — que trabalham sem remuneração no atendimento de cerca de quarenta causas por dia. Além da Divisão de Assistência Jurídica da Procuradoria Geral do Estado, só o Jurídico do Onze de Agosto presta serviços sem cobrar honorários.

"A situação alcançou proporções gigantescas e dificilmente sairemos do problema sem ajuda financeira", revelou um dos diretores do Departamento, Pedro Paulo Maillet Preus, 22, estagiário do último ano. Ele explica que um convênio foi firmado com a Prefeitura em julho do ano passado, e uma das cláusulas estabelece o cancelamento da taxa simbólica de Cr$ 3.500,00, que era cobrada anteriormente.

"O convênio garante o pagamento das despesas mediante o comprovante, mas não temos dinheiro para pagar as contas e por isso não adianta a garantia do reembolso", argumenta Maillet, preocupado em conseguir até sexta-feira Cr$ 1 milhão para o pagamento das contas telefônicas, atrasadas desde meados do ano passado.

"A modificação das cláusulas do convênio precisa passar pela aprovação da Câmara Municipal, e isso é viável tecnicamente, depende de alguns estudos", explicou Luiz Antônio Alves de Souza, assessor da Secretaria Municipal de Negócios Jurídicos, responsável pela implementação do convênio. Souza credita à desorganização dos responsáveis pelo Departamento a situação grave que enfrentam. A crítica é rebatida por Paulo Maillet. Ele diz que a situação é grave porque o Departamento Jurídico não possui nenhuma fonte de rendimentos e só com a folha de pagamento dos cinco funcionários administrativos são desembolsados Cr$ 3,2 milhões por mês.

OAB

"A Ordem dos Advogados não foi comunicada oficialmente sobre a situação do Departamento Jurídico do Onze de Agosto, mas está sempre disposta a ajudar no que for possível", garantiu o vice-presidente da seção paulista da OAB, Walter Maria Laudísio, 59, ressaltando que esta não "será a primeira nem a última vez".

Para Laudísio, o trabalho realizado pelos estagiários da Faculdade de Direito da USP é essencial, "já que o Estado não cumpre a obrigação de dar assistência jurídica ao cidadão, e por isso é necessário impedir que o pouco que existe acabe desta forma".

Os diretores do Departamento Jurídico do Centro Acadêmico têm duas possíveis soluções para tentar equilibrar o orçamento a médio prazo: a distribuição de um carnê para que os ex-estagiários possam contribuir com algum dinheiro; e a mudança imedi[illegible] das determinações [illegible] firmado com a Prefeitura, de forma que a verba seja liberada antes do pagamento das despesas e não em forma de reembolso, como acontece atualmente.

No texto encaminhado para aprovação na Câmara dos Vereadores, Covas justificava: "*Com a celebração desse convênio a Municipalidade Paulista ingressa definitivamente na assistência jurídica às pessoas carentes. Desnecessário expor a V. Exas., representantes do povo, o alcance de tais medidas*".[14] Em 15 de maio de 1984, o convênio foi aprovado.[15]

O sistema de reembolso mediante prestação de contas e uma cláusula que estabelecia o fim da cobrança da taxa simbólica pelo atendimento, exigências do convênio, no entanto, não resolviam, de todo, o problema. O DJ não dispunha de recursos para pagar as despesas primeiro e ser reembolsado depois.[16]

A mudança no convênio nem teve como ser efetuada: assim que assumiu a Prefeitura, no ano seguinte, Jânio Quadros, ex-aluno das Arcadas, que foi secretário do Centro Acadêmico XI de Agosto na década de 1930, cancelou o convênio.

Novo socorro oficial só viria em 1986, em acordo com a Secretaria de Estado da Justiça. Foi um dos últimos atos do secretário José Carlos Dias e trazia diferenciais importantes: o recurso repassado permitia contratação de pessoal administrativo, concessão de bolsa-auxílio aos estagiários e pagamento de honorários aos advogados orientadores.[17]

Assim, o DJ conseguiu resolver um problema que vinha se agravando: o passivo trabalhista. O valor das bolsas foi doado ao Jurídico pelos estagiários, até que a dívida fosse sanada, lembra o advogado Augusto Tavares Rosa Marcacini, ex-diretor do Jurídico.[18]

Àquela altura, a crise financeira havia corroído as instalações do Departamento. Era o tempo em que os estagiários, advogados e clientes conviviam com o risco iminente de incêndio, e o Corpo de Bombeiros ameaçava interditar o conjunto. A situação era tão precária que até os mais empedernidos defensores do DJ admitiam, e temiam, a falta de segurança.[19]

Quando tudo parecia inexoravelmente perdido, o DJ conseguiu recursos para a reforma. A verba veio da Reitoria da Universidade, que doou também um computador, e teve apoio do professor Dalmo de Abreu Dallari, então diretor da Faculdade de Direito da USP. A reforma alterou completamente o cenário do Jurídico. Compareceram à cerimônia de reinauguração, em 28 de agosto de 1987, entre outras personalidades, o reitor José Goldemberg, além de dezenas de ex-estagiários.[20]

Para não interromper o atendimento durante a reforma, Dalmo Dallari autorizou o Jurídico a instalar-se na Sala do Estudante, no prédio da Faculdade. Por um curto período, o quadro de estagiários, que estava defasado, foi ampliado: os estudantes não vinculados ao Jurídico ajudavam a atender aos clientes. "A bem da verdade, fomos laçados. Eu e alguns colegas estávamos no Onze fazendo hora, batendo papo, tomando uma cervejinha, quando chegou o Vitão *[Benedito Vitor Januário dos Santos]*, funcionário do Jurídico. Apavorado, disse que precisava de gente no atendimento. Tentamos argumentar que não tínhamos condições. Não teve acordo. Mesmo estando todos meio 'alegrinhos', o Vitão nos arrastou e disse: 'Se virem!'", lembra Gino Augusto Franco Sant'Anna.[21] O estagiário acidental, hoje delegado de polícia em Ribeirão Preto, no interior paulista, conta que a experiência durou até a conclusão das obras, por alguns meses.

Sem trégua

O Departamento ainda cheirava a tinta quando teve início uma crise entre as diretorias do Centro Acadêmico e do DJ, em 1988. Em assembleia geral, realizada em 13 de maio, o Onze expôs uma suposta fraude no concurso de ingresso de novos estagiários. Os diretores do Jurídico reagiram alegando que o caso era apenas um pretexto do C.A. para intervir na entidade.[22]

Enquanto isso, as dificuldades de ordem econômica não davam trégua. No final de 1990, o DJ paralisou parte das suas atividades, atendendo somente a casos urgentes e em andamento – a orientação e novos processos seriam recusados. Sem perspectivas de mais verbas nem de reajuste do convênio com a Secretaria de Justiça do Estado, a situação de penúria voltara com força: o Jurídico não conseguia atrair novos estagiários, e as contas, incluindo os salários dos funcionários, atrasaram novamente.[23]

O socorro veio da Prefeitura, em 1992, na gestão de Luiza Erundina, na forma de um novo convênio.[24] Elaborado pela Secretaria dos Negócios Jurídicos, cujo titular era então o professor Dallari, teve decisiva participação de dois assessores que mantinham fortes laços com o DJ: novamente Walter Piva e o ex-estagiário Otavio Pinto e Silva (hoje também docente da São Francisco).[25]

A partir desse convênio, foi regulamentada a lei municipal que criou o Serviço de Apoio Jurídico, o SAJ. Mais abrangente que o anterior, ele atuava *"prioritariamente nas questões ligadas ao solo urbano, à moradia, inclusive conjuntos habitacionais, e nas situações decorrentes da violência urbana..."*.[26] Foi a primeira experiência do município de assistência jurídica integral à população. E também a última. Assim que assumiu, o prefeito Paulo Maluf rompeu com o DJ e esvaziou o SAJ, lembra Walter Piva.

Na tentativa de retomar o apoio municipal, em 1994 a diretoria do Jurídico encaminhou um novo projeto de convênio à Secretaria de Planejamento de São Paulo. A solicitação não foi atendida, e a Prefeitura nunca mais voltou a apoiar o DJ.[27]

No ano seguinte, o duradouro convênio estadual tinha nova parceira: a Procuradoria-Geral do Estado de São Paulo. Suas linhas gerais foram mantidas, com o DJ assumindo oficialmente casos encaminhados pela Procuradoria de Assistência Judiciária (PAJ), órgão da PGE responsável pela assistência judiciária gratuita à população carente do Estado. Em proposta de aditamento, de 2005, constatou-se que o Jurídico já atendia, ao menos desde 2002, a 40 casos encaminhados semanalmente pela PAJ.[28] A partir de 2007, após a extinção do órgão, o convênio foi renovado pela Defensoria Pública do Estado de São Paulo.

DJ, 1987: avançado estado de deterioração física e ameaças constantes de ser, justamente, interditado pelo Corpo de Bombeiros

Bons frutos

Na década de 1990, enfim, o DJ formalizava um vínculo com a USP. Primeiro, por meio da inserção da entidade na rede de estágios contemplada pelo Centro de Prática Jurídica da Faculdade de Direito; depois, com a Pró-Reitoria de Cultura e Extensão Universitária (PRCEU), em 1997.[29]

Aprovada em todos os órgãos deliberativos da Pró-Reitoria, a cooperação extrapola a questão financeira. Segundo Otavio Pinto e Silva, além da ligação institucional, ela traz aos estagiários um importante ganho acadêmico: os alunos do DJ matriculados na disciplina Atividades de Cultura e Extensão recebem créditos no histórico escolar.

Em 1999, nascia a Associação dos Amigos do Departamento Jurídico (AADJ). Na cerimônia de lançamento, em 21 de outubro, durante as comemorações dos 80 anos do DJ, 179 ex-estagiários assinaram o Livro de Ouro. Era o primeiro ato da Associação com o objetivo de angariar recursos para a entidade. Dez anos depois, a AADJ doou a maior parte do valor para a aquisição do imóvel que vai permitir a ampliação da sede do Júridico.[30]

Ainda em 1999, os estudantes da São Francisco conquistaram uma enorme vitória financeira: a liberação judicial para o XI de Agosto dos frutos civis de ações da Fepasa, que estavam bloqueados há décadas. Em assembleia geral, os estudantes decidiram, por aclamação, pela implantação de Orçamento Participativo.[31]

Segundo Rodrigo Ribeiro de Sousa, diretor-presidente do DJ em 2001, na mesma assembleia os alunos deliberaram pela realização de plenárias anuais para definir a aplicação desses recursos em projetos específicos. "Uma vez aprovados, eles seriam financiados com o dinheiro dos frutos civis das ações."[32]

No início dos anos 2000, a aplicação dos recursos do Orçamento Participativo era definida por concurso: os melhores projetos eram

[1]

Com recursos da Reitoria da USP, a diretoria do DJ conseguiu reformar a sede. A festa de inauguração das novas instalações, em 1987, foi prestigiada pelo reitor José Goldemberg e por Dalmo Dallari, então diretor da São Francisco [1] e reuniu estagiários e ex-estagiários de várias gerações [2]. O evento ficou eternizado em placa [3]

[2]

[3]

escolhidos, por votação direta, pelos estudantes. O DJ venceu os concursos de 2000 e 2001, recebendo verbas para uma nova, e grande, reforma da sede, que estava saturada e era pouco funcional. Ribeiro de Sousa, hoje orientador do DJ, conta que a obra, projetada por estudantes de Engenharia da Escola Politécnica da USP, mudou completamente a configuração da entidade. Entre as novidades, uma área reservada ao atendimento dos casos mais delicados e, principalmente, às sessões de mediação, conduzidas por voluntários do Instituto de Mediação e Arbitragem do Brasil, com o qual o DJ mantém convênio desde o final dos anos 1990.[33] Para não interromper o atendimento durante as obras, em 2001 a diretoria alugou um conjunto no 16º andar do mesmo Edifício Jurídico.

Em 2002, após um longo processo de negociação, os estudantes decidiram, em assembleia geral, pela redistribuição de todas as receitas auferidas pelo XI de Agosto (frutos civis da Fepasa, aluguel dos *outdoors* instalados no campo e no estacionamento do Onze). "Assim, o DJ passou a ter uma participação mensal nas receitas, o que mudou por completo o paradigma do relacionamento entre as entidades estudantis da Faculdade e o Centro Acadêmico e fez com que o Jurídico conquistasse definitivamente sua autonomia administrativa, inserindo-se no âmbito da política acadêmica como uma instituição financiada pelo movimento estudantil, por decisão dos próprios estudantes", ressalta Ribeiro de Souza.

A diversificação da receita e o controle rigoroso das despesas, aliados a projetos lastreados financeiramente, deram maior segurança ao DJ. E indicam que a história do Departamento Jurídico deverá seguir com menos sobressaltos econômicos.

DEPARTAMENTO JURIDICO
CENTRO ACADÊMICO XI DE AGOSTO
FACULDADE DE DIREITO DA USP
PÇA. JOAO MENDES, 62 - 17.º AND. - SP
FONES: 239-0186 - 239-4461

ATA DE ASSEMBLEIA GERAL

Aos dezenove dias do mes de gosto de mil novecentos e oitenta e oito; no Departamento urídico do Centro Acadêmico "XI de Agosto", sito na Praça João endes, 62, 17 andar, na cidade de São Paulo, Estado de São aulo, reuniram-se os estagiários do Departamento, em Assembléia eral , onde , por unaminidade foi tomada a seguinte delibaração: partir do mês de setembro, do corrente, os estagiários deverão olaborar com uma doaão mensal, na proporção de 25% vinte e cinco por cento) do valor de suas "bolsas" para a riação de um fundo de manutenção do Departamento Jurídico, o ual será utilizado em caso de necessidade, para as finalidades ão ressarcíveis pelo Convênio com a Secretaria de Justiça do stado de São Paulo. Cumpridas as formalidades legais e após ncerrados os trabalhos, foi lavrada a presente ata, que lida e provada, foi assinada por três membros da diretoria e ratificada elos estagiáios.

ALEXANDRE COELHO

HERTHA HELENA R. PADILHA

PAULO SERGIO G. PALERMO

1

Em assembleia geral, no dia 19 de agosto de 1988, os estagiários decidiram doar parte de sua bolsa-auxílio para ajudar a sanear as finanças da entidade

DJ ESCOLA DE JUSTIÇA

Análise: Dalmo de Abreu Dallari

DJ, decisivo nas soluções jurídicas para os conflitos sociais

"O atual cenário da assistência jurídica gratuita no Brasil, tomando-se por base alguns dados concretos, é positivo. Ponto importante, em termos de apoio jurídico, para que as camadas mais pobres da população busquem a efetivação de seus direitos, foi a implantação das Defensorias Públicas, praticamente no País inteiro. Com isso, a assistência jurídica às populações mais pobres foi institucionalizada, e não fica mais na dependência da boa vontade de pessoas e instituições. Ainda existe longo caminho a percorrer para que em todos os municípios brasileiros esteja presente a Defensoria Pública. Mas caminhamos bastante e, agora, é preciso trabalhar no sentido de sua ampliação e melhor aparelhamento.

Outro dado significativo é o grande aumento do número de ações judiciais, o que se deve, em grande parte, ao crescimento expressivo da parcela da população que reivindica seus direitos pelas vias judiciais. Isso tem contribuído para a sobrecarga do Judiciário e a maior demora para

Mesmo sem ter estagiado no DJ, o professor Dalmo Dallari sempre apoiou a entidade

obtenção de decisões. Mas é dado positivo em termos de busca da efetivação dos direitos, pois demonstra que maior número de brasileiros acredita que tem direitos e que vale a pena lutar por eles. Esse é um dado novo, que deve ser levado em conta nas dotações dos órgãos do Judiciário e no seu reaparelhamento.

À luz destas proposições, o trabalho desenvolvido pelo Departamento Jurídico do Centro Acadêmico XI de Agosto é muito importante, sob vários aspectos. Do ponto de vista da população em geral, tem exercido influência para que muitas pessoas e muitas famílias pobres não fiquem desamparadas quanto a seus direitos negados ou ofendidos. Além de contribuir concretamente para a proteção e a efetivação de direitos, o trabalho do Departamento tem influído também para aumentar a crença nas soluções jurídicas para os conflitos sociais.

A par disso, a entidade tem sido valiosa escola de prática advocatícia, atuando como importante campo de estágio, que proporciona aos estudantes da Faculdade de Direito da USP grande envolvimento nas questões que têm ali o seu patrocínio. E por sua grande proximidade com a escola, proximidade não apenas física, está sempre muito presente o caráter didático, havendo intercâmbio de experiências. Acrescente-se, ainda, que o trabalho desenvolvido no Departamento Jurídico proporciona ao estagiário a oportunidade de fazer comparações diárias entre o que lhe é ensinado, em termos de teoria e legislação, e o que acontece na prática. E ao mesmo tempo em que verifica quais são as dificuldades para a efetivação dos direitos, do ponto de vista da população mais pobre, o estagiário toma conhecimento dos critérios que informam o desempenho dos profissionais e dos órgãos dos setores jurídicos e judiciários da organização pública.

Apoio incondicional

Quando ocupei a diretoria da São Francisco, procurei atuar no sentido de obter integração maior do Departamento Jurídico à Faculdade, estimulando os professores a prestar mais atenção ao trabalho desenvolvido na entidade. Ao mesmo tempo, dei apoio material à melhoria das instalações do Departamento, pois àquela altura o trabalho ali desenvolvido era absolutamente ignorado pela USP, como se o Jurídico nada tivesse a ver com a Faculdade de Direito e a Universidade.

Além dos efeitos imediatos da ajuda por mim proporcionada, acho que ocorreu também um despertar de consciência. Professores e alunos que atuavam no Departamento passaram a acreditar na possibilidade de receber apoio da São Francisco e da USP, o que, até então, estava fora de cogitação. E, em sentido inverso, por parte da Faculdade e da Universidade, tomou-se consciência de que o Departamento Jurídico do Centro Acadêmico XI de Agosto deveria ser tratado como extensão da escola, merecendo todo o apoio.

Depois, quando assumi *[em 1989]* a Secretaria dos Negócios Jurídicos do Município de São Paulo, na gestão da prefeita Luiza Erundina, logo vislumbrei a possibilidade de corrigir o que me parecia falha muito grave, justamente a falta de apoio jurídico dos poderes públicos à população pobre. Tinha conhecimento das grandes limitações sofridas pelo serviço de assistência judiciária mantido pelo governo estadual. Além do fato de não dar consultas, só atuando em ações judiciais, e de não abranger a área trabalhista, o número pequeno de advogados e a grande deficiência de recursos materiais limitavam muito a defesa de direitos pelos que ali trabalhavam, apesar de sua boa vontade. Como se falava

então abertamente, a Procuradoria de Assistência Judiciária (PAJ) era a prima pobre da Procuradoria do Estado.

Pensei, então, na possibilidade de criar, na administração municipal, um serviço de apoio jurídico à população pobre. Felizmente, recebi contribuições extremamente valiosas. Meu chefe de gabinete era o professor Walter Piva Rodrigues, que, além de grande processualista, é humanista, com enorme disposição para levar apoio aos necessitados. Ainda fazia parte da equipe o jovem e brilhante advogado, também humanista, Otavio Pinto e Silva. Assim como eu, ambos eram grandes conhecedores, e também entusiastas, do trabalho desenvolvido pelo Departamento Jurídico do XI de Agosto. E, conjugando nossos esforços, conseguimos preparar o projeto de lei objetivando a criação do Serviço de Apoio Jurídico (SAJ). Como é óbvio, preparamos aquele projeto porque, além de convencidos da necessidade e das grandes vantagens de um serviço daquela natureza, não tínhamos dúvida de que a prefeita Luiza Erundina, assistente social e também humanista, nos daria total apoio. Isso realmente aconteceu e tornou possível converter em lei o nosso projeto.

Embora tenha sido curta a duração do Serviço de Apoio Jurídico, verificamos concretamente sua grande valia. Os escritórios que conseguimos implantar tiveram logo grande procura, confirmando a necessidade da criação de um serviço público de caráter permanente, tendo por objetivo a proteção dos direitos da população mais pobre. Além disso, por vários casos chegados ao SAJ, verificamos que o apoio jurídico dava contribuição valiosa à busca de solução pacífica e justa para os conflitos, evitando brigas de vizinhos, agressões, atos de vingança e outros comportamentos que comprometem a paz social.

Por esses motivos, ficamos profundamente decepcionados e, evidentemente, também indignados quando tomamos conhecimento de que o prefeito Paulo Maluf, sucessor de Erundina, havia decidido desativar o SAJ. Além de muitos outros aspectos negativos da passagem de Maluf pela Prefeitura de São Paulo, esse ponto demonstra sua falta de conhecimento e de sensibilidade quanto à importância do Direito para a convivência pacífica e justa da população. A desativação do SAJ foi desastrada e injusta, causando evidentes prejuízos para as camadas mais pobres da população da cidade de São Paulo, e para a população em geral, pois todos perdem quando a falta de instrumentos para a solução pacífica de conflitos acaba provocando aumento das ações violentas.

Defensoria Pública, essencial

Embora a capital paulista tenha sido a primeira do Brasil a instalar, em 1919, um serviço de assistência jurídica gratuita, via Departamento Jurídico do Centro Acadêmico XI de Agosto, o Estado de São Paulo foi o penúltimo a instalar a Defensoria Pública, quase 20 anos depois de promulgada a Constituição de 1988.

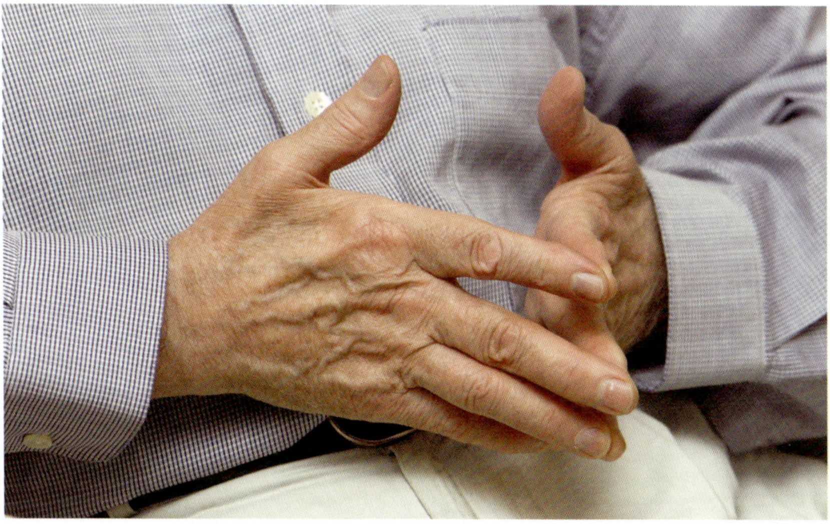

É profundamente lamentável saber que São Paulo, que se orgulha de ser o centro econômico do Brasil, deixa em plano inferior a busca de construção de uma sociedade justa, pacífica e fraterna. Na realidade, grande parte da população paulista é sensível às exigências éticas e jurídicas, como o respeito à dignidade humana de todos e a observância dos direitos e das obrigações consagrados na Constituição e nas leis.

Mas, infelizmente, a concentração de riqueza tem também consequências muito negativas. Como tem ficado evidente em muitas ocasiões, a supervalorização das riquezas materiais estimula o egoísmo e gera arrogância e insensibilidade ética. E, assim, muitos dos que, por exercerem grande influência nas decisões políticas, poderiam contribuir para a prevalência dos valores e padrões de uma sociedade democrática procedem em sentido oposto, procurando obter mais vantagens pessoais e hostilizando os que trabalham pela prevalência do Direito e da Justiça.

Em conclusão, apesar do egoísmo e da postura antiética de grupos privilegiados, a consciência das exigências de justiça vem crescendo. Um sinal disso é o fato de que, apesar de todas as resistências, São Paulo finalmente acabou criando a Defensoria Pública, cumprindo obrigação constitucional."

---

* Jurista, Professor Emérito da Faculdade de Direito da USP, membro honorário da Comissão Internacional de Juristas, ex-professor visitante da Universidade de Paris e ex-presidente da Comissão Pontifícia Justiça e Paz de São Paulo. É autor de vários livros, entre os quais *O poder dos juízes*, *Direitos humanos e cidadania* e *O futuro do Estado*.

Texto escrito em 25 de março de 2010.

Francisco Emygdio Pereira Neto

Bacharel em Ciências Jurídicas e Sociais pela Faculdade de Direito do Largo de São Francisco em 1935, tornou-se um personagem memorável, reconhecido pelo seu intenso convívio com a vida universitária. Exerceu a advocacia e foi tesoureiro da Faculdade de Direito até 1969, ano em que se aposentou. Participou da Burschenschaften, a Bucha, formada na Faculdade de Direito, tendo sido "chaveiro" da organização, papel de proa da sociedade secreta de ajuda mútua, fundada pelo professor Júlio Frank na década de 1830.

Em 1957, propôs à OAB/SP a doação de Cr$ 20.000,00 (vinte mil cruzeiros) ao Departamento Jurídico do XI de Agosto, o que constituiu um importante apoio à continuidade dos serviços. Por sua vivência universitária e apoio ao trabalho do Departamento Jurídico, a Sala dos Estagiários foi batizada com o nome pelo qual era conhecido: "Chico Emygdio".

Doadores

Para consolidar a parceria

A parceria do Pinheiro Neto Advogados com o Departamento Jurídico é antiga. E, conforme o advogado José Carlos Meirelles, é motivo de orgulho entre os sócios, mais de 60% deles formados pela São Francisco, inclusive o fundador, que dá nome ao escritório. "Muitos de nós fomos estagiários no DJ; eu atuei lá por dois anos. Conheço de perto o espetacular trabalho social da entidade."[1]

Para além da questão afetiva, Meirelles diz que os vínculos com o DJ são importantes do ponto de vista profissional. "Reconhecemos no Jurídico uma qualidade única no que diz respeito à prática do Direito. E incentivamos nossos estagiários a trabalhar lá, porque quem passa pelo dia a dia da entidade está pronto para atuar em qualquer lugar."

Meirelles também destaca o processo de formação do estagiário do DJ, que, desde o primeiro momento, está em contato direto com o cliente. "Talvez essa seja a vertente mais interessante do aprendizado, porque, no contato com a realidade dos assistidos, começa a nascer o advogado. Não se trata de conhecimento jurídico, mas de saber lidar com as pessoas e seus problemas."

José Carlos Meirelles,
do Pinheiro Neto
Advogados

O Pinheiro Neto planeja ampliar a parceria, hoje concentrada na doação mensal que o escritório faz à entidade. Meirelles pensa em um modelo que beneficie ambas as partes.

Por uma causa nobre

Formado pela Faculdade de Direito da USP em 1985, Eduardo Salomão Neto nunca estagiou no Departamento Jurídico. "Eu achava que ali era como em qualquer outro lugar."[2]

O tempo e o ofício de advogado, exercido há mais de 20 anos na Levy & Salomão Advogados, trataram de mudar sua opinião. Em 2005, com vistas ao compromisso ético dos escritórios de advocacia em oferecer assistência gratuita, reencontrou-se com o Jurídico. "E logo percebi a nobreza da causa. Dos alunos vinculados a agremiações estudantis da Faculdade, os do DJ são os mais bem-intencionados. Ali não há *glamour*, poder; só trabalho árduo."

Ao longo da parceria, o advogado percebeu, também, que o Direito praticado pela entidade pode ser uma fonte de angústia existencial. "Frequentemente, os estagiários lidam com pessoas cuja vida está ruindo: ameaçadas de perder seu parco patrimônio, afastadas da família, privadas da liberdade..."

A formação do estagiário é outro diferencial do DJ. "Eles lidam com pessoas que têm restrições de todas as naturezas; não basta pegar a letra da lei e segui-la. Ele tem de adequar essa lei à condição de penúria daquele cliente, que precisa de um caminho jurídico relativamente curto. O estagiário sabe ir direto ao ponto: entende o problema e o explica de maneira simples. A habilidade deles, desde cedo, é admirável."

Cada vez mais envolvido com a causa do Departamento Jurídico, o escritório Levy & Salomão fez, em 2009, expressiva doação para a compra da nova sede da entidade. "E, no que depender de mim, vamos aprofundar essa parceria."

Eduardo Salomão Neto, do Levy & Salomão Advogados

José Carlos de Macedo Soares

Formado em Ciências Jurídicas e Sociais pela Faculdade de Direito do Largo de São Francisco em 1905, foi professor, diplomata, ministro e interventor federal no Estado de São Paulo. Iniciou sua carreira política, no mesmo ano, como presidente do Centro Acadêmico XI de Agosto.

Participou da Campanha Civilista em 1909. Em 1923, foi presidente da Associação Comercial de São Paulo. Na instituição, teve atuação destacada durante a Revolta de 5 de Julho de 1924, contra o governo federal, ao reunir esforços para intermediar o conflito, visando à garantia do abastecimento e do policiamento em São Paulo. Ao fim da revolta, terminou preso durante dois meses e, posteriormente, exilou-se na Europa, onde permaneceu por três anos. No exílio, escreveu os livros *Justiça à Revolta Militar de São Paulo* e *O Brasil e a Sociedade das Nações*.[1]

Participou ativamente da Aliança Liberal e da Revolução de 30, constituindo-se em um personagem central nas disputas políticas entre o Partido Democrático (PD) e o Governo Provisório durante a formação do novo governo. No dia 25 de outubro de 1930, foi nomeado secretário do Interior. Durante o ano de 1932, assumiu inúmeros compromissos diplomáticos na Europa, como chefe da delegação brasileira na Conferência do Desarmamento em Genebra e na XVI Conferência Internacional do Trabalho.[2]

Novamente no Brasil, integrou a Chapa Única por São Paulo Unido, concorrendo à Assembleia Nacional Constituinte, para a qual foi eleito com 12 mil votos. Embora não tenha apoiado Getúlio Vargas nas eleições indiretas de 1934, foi convidado para a pasta das Relações Exteriores do novo governo, na qual trabalhou para celebrar tratados comerciais com os Estados Unidos e para a resolução dos conflitos entre Paraguai e Bolívia em torno da questão do Chaco. Em 30 de maio de 1937, assumiu a pasta da Justiça e de Negócios Interiores, sendo redator do pedido de autorização de decretação de estado de guerra ao Congresso Nacional, após o Plano Cohen. Pediu demissão do cargo poucos dias antes do golpe do Estado Novo, alegando motivos de saúde. Em janeiro de 1938, tornou-se o primeiro presidente do recém-criado Instituto Brasileiro de Geografia e Estatística (IBGE).

Em 7 de novembro de 1945, foi nomeado interventor federal em São Paulo. No cargo, criou a Faculdade de Ciências Econômicas e Administrativas da USP e a Secretaria do Trabalho, Indústria e Comércio. Entre 1955 e 1958, voltou a ocupar o Ministério das Relações Exteriores e também, interinamente, o Ministério da Justiça, em 1957. Após deixar a vida política, dedicou-se à administração de seus negócios.

Em 1959, concedeu doação ao Departamento Jurídico XI de Agosto, o que permitiu à instituição a aquisição do 17º andar do Edifício Jurídico, situado na praça João Mendes, 62. Membro da Academia Brasileira de Letras e do Instituto Histórico e Geográfico Brasileiro, recebeu inúmeros títulos de professor *honoris causa* de universidades nacionais e estrangeiras. Faleceu no dia 28 de janeiro de 1968, em São Paulo.

DJ

Estrutura Atual

Na sala da diretoria, concentra-se a responsabilidade de conduzir o DJ a um futuro mais estável e, ao mesmo tempo, manter o idealismo

DJ hoje, um nonagenário pujante

Um dos maiores projetos de extensão universitária do Brasil, o Departamento Jurídico XI de Agosto é, também, o maior escritório particular de assistência jurídica gratuita do País. Atuando em diversas esferas do direito, nas vertentes consultiva e contenciosa, a entidade patrocina, hoje, em torno de 2,6 mil processos e atende a cerca de 200 novos assistidos a cada mês.[1]

Desde sua fundação, o DJ é conduzido exclusivamente por alunos da São Francisco, que compõem tanto o corpo de estagiários quanto a diretoria, órgão colegiado, executivo e deliberativo, eleito anualmente por assembleia geral, da qual participam estagiários, funcionários e advogados orientadores.

O trabalho abrange todos os foros da Justiça comum da Comarca da capital paulista, das Justiças Federal e do Trabalho e dos Juizados Especiais. As demandas são conduzidas por aproximadamente 260 estagiários, divididos em três categorias de estágio, sob a orientação de 12 advogados orientadores e cerca de 30 advogados colaboradores. Completam o quadro do atendimento uma assistente social contratada pela USP e voluntários do Instituto de Mediação e Arbitragem do Brasil. A estrutura administrativa conta com um auxiliar jurídico, um auxiliar contábil, uma telefonista e um encarregado de limpeza.[2]

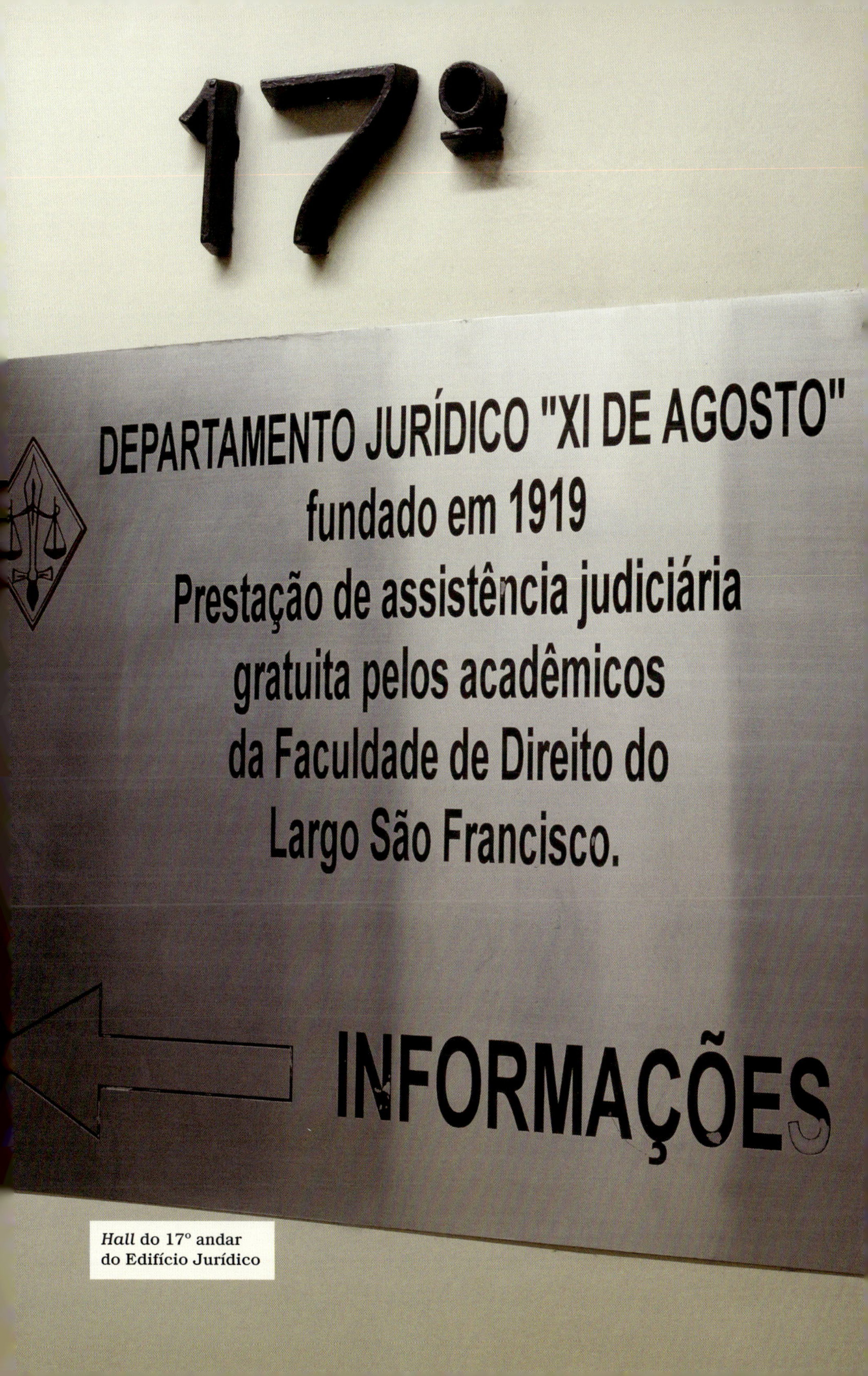

Hall do 17º andar
do Edifício Jurídico

Instalada desde o início dos anos 1960 no 17º andar do Edifício Jurídico, à praça João Mendes, a sede do DJ será significativamente ampliada. Aos atuais 194 metros quadrados de área, serão acrescidos outros 106 metros quadrados. O novo espaço, instalado também no 17º andar do prédio vizinho, foi comprado pela entidade em 2009. Uma grande reforma, a ser iniciada ainda em 2010, permitirá a integração dos dois conjuntos. Segundo Giordano Morangueira Magri, diretor-presidente do DJ, essas mudanças trarão melhorias significativas ao trabalho de estagiários e advogados e mais qualidade de atendimento aos clientes.[3]

Estrutura azeitada

A gestão do Departamento Jurídico está a cargo de 12 diretores, distribuídos entre as diretorias Geral, Administrativa, Tesouraria, de Estágio e de Relações Públicas e Comunicação. A Diretoria Geral é responsável pela representação interna e externa do DJ, enquanto a Administrativa cuida da infraestrutura e do atendimento aos clientes e a Tesouraria zela pela saúde financeira da entidade. A Diretoria de Estágio responde pelo treinamento e supervisão do trabalho dos estagiários e pelo acompanhamento dos processos sem responsáveis internos, além da ouvidoria. À Diretoria de Relações Públicas, que responde pela comunicação interna e externa, cabe a tarefa de viabilizar projetos e eventos promovidos pelo DJ. Segundo Marília Bartolomei Bortolotto, uma das diretoras de RP, todos os projetos desenvolvidos pela entidade dependem do apoio de patrocinadores e colaboradores.[4]

O estágio está dividido em três categorias: administrativo, de campo e plantonista. O modelo permite à entidade promover melhorias nas várias etapas do atendimento aos assistidos e, ao mesmo tempo, garante a evolução progressiva do trabalho dos estagiários, numa espécie de "plano de carreira". O aluno primeiro-anista ingressa como estagiário administrativo, atuando na biblioteca ou recepcionando os assistidos, fazendo a

Nos arquivos do Departamento Jurídico, São Paulo de ponta a ponta

triagem socioeconômica e encaminhando os casos aos estagiários plantonistas. No começo do ano letivo, em média, o DJ recebe a inscrição de mais de 200 calouros, que disputam 32 vagas de estágio administrativo.

A partir do 3º semestre do curso de Direito, os estagiários e qualquer aluno da São Francisco podem pleitear uma das cerca de 40 vagas de estágio de campo, assumindo a função de vareiro. Selecionado por

"Seu Zé"

O cafezinho que cativa estagiários e surpreende a clientela do Departamento Jurídico XI de Agosto é preparado, diariamente, há 20 anos, por José Clemente da Silva *(foto)*, auxiliar de serviços gerais que responde também pela limpeza de todas as dependências da sede. Mineiro de Campo Belo, "seu Zé" foi "cooptado" pela diretoria do DJ logo depois de contratado para trabalhar no Edifício Jurídico. "Foi lá por 1990. Eu cuidava da portaria, da limpeza e, de vez em quando, do elevador do prédio. Aí, um diretor gostou do meu trabalho e me convidou para fazer um bico no DJ."[5]

No início, "seu Zé" ficava cerca de uma hora no Jurídico, depois do expediente no condomínio. "Mas aí fui gostando do ambiente, da camaradagem dos estagiários. Três meses depois, pedi demissão do Edifício Jurídico e fiquei só aqui."

A exemplo dos colegas funcionários, "seu Zé" também encarou os momentos de crise financeira da entidade. Logo depois de ele ser contratado, veio um longo período de salários atrasados. "Se não me engano, foram cinco meses sem receber." Nem assim ele pensou em pedir demissão: "Tratei de arrumar outro trabalho, para não passar apuros durante aquela fase. Eu vinha todos os dias, cumpria minhas obrigações direitinho, como se estivesse recebendo normalmente".

Ele acrescenta que nunca duvidou de que os diretores do Departamento Jurídico conseguiriam acertar os salários atrasados. "Pensava *'um dia os meninos dão um jeito na nossa situação'*. E não deu outra!" E "seu Zé" avisa que pretende se aposentar, daqui a pouco mais de quatro anos, como auxiliar de serviços gerais do DJ. "Gosto muito deste lugar!"

Biblioteca do DJ: farta bibliografia jurídica e de temas diversos

Assistente social

Funcionária dos quadros da USP, a assistente social Miriam Terezinha Monteiro *(foto)* dá sequência a um trabalho oferecido pelo Departamento Jurídico desde, pelo menos, os anos 1980. Visitas para avaliar a condição socioeconômica dos assistidos e o encaminhamento de pessoas que procuram a entidade para os serviços mais adequados a suas demandas são atribuições de Miriam. "Muitos dos problemas que chegam ao DJ extrapolam a questão jurídica. São casos que demandam a atenção de profissionais de outras áreas que não o Direito. E é minha função buscar o melhor encaminhamento para essas necessidades na rede pública e filantrópica de assistência social."[6]

entrevista, o vareiro acompanha o andamento dos processos nos diversos fóruns e tribunais da cidade de São Paulo. Mensalmente, o número de estagiários de campo pode variar. O período de vareiragem é de quatro a seis meses. Os iniciantes são direcionados aos fóruns de base; os mais experientes vão para os fóruns de promoção.

Os estagiários plantonistas (última fase do trabalho no DJ) atuam nas esferas consultiva e contenciosa. Selecionados entre vareiros e estudantes a partir do 3º ano do curso, são responsáveis pelo atendimento aos clientes e pela condução das ações, boa parte delas oriunda da Defensoria Pública, com a qual o DJ mantém convênio desde 2007.

Com o apoio dos advogados orientadores – todos ex-estagiários, com vínculos antigos com o DJ –, os plantonistas confeccionam as peças processuais. Os advogados orientam e assinam as petições, representando judicialmente os assistidos do DJ, aponta Flávia da Silva Meirelles de Souza Freitas, também diretora de Relações Públicas. Já os advogados colaboradores, alguns dos quais sem nenhuma ligação com o DJ ou com a São Francisco, realizam as diligências (audiências judiciais, visitas a presos, carga de autos).[7]

Em 2009, só a Defensoria Pública encaminhou quase 1,5 mil casos. No mesmo período, os estagiários plantonistas prestaram 1.777 orientações (média de 6,3 orientações/dia útil). As audiências foram 1.178, quase cinco por dia útil.[8]

Parcerias essenciais

O Departamento Jurídico conta com o apoio de diversas instituições, que contribuem com ele por meio de patrocínios, doações e convênios públicos. Da Defensoria Pública, vem o maior volume de recursos. Em contrapartida, o DJ atende a 40 casos semanais encaminhados pelo

Nas baias, a proximidade dos estagiários com os clientes

órgão. Em função disso, entre julho de 2007 e janeiro de 2010, o número de casos patrocinados pela entidade passou de 1.156 para 2.587, aumento de mais de 120% em dois anos e meio.

O Centro Acadêmico XI de Agosto responde pela segunda maior fatia do orçamento, com repasses mensais. Os escritórios Levy & Salomão e Pinheiro Neto fazem doações mensais significativas.

Os recursos são empregados na manutenção do espaço e no pagamento de bolsa-auxílio a calouros bibliotecários, vareiros e estagiários plantonistas, além de honorários aos orientadores e colaboradores, que, simpatizantes da causa, recebem ajuda de custo.

Mediadora

Há mais de dez anos, o Departamento Jurídico mantém uma parceria profícua com o Instituto de Mediação e Arbitragem do Brasil (Imab), o que tem evitado que parte das consultas que a entidade recebe acabe no Judiciário. Mariângela Franco Coelho *(foto)*, mediadora do Imab desde 1998, que atua também no DJ, explica que seu trabalho auxilia os participantes a descobrir seus reais conflitos e interesses, trabalhando de forma cooperativa na busca de um acordo. A mediação, ela acrescenta, pressupõe o trabalho voluntário. O DJ é responsável pelo agendamento das sessões, conduzidas por três mediadores experientes, com o apoio de pessoas em treinamento. O Imab promove anualmente palestras sobre a dinâmica da mediação e arbitragem, voltadas aos estagiários do DJ.[9]

Estagiária de campo,
na praça João Mendes,
a caminho do Fórum

Estagiário Exemplar

Campeão de casos

Em termos quantitativos, André Luís Bergamaschi é um fenômeno. Sob sua responsabilidade estão mais de cem processos, movidos por cerca de 80 clientes.[1] É, atualmente, o maior volume de casos entre os cerca de 190 estagiários plantonistas do Departamento Jurídico. Os processos cobrem praticamente todas as áreas do direito, mas aproximadamente a metade é da área cível.

André ingressou no DJ em 2007, como vareiro, quando estava no 2º ano do curso. Pouco tempo depois, já assumia seus primeiros processos. "Ia pegando os casos na medida do meu interesse, mesmo aqueles para os quais ainda não estava capacitado. Hoje, acho que isso comprometia o resultado final do trabalho", avalia. Para ele, o atual foco do DJ no treinamento e capacitação representou um salto qualitativo na prática dos estagiários. "De qualquer maneira, naqueles primeiros processos, comecei a tomar gosto pela defesa, mais no que diz respeito à busca de mecanismos para a solução dos problemas do que simplesmente a vencer as causas."

André integrou a diretoria do Jurídico na gestão 2008-2009. Sobre o acúmulo de casos, ele conta que, no passado, em função do menor número de estagiários e do perfil menos abrangente das causas defendidas pelo DJ, era comum os estudantes conduzirem 300 casos cada um. "Hoje, a Justiça acolhe com mais facilidade as nossas causas, e há menos empecilhos burocráticos para o acesso ao Judiciário. Ao mesmo tempo, o Direito está mais complexo e a clientela do DJ tem novas demandas, como direito do consumidor. Isso amplia o volume de casos e impõe limites aos estagiários", analisa.

Em tempo: o DJ não é o único estágio de André. Ele também colabora com a professora Fernanda Tartuce Silva, orientadora do Jurídico e membro do Núcleo de Estudos de Meios Alternativos de Solução de Conflitos (Nemesc), vinculado ao Departamento de Direito Processual da Faculdade de Direito da USP.

Estagiário André, mais de cem casos sob sua responsabilidade

Funcionários

Fiéis escudeiros

Quando o assunto é a rotina administrativa do Departamento Jurídico, dois nomes surgem com a força de uma marca registrada: Wilson José da Silva Xavier e Benedito Vitor Januário dos Santos. Se a formalidade não permite associar os nomes às pessoas, o reconhecimento é automático quando eles são tratados pela alcunha que os fez conhecidos.

Wilsinho foi o primeiro a chegar, em 1972, ainda menino, indicado pelo pai, Xaxá, o eterno fotógrafo dos alunos da São Francisco. "Comecei a trabalhar aqui aos 16 anos, como *office boy*", lembra o senhor de ar austero, que atualmente responde pela administração financeira da entidade ao lado dos tesoureiros. Introspectivo como devem ser os filósofos – graduou-se em Filosofia na PUC/SP, nos anos 1980 –, Wilsinho paira sobre o atribulado ambiente do DJ, observando com serenidade a movimentação das dezenas de estagiários e clientes que passam por lá todos os dias. "Literalmente, cresci dentro do Jurídico, assistindo aos estudantes promoverem causas memoráveis, como o forte movimento de moradia e o combate à ditadura militar, nos anos 1970. Mas, principalmente, vi meninos e meninas lutando por Justiça", conta, orgulhoso, Wilsinho, hoje também professor de História. "O que me comove é o fato de trabalhar num lugar que defende pessoas que não têm nada."[1]

O filósofo Wilsinho ingressou no DJ aos 16 anos

Vitão entrou em setembro de 1978, já adulto. Antítese do colega, é figura extrovertida, falante, brincalhona. Ex-seminarista, acabou trabalhando no DJ por indicação de um grupo de estagiários e orientadores que frequentavam com ele o Bar do Zé, na rua Maria Antonia. "Larguei o seminário para seguir a carreira artística. Fiz teatro – cheguei a ser premiado como melhor ator de peça infantil numa temporada –, fui manequim, *promoter* de boate. Mas precisava de segurança financeira."[2]

Chegou ao DJ causando impacto: seu visual pouco convencional incluía cabelo trançado e roupas à moda afro, uma novidade à época. "Vivíamos uma revolução de costumes, era um momento de transgressão. Sei que a minha postura era um choque para muitos estagiários, mas nunca sofri nenhum tipo de preconceito aqui dentro. Pelo contrário, sempre fui muito respeitado." Absolutamente integrado ao ambiente do DJ e ao da São Francisco, Vitão compõe a comissão de frente da irreverente Peruada, evento político-etílico-carnavalesco promovido anualmente pelos estudantes da Faculdade de Direito.

Essenciais ao serviço, Vitão e Wilsinho são fiéis depositários de histórias, nomes e causas defendidas, testemunhas oculares da história da entidade nas três últimas décadas. Quando reconhecidos por ex-estagiários e antigos orientadores, conseguem para o DJ ajuda preciosa. Foi assim quando, sem autorização, um estagiário retirou um processo inteiro de posse de terra de uma vara federal. "Quando a funcionária percebeu, ligou para o Jurídico. E eu atendi assim: 'Departamento Jurídico, comitê central do Lula, boa tarde!'. A moça do cartório ficou louca, achou que o processo tinha sido roubado pelo PT", lembra Vitão. Armada a confusão, a juíza que registrou o caso estava irredutível quanto a entrar com uma representação contra o DJ. Ao saber o nome da magistrada, Vitão lembrou-se de que ela estagiara no Jurídico. "Fui à audiência seguinte. Quando ela me viu, abriu um sorriso, serviu água, cafezinho. E desistiu da ação."

Na figura de ambos, estão representadas as dezenas de funcionários que trabalharam no DJ, ao longo de nove décadas. Eles são, também,

Vitão: há mais de 30 anos no Jurídico

símbolo da resistência às adversidades, marca de quem passa pela entidade enfrentando bravamente as sucessivas crises financeiras que a atingem ciclicamente. Nos períodos de maior gravidade, administraram salários atrasados, trabalharam à luz de velas, conviveram com a quase insolvência do DJ. Quando a diretoria decidiu escancarar a crise que ameaçava fechar a entidade, nos anos 1980, atendendo à clientela na rua, Vitão e Wilsinho seguiram trabalhando. Nenhum dos dois jamais pensou em sair. E ambos têm orgulho de pertencer à história do Departamento Jurídico XI de Agosto.

Portadores de Transtornos Mentais

Causas improváveis

Entidade de portas abertas, o Departamento Jurídico recebe, diariamente, sem distinção, pessoas de todos os perfis, com dramas das mais variadas naturezas. Entre eles, os portadores de transtornos mentais e seus inverossímeis problemas. Reza a lenda que todo estagiário que permaneça por um bom tempo no atendimento terá de lidar, em algum momento, com esses clientes. É apenas uma questão de tempo... ou de lua cheia, como sugere galhofeiramente o assistente jurídico Vitão.[1]

Geralmente sem ameaçar a integridade física das pessoas, a maioria vai embora com a mesma velocidade com que chega. Outros, de tanto retornar, viraram personagens de episódios cômicos. Em 1973, o jornal *Diário de S. Paulo* fez referência a uma cliente constante: *"Uma senhora que se diz dona do Departamento* [Jurídico] *e também rainha do CMTC Clube, bem como presidente perpétua do Brasil, inventora da luz de mercúrio e do urinol de duas alças"*.[2]

Em 1975, em reportagem do jornal *Última Hora*, o diretor Laudelino Dias explicava que os estagiários preferiam fingir atendê-los e fazer

Escaninhos otimizam o espaço e ajudam a organizar as tarefas: todo cidadão sem recursos financeiros é acolhido no DJ de braços abertos

petições a juízes inexistentes. E nomeava os *habitués* do Jurídico naquele período: *"Dona Zenaide, que se julga proprietária da Light; Dona Marieta, que se diz filha de príncipes holandeses que lhe deixaram como herança cinco caminhões de diamantes enterrados em algum local do litoral paulista (...) e também 'seu' Lourival, que apareceu tentando receber uma promissória de três bilhões de cruzeiros do banco Novo Mundo"*.[3]

Eles continuam marcando presença. E a frequência aumenta, segundo a assistente social do DJ, Miriam Terezinha Monteiro, no período em que são veiculados pela TV os *reality shows*. "É só começar a temporada do *Big Brother [Brasil, programa transmitido anualmente pela TV Globo]*, por exemplo, para que apareça gente dizendo que está sendo vigiada por câmeras. Quando possível, encaminhamos essas pessoas para serviços especializados. Mas, geralmente, elas desaparecem", diz Miriam.[4] Hoje, como ontem, a regra no Jurídico é ouvi-las e deixá-las partir.

Ação estratégica

O primeiro registro de eventos educativos e culturais do acervo do Departamento Jurídico XI de Agosto data de 1998. Porém, é certo que eles começaram antes, já que, em maio daquele ano, a entidade promovia a "V Jornada de Direito do DJ – Atualidades em Direito". Nos temas escolhidos, uma demonstração do foco dos organizadores na atualização: o anteprojeto do Código Civil Brasileiro – aprovado em 2002; aspectos penais e processuais do então recém-instituído Código Nacional de Trânsito; e a reforma previdenciária.[1]

Sabe-se que esses eventos surgiram para fomentar a formação de seus estagiários e arrecadar fundos para a manutenção da própria entidade. Mas os cursos, jornadas, palestras e seminários com a marca do DJ extrapolaram os seus limites, transformando-se, sobretudo nos últimos anos, em uma referência para estudantes e profissionais de Direito de toda a cidade.

Boa parte do reconhecimento público vem da excelência dos seus palestrantes, acadêmicos experientes, a maioria da Faculdade de Direito da USP, e profissionais renomados, ligados a algumas das mais prestigiosas instituições jurídicas do País. Muitos participam dos eventos sem receber nenhuma remuneração – no caso dos professores da São Francisco, cientes das dificuldades do DJ na obtenção de recursos financeiros, todos.

A audiência dos eventos varia conforme o formato e perfil do público-alvo. Os cursos dirigidos aos próprios estagiários oferecem entre 50 e 100 vagas. As atividades abertas ao público em geral já contabilizaram mais de 400 inscritos.

Revista comemorativa dos 80 anos de criação do serviço de assistência judiciária dos estudantes da São Francisco

Até 2008, o Departamento Jurídico promovia apenas um evento por ano. A grande procura fez a entidade ampliar a oferta. Em 2009, foram dois: "Curso de Direito do Consumidor", de 18 a 20 de maio, e uma exposição comemorativa dos 90 anos de fundação do DJ, em setembro. Na medida do fôlego da diretoria, a entidade espera aumentar o número de eventos.

Essas atividades apresentam uma excelente relação custo-benefício. Os recursos são oriundos de inscrições e patrocínios. E, graças à participação voluntária da maioria dos palestrantes e à cessão sem ônus dos espaços ocupados, como a Sala dos Estudantes, o auditório do XI de Agosto e o Salão Nobre da Faculdade, os custos dos eventos são bastante pequenos.

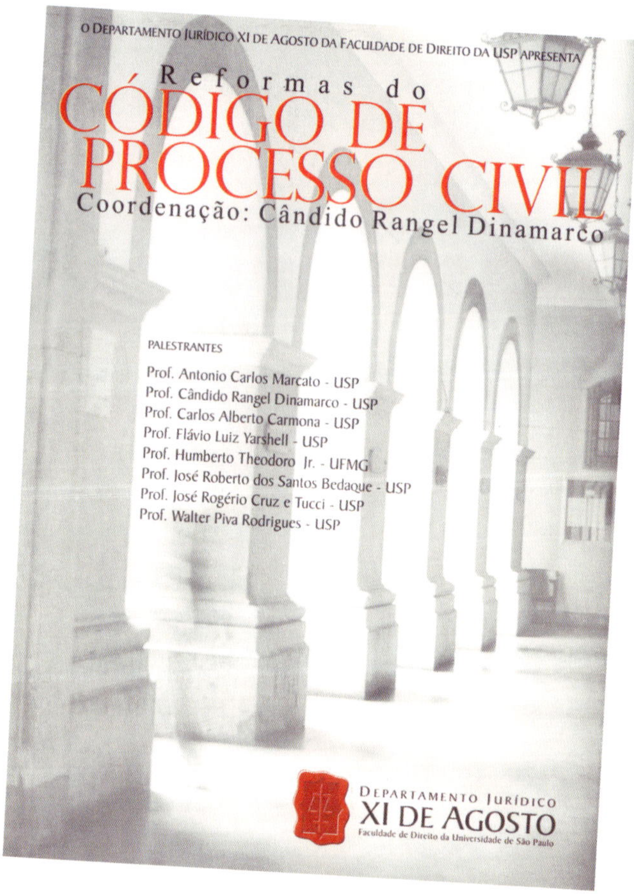

Material de divulgação de curso promovido pelo DJ: apoio à formação jurídica dos estagiários e importante fonte de recursos

Rubens de Moraes Castro

Formado pela Faculdade de Direito da USP em 1958, foi juiz da 22ª Vara Criminal da Comarca da Capital do Estado de São Paulo. Fez uma grande doação de livros para a biblioteca do Departamento Jurídico XI de Agosto. Como homenagem, ela passou a chamar-se "Juiz Rubens de Moraes Castro".

A biblioteca conta, atualmente, com cerca de 9 mil livros, em sua maioria jurídicos. Há, também, obras raras de literatura nacional e estrangeira, além de livros de Filosofia e Ciências Humanas, revistas jurídicas e enciclopédias. O acervo é sempre ampliado com doações de professores, estagiários, antigos alunos da Faculdade de Direito da USP etc.

Rubens de Moraes Castro faleceu em 1995.

Doação de Rubens Moraes Castro ajudou a formar a biblioteca do DJ, sempre consultada por estagiários e orientadores

DJ

Reconhecimento Público

Muito além de São Paulo

O prestígio e o reconhecimento público dos serviços prestados pelo Departamento Jurídico XI de Agosto cresceram na mesma proporção das causas processuais que a entidade patrocinou ao longo do tempo. No começo da década de 1950, o DJ já era referência em assistência jurídica acadêmica para estudantes de Direito de várias faculdades do Brasil e fora dele, como atesta o Livro de Visitas, aberto em 12 de outubro de 1948.[1]

Muitos são os exemplos das visitas. Em 6 de março de 1954, o Jurídico recebeu uma pequena comitiva boliviana, da Universidade de La Paz. No mesmo ano, veio conhecer a entidade um representante da Faculdade de Direito da Universidade do Rio de Janeiro, então capital federal.[2] Em 11 de setembro de 1956, Carlos Alberto Ferreira de Souza, presidente do Centro Acadêmico da Faculdade de Direito da Universidade Católica do Rio de Janeiro, deixou registrado: *"Apresento (...) testemunho da mais sincera admiração pelo dinamismo desta plêiade que hoje honra a classe universitária"*.[3]

É possível identificar a passagem pela entidade, naquele final de década, de alunos de Direito de Campinas, no interior paulista, Santa

Catarina, Rio Grande do Sul e Goiás.[4] Na dedicatória deixada por representantes do Centro Acadêmico 22 de Agosto, do curso de Direito da PUC de São Paulo, fica explicitado que as visitas ao Jurídico tinham por objetivo assimilar e reproduzir o modelo de assistência jurídica acadêmica criado pelo DJ. Diz a mensagem: *"Profundamente admirados com a organização (...) somos gratos pelas orientações recebidas na oportunidade*

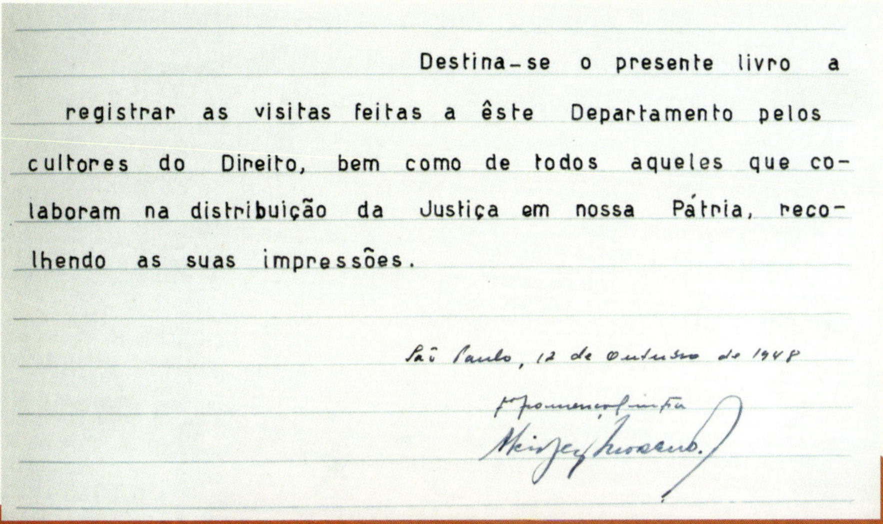

Destina-se o presente livro a registrar as visitas feitas a êste Departamento pelos cultores do Direito, bem como de todos aqueles que colaboram na distribuição da Justiça em nossa Pátria, recolhendo as suas impressões.

São Paulo, 12 de Outubro de 1948

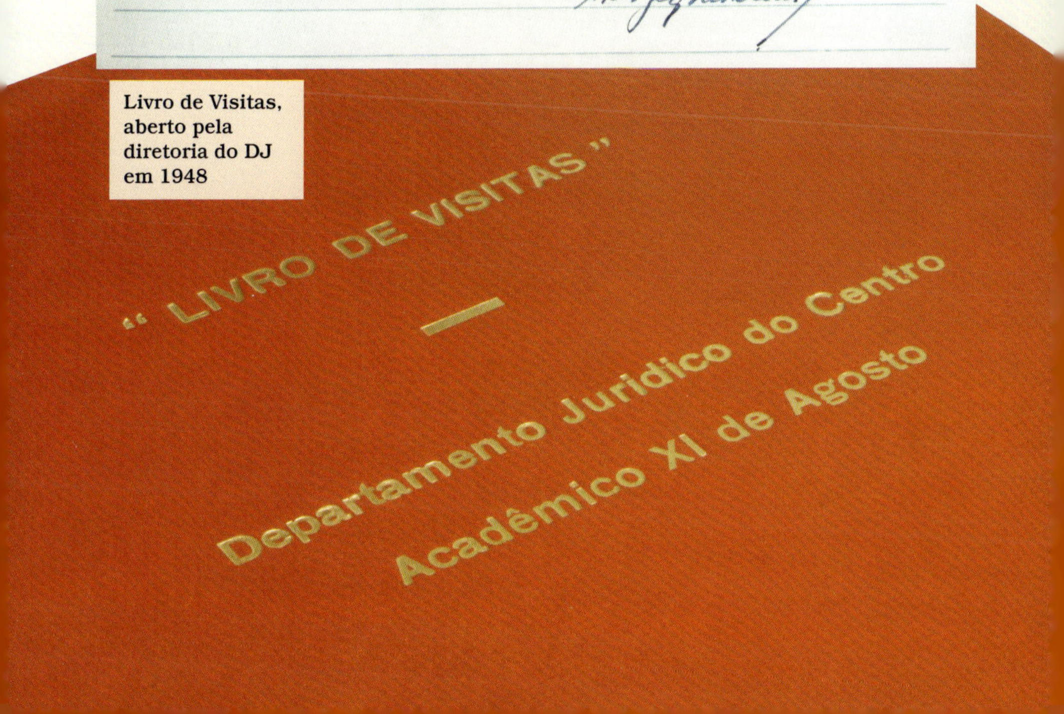

Livro de Visitas, aberto pela diretoria do DJ em 1948

em que estamos envidando esforços para a organização do nosso Centro Acadêmico 22 de Agosto".[5]

Não só os estudantes visitavam o DJ. Em 17 de maio de 1956, o Jurídico recebeu uma visita ilustre: o professor Alípio Corrêa Neto, então reitor da Universidade de São Paulo, que expressou *"admiração para o trabalho aqui praticado sob a inspiração dos acadêmicos de Direito da Universidade".*[6]

Membros do Judiciário paulista, políticos e diversos militantes do movimento estudantil também iam regularmente ao DJ. Na condição de presidente da União Nacional dos Estudantes (UNE), Idibal Pivetta – que se tornaria, depois, durante o regime militar, um dos mais combativos advogados de presos políticos – escreveu, em 14 de julho de 1958, que o DJ era *"modelo de organização e eficiência no gênero em todo o Brasil".*[7]

Nas décadas seguintes, o Jurídico continuou inspirando alunos de outras agremiações estudantis. De acordo com nota dos diretores da

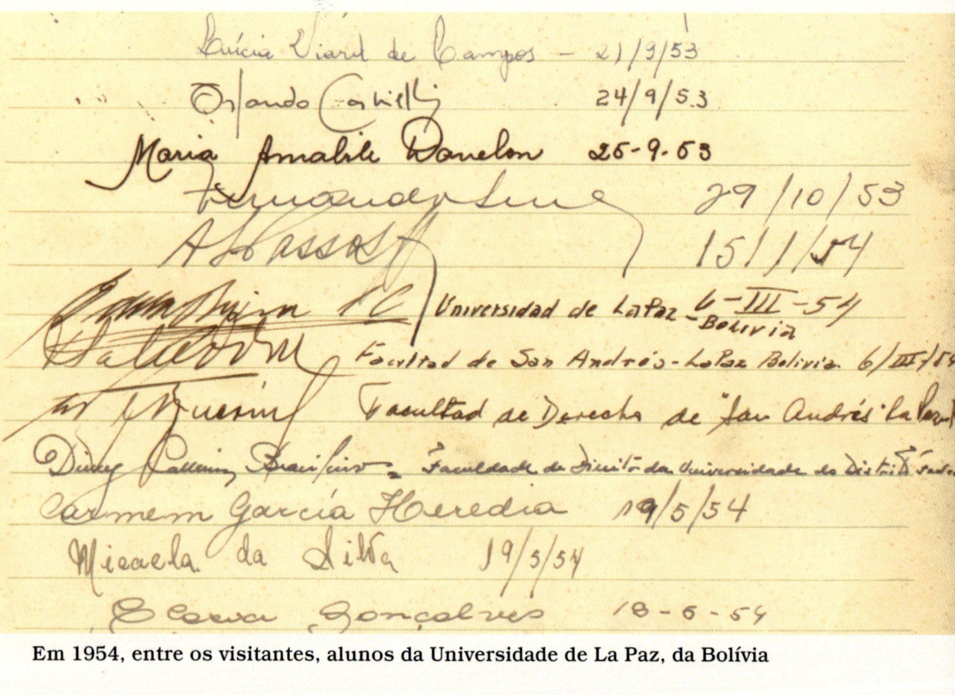

Em 1954, entre os visitantes, alunos da Universidade de La Paz, da Bolívia

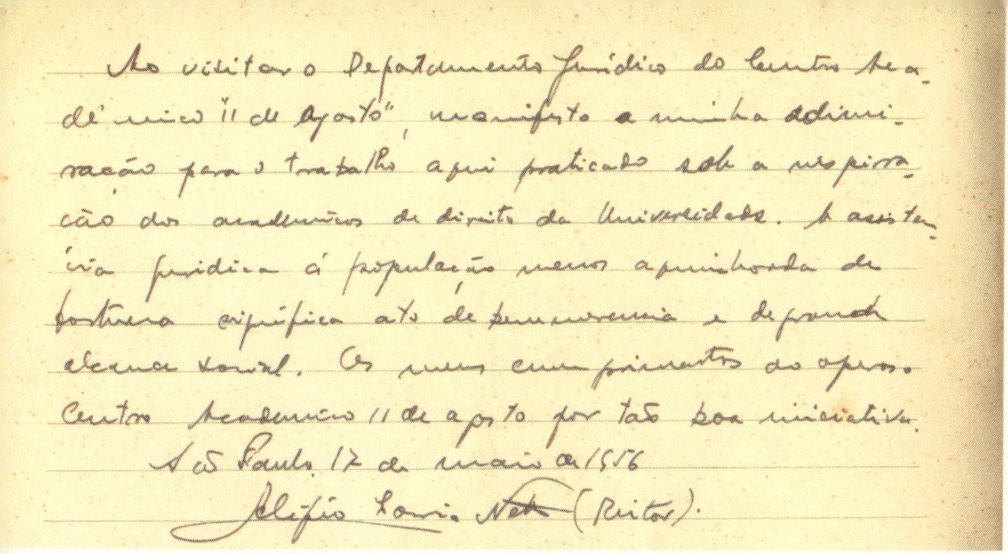
Ao visitar o Departamento Jurídico do Centro Acadêmico "XI de Agosto", manifesto a minha admiração para o trabalho aqui praticado sob a inspiração dos acadêmicos de direito da Universidade. A assistência jurídica à população menos aquinhoada de fortuna significa ato de benemerência e de grande alcance social. Os meus cumprimentos aos operosos Centro Acadêmico 11 de agosto por tão boa iniciativa.
São Paulo 17 de maio de 1956
Alípio Corrêa Neto (Reitor).

O reitor da USP, Alípio Corrêa Neto, visitou o Jurídico em 1956

entidade, em 1974, a repercussão do trabalho desenvolvido pelo DJ se evidenciava, entre outros exemplos, pela *"procura do Dpto. por colegas de diversas faculdades (Getulio Vargas, Economia-USP, PUC etc.)"*.[8]

Utilidade pública

O primeiro reconhecimento oficial do papel essencial do Departamento Jurídico para a cidade de São Paulo veio em 1958. A entidade foi declarada de utilidade pública em 10 de abril daquele ano, pelo Decreto nº 3.883, assinado pelo prefeito Adhemar de Barros.[9]

Nos anos 1980, por meio da Lei 2.574, o DJ obteve título de utilidade pública estadual. A entidade preenchia todos os requisitos da norma legal, publicada no início de dezembro de 1980, para a obtenção do título:

"I – personalidade jurídica;

II – efetivo e contínuo funcionamento nos 3 (três) anos imediatamente anteriores, dentro de suas finalidades;

III – gratuidade dos cargos de sua diretoria;

(...)

V – exercício de atividades de ensino ou de pesquisas científicas, de cultura (...) ou assistenciais de caráter beneficente, caritativo, não circunscritas ao âmbito de determinada sociedade civil ou comercial (...)".[10]

Em 2007, veio da Faculdade de Direito da USP o reconhecimento ao trabalho do Departamento Jurídico. Naquele ano, o DJ recebeu o Prêmio Spencer Vampré. Criado em 2003 pela direção, o prêmio destaca, anualmente, personalidades públicas ou vinculadas à São Francisco, inclusive alunos e suas instituições, que contribuam expressivamente para o engrandecimento da Faculdade.[11]

Colaboração

A excelência do trabalho do Departamento Jurídico tem, também, o poder de atrair contribuições generosas. Foi o caso, por exemplo, do

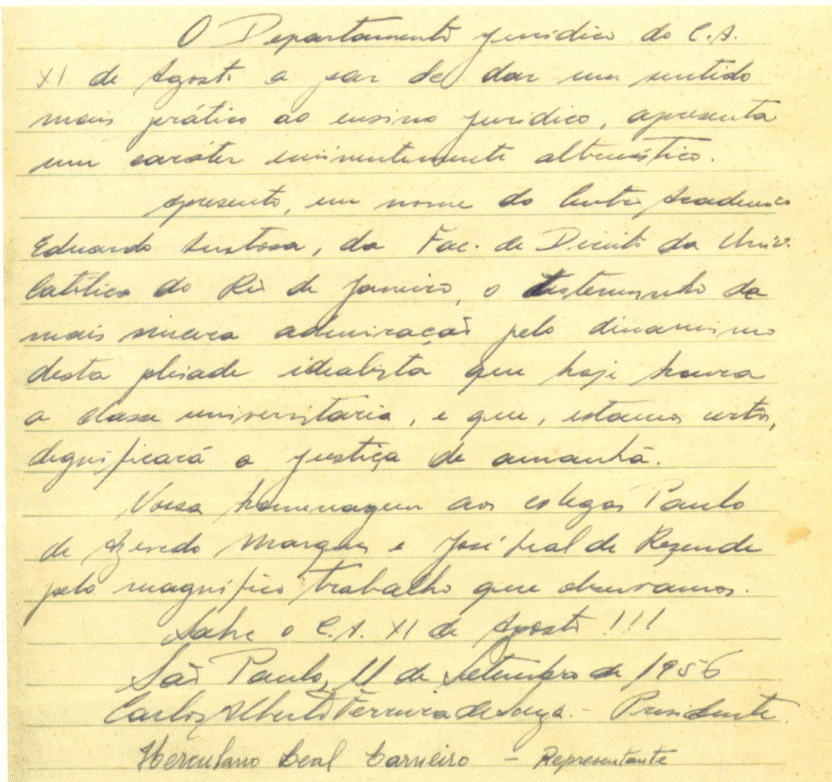

O Departamento Jurídico do C.A. XI de Agosto a par de dar um sentido mais prático ao ensino jurídico, apresenta um caráter eminentemente altruístico.

Apresento, em nome do Centro Acadêmico Eduardo Lustosa, da Fac. de Direito da Univ. Católica do Rio de Janeiro, o testemunho da mais sincera admiração pelo dinamismo desta plêiade idealista que hoje honra a classe universitária, e que, estamos certos, dignificará a justiça de amanhã.

Nossa homenagem aos colegas Paulo de Azevedo Marques e José Leal de Rezende pelo magnífico trabalho que observamos.

Salve o C.A. XI de Agosto!!!

São Paulo, 11 de Setembro de 1956

Carlos Alberto Ferreira de Souza. - Presidente

Herculano Leal Carneiro - Representante

Modelo para estudantes de várias regiões do País, o DJ foi visitado em 1956 pelo presidente do centro acadêmico da Faculdade de Direito da Universidade Católica do Rio de Janeiro

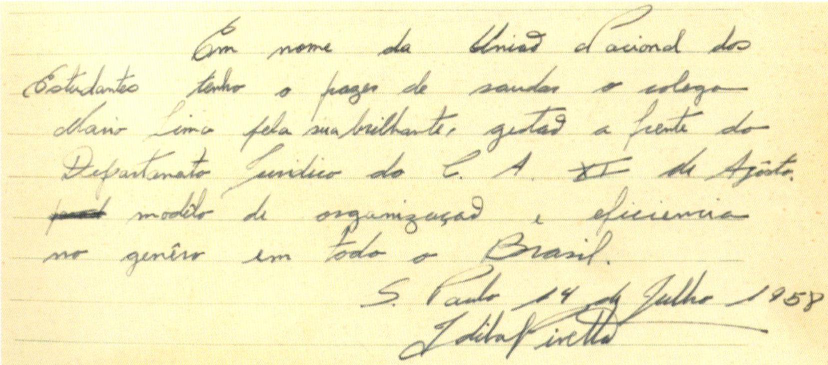
Em nome da União Nacional dos Estudantes tenho o prazer de saudar o colega Mario Lima pela sua brilhante gestão à frente do Departamento Jurídico do C. A. XI de Agôsto, modelo de organização e eficiência no gênero em todo o Brasil.
S. Paulo 14 de Julho 1958
Idibal Pivetta

Prestigiada por lideranças estudantis, a entidade recebeu, em 1958, o presidente da UNE, Idibal Pivetta

renomado criminalista Roberto Podval, que, no começo da década de 1990, se tornou advogado colaborador do DJ. Graduado em Direito pela FMU, Podval foi uma exceção à regra: "Na época, advogados que não fossem da São Francisco não eram aceitos. Penso que eu tenha sido o primeiro. Eu era amigo de muitos estagiários, entre eles André Camerlingo Alves, que foi quem me levou para o DJ".[12]

A aceitação de Podval no quadro do Jurídico deveu-se à escassez de advogados para acompanhar os estagiários nas audiências, à época. Recém-formado, ele passava as tardes no fórum criminal a serviço do DJ. "Isso me permitiu conhecer os juízes, os promotores. Os estagiários eram todos muito bons, tinham um excelente nível e muita coragem."

Podval define a experiência no Departamento Jurídico, que se estendeu por muitos anos, como fundamental para sua carreira. "Absolutamente todos os que por ali passam trazem a vivência do DJ, tanto para a prática da advocacia quanto para a vida. Basta uma tarde acompanhando o dia a dia dos estagiários e sua clientela para ver a importância do DJ na vida das pessoas necessitadas, desamparadas. Ali, profissionais competentes lutam com absoluta maestria para restituir os direitos de quem raramente tem acesso à Justiça. É um verdadeiro trabalho de cidadania."

Um novo tempo

Nos últimos três anos, o aumento exponencial do número de casos patrocinados pelo Departamento Jurídico XI de Agosto impôs novos e grandes desafios aos estagiários. Enfrentá-los permitirá à entidade moldar um futuro fiel à sua vocação primordial, que é ser um espaço de acolhimento das demandas dos cidadãos da cidade de São Paulo que precisam de assistência judiciária gratuita.

A estrutura física e operacional atual do DJ está no limite da saturação. O motivo: o volume de processos sob a sua responsabilidade, que, desde a assinatura do convênio com a Defensoria Pública do Estado de São Paulo, em 2007, mais que duplicou.[1] Ao mesmo tempo em que sobrecarrega o DJ, a contrapartida do convênio – a absorção semanal de 40 casos encaminhados pelo órgão – acaba limitando a aceitação do seu cliente típico, qual seja, aquele que procura diretamente a entidade, sem a intermediação de terceiros.

Para dar conta da demanda, é preciso investir na ampliação do espaço e do quadro de estagiários e advogados orientadores. Parte da equação começa a ser resolvida com a compra de um conjunto comercial no Edifício Berenice, vizinho ao prédio onde está localizada a sede atual. O novo espaço, de 106 metros quadrados, foi adquirido, em 2009, com

***Hall* do conjunto comprado pelo DJ, no condomínio vizinho ao Edifício Jurídico, que permitirá ampliar a atual sede**

recursos do próprio Jurídico e doações da Associação dos Amigos do DJ (AADJ) e do escritório Levy & Salomão.[2]

Divididos apenas por uma parede, os dois imóveis serão integrados com uma grande reforma, cuja execução depende ainda de recursos. Além da modernização das instalações, o projeto arquitetônico, doado pelo escritório Piratininga Arquitetos Associados, viabilizará também a ampliação do quadro funcional. Como ocorre tradicionalmente, durante as obras o atendimento aos assistidos não será paralisado.

No escopo das mudanças estruturais, o DJ planeja ainda a substituição de computadores e a aquisição de servidores, com vistas à melhoria do desempenho da atual rede de informática. Também está buscando parcerias para a implementação de novos *softwares* de gestão para o gerenciamento de dados, controle e acompanhamento de processos.

Acostumados a contrariar a lógica, os estagiários do DJ impõem-se agora o que pode ser considerado o seu maior desafio: a autossuficiência financeira. Para tanto, em fevereiro de 2010 o Departamento constituiu um fundo de investimentos de longo prazo, nos mesmos moldes do criado pelo Centro Acadêmico XI de Agosto.

O novo espaço, com 106 metros quadrados, será reformado

A reforma permitirá agregar a nova sede à atual: serão 300 metros quadrados ao todo

Conhecido como *endowment*, esse tipo de aplicação, comum nas grandes universidades norte-americanas, tem regras que garantem boa rentabilidade, uma vez que os recursos são administrados por gestores profissionais. Estabilidade é outra característica do fundo, pois só pequena parte do montante pode ser resgatada a cada mês – opção que a atual diretoria tem conseguido descartar, reinvestindo os dividendos. Essas características, aliadas à transparência na gestão dos recursos, avalia a diretoria, também servem para atrair novos doadores para o DJ. E, assim, a tão sonhada independência financeira vai se transformando em possibilidade cada vez maior.

Memória compartilhada

Depoimentos de história oral são primordiais para delinear a trajetória do Departamento Jurídico XI de Agosto. Por meio deles, é possível entrelaçar vivências pessoais e fatos que marcam a história da entidade. Além disso, são analisados variados aspectos relacionados à assistência judiciária gratuita e abordam-se os vínculos da trajetória pessoal com a experiência de estágio e orientação a estagiários.

Vinte e oito depoimentos foram realizados, quase todos pessoalmente. Transcritos, foram editados e submetidos à aprovação formal dos depoentes. Na medida do possível, foram checadas informações como datas e grafias de nomes.

A escolha levou em consideração dois aspectos principais: a diversidade de períodos em que os depoentes estagiaram no DJ e a multiplicidade de atividades profissionais que vieram a ter depois de formados pela Faculdade de Direito da USP. Assim, há relatos que cobrem os últimos 60 anos do Jurídico, de operadores do direito nos mais variados campos: advocacia pública e privada; Magistratura; Ministério Público; uma defensora pública; e um delegado de polícia. Há também o relato de quem ocupou ou ocupa ainda cargos eletivos, como parlamentares. Naturalmente, foi necessária uma seleção de pessoas a serem entrevistadas, entre os milhares de estagiários que já passaram pelo DJ XI de Agosto, escolha esta a cargo do Conselho Editorial da obra, visando a contemplar a diversidade de experiências.

Todos os depoimentos foram coletados por Cláudia Malinverni, com exceção do testemunho do Ministro Dias Toffoli, do STF, entrevistado por Cássio Schubsky.

José Antonio Dias Toffoli

"A ideia da redemocratização, da nova Constituição, era vivenciada não só no papel, na leitura de livros ou na discussão teórica. Procuramos sair a campo e trazer a efetividade da Lei Maior para a prática."

Estudei todo o meu curso fundamental em Marília (SP). No começo, pensava em fazer Ciências Sociais e, daí, ir para a Ciência Política ou para a Antropologia. Depois, pensei em prestar vestibular para Direito e, futuramente, seguir a carreira diplomática. Optei pela

Faculdade de Direito do Largo de São Francisco, cuja tradição e história me atiçaram a curiosidade. Ingressei em 1986.

Meu estágio no Departamento Jurídico XI de Agosto se deu a partir de 1989, quando eu estava no 4º ano do curso. Tirei a carteira de estagiário na OAB e comecei a fazer o atendimento a pessoas carentes. Ao mesmo tempo, iniciei um trabalho de mobilização para resgatar o Grupo de Moradia, que já tivera atuação anterior no Jurídico. Com autorização da diretoria do DJ, eu e mais quatro estagiários fizemos uma seleção do pessoal que queria integrar o grupo.

EM DEFESA DA MORADIA

O enfoque era a atuação em cortiços. Nosso acesso a esse tipo de clientela era fácil, se dava nos prédios velhos do Centro, Baixada do Glicério, Bela Vista, regiões onde se concentravam muitos cortiços. Oferecíamos os nossos serviços de estagiário por meio da Pastoral da Moradia, que já possuía um trabalho de interlocução com essas comunidades. Então divulgamos que haveria atendimento do Jurídico XI de Agosto, na praça João Mendes, 62, Edifício Jurídico, 17º andar.

Montamos também uma sala avançada do Jurídico na igreja Nossa Senhora da Paz – embaixo do viaduto, no Glicério –, na qual, toda tarde, um estagiário do Grupo de Moradia dava plantão. Além da sala, a Pastoral nos cedeu mesa, cadeira e máquina de escrever.

A principal demanda era em relação a aluguel. Os cortiços, naquela época, tinham, e têm até hoje, o famoso "gato", que é o intermediário: ele alugava o prédio do proprietário, ou de quem tinha os direitos do imóvel, e passava a sublocar os cômodos, otimizando o valor da ocupação. O que a legislação, evidentemente, não permitia.

Defendemos muitas pessoas ameaçadas de despejo por falta de pagamento, com a alegação de que quem cobrava delas não era o verdadeiro locador. Propúnhamos ações para consignar na Justiça o

pagamento do aluguel ao real proprietário. Eram ações individuais, com múltiplos autores – litisconsórcio. E ganhamos muitas causas. Inclusive, passamos por situações até de ameaça de morte por parte desses intermediários.

PAPEL DE CONCILIADOR

Na sequência, uma das nossas atuações ocorreu no cortiço da Boa Morte. Ali as condições eram subumanas. Eram inacreditáveis os buracos em que havia gente morando. Fizemos um trabalho de conscientização da população, mas foi muito difícil. Porque, ao contrário da favela, em que cada um tem seu espaço próprio, seu barraco, no cortiço ninguém tem o sentimento de que aquela casa lhe pertence.

Chegamos a atuar em cortiços em que viviam 70 famílias; casarões grandes, sobrados de dois, três andares... Tudo era subdividido, e apenas dois banheiros funcionavam. A situação de conflituosidade entre os moradores era grande. Levar uma atividade coletiva para dentro desse ambiente, tentar fazer com que as pessoas se sentassem juntas, era muito difícil. Porque invariavelmente uma tinha birra da outra por conta de uma circunstância, de uma sujeira, da demora no banheiro... Então, fazíamos um papel também de conciliador daquele espaço de convívio e entre as pessoas que o disputavam.

Um atendimento especificamente coletivo foi o caso da ocupação de um terreno, na Zona Norte de São Paulo, feito por um grupo de pessoas de uma favela que havia sido despejado. O terreno era de propriedade da Caixa Econômica Federal, que havia executado aquilo numa dívida bancária. A intenção daquele pessoal era construir ali prédios de moradia popular, viabilizar um programa de habitação popular. Era um movimento espontâneo, sem organização prévia, sem nenhuma assessoria jurídica nem política. A CEF, por sua vez, logo entrou com um pedido de reintegração de posse. Aí, fomos procurados no Jurídico por uma comissão dos moradores, porque a polícia já havia estado lá, orientando-os para que saíssem da propriedade.

A reintegração de posse foi autorizada pelo juiz de primeira instância. O DJ prestou assessoria e entrou com um recurso de agravo, um mandado de segurança com efeito suspensivo... E conseguimos! Quem fez o recurso foi Vladimir Antonio Ribeiro, um dos integrantes do Grupo de Moradia. Era um mandado coletivo, mas na essência da defesa, não na nomenclatura.

Lembro que tivemos uma audiência com o superintendente regional da Caixa Econômica Federal para levar a demanda. Mas o importante é que, passados os anos, hoje existe lá um núcleo habitacional, uma comunidade de dezenas de famílias... Ali, onde era o terreno que talvez a CEF fosse vender a um empreendimento imobiliário para trazer recursos financeiros ao seu patrimônio, em vez de utilizar aquele bem para diminuir o impacto do déficit de moradia popular na cidade de São Paulo... Evidentemente, foram anos de negociação. Vladimir Ribeiro, que é uma pessoa extremamente abnegada e dedicada, continuou acompanhando o caso, mesmo depois de formado.

APLICAÇÃO DA CONSTITUIÇÃO

Quando comecei a estagiar no Departamento Jurídico, a Constituição de 1988 tinha acabado de entrar em vigor. Mas, à época, a Justiça não estava aparelhada para as ações de natureza coletiva. Então, naquele momento em que acontecia todo o trabalho do Grupo de

Moradia, utilizávamos as ações individuais, porém muitas vezes com diversos autores. A atuação também se dava com o uso da legalidade formal e processual existente, que no Brasil é muito rígida, para defender as pessoas que viviam em condições subumanas.

Agíamos de variadas maneiras. Procuramos dar efetividade à Constituição, aos seus novos conceitos, àquilo que ela trouxe de legitimidade, de Justiça social, para um país de diferença de classes muito acentuada.

No caso da suspensão de reintegração de posse da Caixa Econômica Federal, por exemplo, entrávamos com o embargo de terceiros, e isso impedia que a ação principal corresse. Então, inteligentemente, usávamos das vias processuais para fazer aquilo que entendíamos ser Justiça social. E acabávamos ganhando no mérito, pela forma. O fato de não ter havido aquele despejo deu ensejo a negociar com a CEF a construção e a destinação daquele imóvel àquelas pessoas que ocuparam o terreno. E até para outras, porque nós tivemos condição de atender não só àquele núcleo, mas a outros também.

Era realmente uma especulação imobiliária, um fato antissocial e anticonstitucional, na medida em que a Constituição determina a função social da propriedade. Vivíamos ali, na prática, uma aplicação da Constituição, quer dizer, uma leitura nossa, diferenciada.

APRENDIZADO PARA O RESTO DA VIDA

No Jurídico, nos entregávamos de corpo e alma. E não havia fim de semana, nem horário... Foi a minha primeira experiência de aplicação do direito em casos concretos, em processo na Justiça. Evidentemente, um aprendizado muito grande, para o resto da vida.

Víamos a realidade das pessoas que vivem no País, nas favelas, nos cortiços, na nossa cidade, ao nosso entorno. Olhando para trás e pensando em determinadas situações, nós corremos riscos. Não pela

população que ali estava, mas porque eram locais perigosos. A gente ia com aquele espírito humano de fazer o bem, de fazer o correto. Vivenciávamos a necessidade de construir um País melhor para todos.

Aquela ideia da redemocratização, da nova Constituição, era vivenciada não só no papel, na leitura de livros ou na discussão teórica. Procuramos sair a campo e trazer a efetividade da Lei Maior para a prática.

Do ponto de vista humano e espiritual, também tivemos a oportunidade de conhecer o outro, de ver que todas as classes sociais têm tanto virtudes quanto defeitos. E que sempre é possível agir no sentido de procurar melhorar a sociedade em que se vive.

Virávamos a noite fazendo um recurso, tentando evitar despejos, por exemplo. Isso, sem dúvida nenhuma, me fez aprender Direito Processual além dos bancos escolares, na prática. Até como advogado, depois, me foi muito útil. E é um conhecimento que hoje uso, evidentemente, no meu cargo de juiz do Supremo Tribunal Federal.

O cortiço, para mim, foi uma grande experiência. É inacreditável ver a irracionalidade de pessoas em condição subumana não serem amigas e não se unirem na defesa dos seus interesses, porque a situação de convivência leva a um distanciamento. Então, a gente acabava fazendo esse trabalho de mediação e conscientização. Na trajetória como advogado-geral da União, e também no Supremo, essa vivência da conciliação também foi muito importante.

Falei até aqui de vitórias, mas, obviamente, houve derrotas – por exemplo: acompanhar despejos e viver o drama daquelas famílias,

sentir-se fracassado por não ter conseguido evitar aquilo. Então também constatar que são necessárias outras soluções, de políticas públicas, para além das medidas judiciais, que sempre serão pontuais, mesmo quando em ações coletivas.

Ministro do Supremo Tribunal Federal. Integrou o Grupo de Moradia do DJ XI de Agosto em 1989 e 1990. Assessorou a bancada do Partido dos Trabalhadores na Câmara Federal (1995-2000), atuou como advogado eleitoral em campanhas presidenciais de Luiz Inácio Lula da Silva (1998, 2002 e 2006), foi subchefe para Assuntos Jurídicos da Casa Civil da Presidência da República (2003-2005) e advogado-geral da União (2007-2009).

Depoimento em 8 de julho de 2010, no Centro de Convenções Ulysses Guimarães, em Brasília, durante o II Congresso Brasileiro das Carreiras Jurídicas de Estado, do qual o Ministro Dias Toffoli foi o presidente de honra.

Integrantes de um dos grupos de moradia do DJ, formado no final da década de 1980 *(da esquerda para a direita)*: Marcel Erik Egistro Reginato, Milton Ohata, Paula Ravanelli Losada, José Antonio Dias Toffoli e Ana Christina Pezeiro

Criança moradora de cortiço, visitado pelo Grupo de Moradia

Paulo Gerab

"A vivência no Jurídico é intensa, aprendizado único. Todos nós aprendemos, uns com os outros, Direito e vida, e também com os assistidos."

Ingressei na Faculdade Cásper Líbero em 1952, então Escola de Jornalismo Cásper Líbero, gratuita. Em 1953, entrei na Faculdade de Direito da USP. Fui para ambos os cursos movido pelo romantismo que impregnava São Paulo naqueles anos 1950 e por vocação, por isso cursei o clássico. O Direito também era carregado de enorme idealismo, acentuado pelas histórias contadas sobre a São Francisco, pelos personagens que tinham passado por lá. Durante um ano, estudei na Cásper Líbero à noite e na São Francisco de manhã. À tarde, trabalhava. Aí, acabei me envolvendo demais com a Faculdade de Direito: pela manhã, para assistir às aulas; à noite, pela boemia acadêmica e pela década de 1950...

Em 1956, comecei a estagiar no Departamento Jurídico, que ficava, então, na rua Quintino Bocaiúva, 255, em uma sobreloja. Era um prédio bastante curioso, com dez pavimentos divididos em cinco andares e cinco sobrelojas. Isso porque, quando foi construído, os prédios daquela rua podiam ter até cinco andares. Para contornar a regra, nomearam cinco andares como sobrelojas. Ao contrário do que se imagina, era espaço bastante grande, com boa infraestrutura. Com o tempo, o número de estagiários tornou-se bem maior do que o de mesas. Como não havia mais uma mesa para cada um, distribuíram-se as gavetas. Graças a uma tradição do XI de Agosto, a administração do Jurídico sempre esteve a cargo dos próprios estagiários e sob sua escolha.

Estagiei até 1957, quando me formei. O orientador era o Jayme Kawas, primeiro orientador do Jurídico, grande amigo dos estudantes, coordenador de cursos, bom também de violão e cantoria. Aprendi muito com ele. Na época, o D'Urso – pai – orientava na área trabalhista, igualmente competente e abnegado; como o Jayme, sempre presente com sua generosidade.

Depois do Jayme, o grande orientador foi Miguel Aith, meu colega de turma, também ex-estagiário, eterno amigo, que começou a orientar no Jurídico em 1959 ou 1960. Figura extraordinária, o maior advogado que conhecíamos. Além de amigos, éramos sócios em um escritório, aberto por nós no mesmo ano em que nos formamos. Fui convidado e comecei a ser orientador em 1961. No início, o Miguelzinho dirigia a orientação, depois passamos a orientar juntos, dividindo as tarefas. Sem dúvida, ele foi o melhor, o mais amigo. Era uma unanimidade, todos o admiravam e estimavam.

Nosso escritório, na rua Riachuelo, muito próximo ao Jurídico, acabou se tornando uma extensão dele. Defronte à saída dos fundos da Faculdade e da sede do Onze, era só atravessar a rua. Os estagiários sempre apareciam para nos pedir orientação, o que era motivo de grande honra, alegria e confraternização. Hoje, o escritório, com as reminiscências e o edifício todo, virou anexo da Faculdade, incorporaram-se espiritual e fisicamente...

POR TODA A VIDA

Na essência, penso que o Departamento Jurídico não mudou. As pessoas de ontem, que precisavam defender seus direitos, mas não tinham recursos, são as mesmas de hoje. Naqueles meus primeiros anos, havia a assistência judiciária prestada pelo Estado, mas no Jurídico a administração era feita pelos estudantes estagiários, por essência livres de constrangimentos advindos da burocracia.

Orientei muitos estagiários. E todos tiveram valor imensurável para o trabalho que ali era desenvolvido. Todos se empenharam e produziram muito. Seria injusto se destacasse um ou outro nome, pois, além de amigos, eram todos dedicados. Sem exagero, formávamos uma fraternidade, iniciando ou para lá carregando amizades que já vinham da Faculdade. E quem não era próximo na São Francisco se tornava no Jurídico. O convívio era muito intenso e a atividade, de muita solidariedade: um ensinava ao outro, o tempo todo. Havia, também, muito afeto... Até casais se formaram ali, pessoas que se uniram pelo resto da vida. O Miguel, por exemplo, casou-se com uma estagiária, a Adma, e a casa de ambos tornou-se um abrigo da Academia.

Esse, o "espírito do Jurídico", ambiente impregnado de amizade, companheirismo, solidariedade, combatividade, entre os estagiários e com os assistidos. Inclusive na defesa das causas sociais, como o movimento de moradia, que nasceu lá. Esse ambiente, naturalmente, fez com que minha vida fosse continuação do Departamento. E tenho certeza de que os estagiários, todos eles, ainda hoje, em seu escritório e gabinete, na carreira pública, carregam a marca daquele trabalho. Tenho certeza de que todos continuam, de algum modo, a defender os princípios que ali aprendemos e dos quais comungamos.

Vivi intensamente aqueles anos. E, para ser sincero, vivo até hoje na saudade, acalentado por meus filhos Sérgio e Cristina, e por minha neta Júlia. As pessoas passam e precisam ceder o lugar para os que chegam. E, acredito, fiquei tempo demais. Mas estava prestando serviço voluntário, para instituição importante, sem recursos. Quando atuei lá, o Jurídico era sustentado apenas pelo Onze.

E me envolvi tanto com o Jurídico que hoje participo de um escritório composto de dois ex-estagiários, o Marcos Aurélio Ribeiro, que também foi orientador, o Airton Soares, que foi diretor, além de meu filho Sérgio, também do Largo de São Francisco, mais colegas de outras Escolas.

APRENDIZADO INTENSO

O estagiário aprendia as primeiras lições com o orientador e um estagiário preceptor. Na primeira visita, o assistido era encaminhado ao estagiário por sequência. Daí em diante, cuidava de tudo sozinho. Éramos procurados apenas para orientar a ação: como fazer petição inicial, contestar, examinar autos, recorrer ou responder, participar de audiência ou de júri, a dialética, a luta pelo objetivo, o processo. Todos concordavam: a dedicação na Faculdade ao estudo do Direito, da legislação e da doutrina era essencial para o estagiário partir para seu exercício e para os códigos e a jurisprudência.

Na primeira orientação para redação de uma petição, dizia ao estagiário que ele deveria dirigir-se ao juiz, qualificar as partes, definir o tipo de ação a propor, a partir da narração dos fatos dada pelo assistido. Eu dizia: "Conta em forma de narrativa a história do caso que lhe foi confiado; depois, escreve o que se pretende a partir dela". Feito isso pelo estagiário, partíamos para dar a ela forma de petição. Elementar. No segundo atendimento, o estagiário já peticionava sozinho. Nas audiências, nós, orientadores, íamos junto. Mas quem cuidava da prova e relacionava os conhecimentos disponíveis pelas testemunhas era o estagiário. Iniciávamos juntos a audiência, e o estagiário ia aprendendo a fazer perguntas, observando o juiz e os advogados. Tanto assim que, às vezes, como havia várias audiências no mesmo dia, pedia ao juiz para me ausentar e deixar a audiência por conta do estagiário já capacitado. Aí eu saía, ia para outra, voltava, e o estagiário havia procedido com cabal desempenho.

E eram duas, três audiências por dia. Também nas Varas Distritais, hoje Fóruns Regionais. Raramente íamos de carro; nós, orientadores, estagiários e estagiárias, nos deslocávamos pela cidade de trem, ônibus, a pé. A certa altura da vida, consegui comprar um Volks em um consórcio, e começamos a ir de carro para as audiências distritais. O vigia do estacionamento da Faculdade me deixava parar o carro lá. Era meu amigo, assíduo nas cantorias e bate-papos frequentados por estudantes, antigos alunos e funcionários da São Francisco. Como eu usava o carro para trabalho voluntário pelo Jurídico, com todas as despesas por minha conta, ele tinha suas considerações, até que foi proibido pela direção.

INOVAÇÕES NO DIREITO

O Jurídico trouxe inovações ao Direito brasileiro. Surgiam lá situações que ainda não haviam gerado ações, e, dessa forma, sustentamos muitas teses novas. Quando lá ingressei, os mais antigos contavam uma história sobre a primeira vez em que foi requerida a assistência judiciária gratuita pelo Jurídico, no final da década de 1940. O pedido fora negado sob a fundamentação de que só órgão do Estado poderia fazê-lo. E, daí, o Jayme Kawas impetrou mandado de segurança no Tribunal de Justiça, obtendo decisão favorável, que permitiu ao Jurídico fornecer assistência judiciária gratuita. Essa e outras inovações são marca do Departamento, sem dúvida, porque sempre foi entidade combativa, com toque de saudável irreverência, imprescindível ao arrojo acadêmico.

Também já era visto com muita simpatia nos fóruns, por parte dos juízes e dos cartórios. Havia um tipo de colaboração independente, sem envolvimento nos resultados das decisões, uma boa vontade, certa compreensão de que os estagiários estavam lá para aprender a praticar o direito e assistir a população carente. O Jurídico deu, também, muito orgulho a quem passou por lá, inclusive pela dose de dignidade sempre proporcionada aos assistidos. Ninguém que nos procurasse sentia, como penso que não sente hoje, qualquer inibição ou constrangimento em solicitar assistência. Por ali passaram algumas das mais destacadas personalidades jurídicas do País, ministros, juízes alçados a desembargadores, advogados, promotores e procuradores, professores de Direito.

Isso explica por que os que tiveram a oportunidade de vivenciar o Jurídico têm tanta boa vontade com a entidade. É vivência intensa, aprendizado único. Todos aprendemos, uns com os outros e também com os assistidos.

Falo sobre o passado porque vivi o Jurídico no passado. Hoje, os ideais, ensinamentos e aprendizado, a amizade, sonhos, a solidariedade e o afeto persistem, certamente acrescidos de novos personagens, fatos, estudos e resultados.

Advogado. Formado em 1957 pela Faculdade de Direito da USP. Estagiário do Departamento Jurídico XI de Agosto em 1956 e 1957 e advogado orientador de 1961 a 1983. Conselheiro da OAB/SP, gestão 1977-1978. Agraciado com o Diploma de Gratidão da Cidade de São Paulo e Medalha Anchieta.

Depoimento em 4 de março de 2010, no escritório Ribeiro, Soares e Gerab Advogados, em São Paulo (SP).

FACULDADE DE DIREITO

DA

UNIVERSIDADE DE SÃO PAULO

DEPARTAMENTO JURÍDICO DO CENTRO ACADÊMICO "XI DE AGÔSTO"

Eu, Professor doutor Alvino Ferreira Lima, Diretor da Faculdade de Direito da Universidade de São Paulo e Presidente de Honra do Departamento Jurídico do Centro Acadêmico "XI de Agôsto", à vista dos bons serviços profissionais prestados pelo solicitador-acadêmico Paulo Gerab a esse Departamento, na gestão 1957-1958, onde exerceu o cargo de Estagiário, confiro-lhe o presente Diploma de Mérito.

Arcadas, Março de 1958

DIRETOR DA FACULDADE DE DIREITO — PRESIDENTE DO CENTRO ACADÊMICO "XI DE AGÔSTO" — DIRETOR DO DEPARTAMENTO JURÍDICO — ORIENTADOR PROFISSIONAL

FACULDADE DE DIREITO

DA

UNIVERSIDADE DE SÃO PAULO

DEPARTAMENTO JURÍDICO DO CENTRO ACADÊMICO "XI DE AGÔSTO"

Eu, Professor doutor Alvino Ferreira Lima Diretor da Faculdade de Direito da Universidade de São Paulo e Presidente de Honra do Departamento Jurídico do Centro Acadêmico "XI de Agôsto", à vista dos bons serviços profissionais prestados pelo solicitador-acadêmico Paulo Gerab a esse Departamento, na gestão 1956-1957, onde exerceu o cargo de Estagiário confiro-lhe o presente Diploma de Mérito.

São Paulo, 15 de Março de 1957

DIRETOR DA FACULDADE DE DIREITO — PRESIDENTE DO CENTRO ACADÊMICO "XI DE AGÔSTO" — PRESIDENTE DO DEPARTAMENTO JURÍDICO — ORIENTADOR PROFISSIONAL

Na década de 1950, os estagiários recebiam diploma de mérito, assinado pelo diretor da Faculdade, pelos presidentes do Onze e do Jurídico e pelo advogado orientador

Naum Rotenberg

"O objetivo principal do Jurídico era prestar serviços a pessoas que necessitavam de advogados e não tinham recursos para contratá-los."

Comecei minha fase secundária no ginásio normal, em Campos Elíseos, e o então chamado colegial *[atual ensino médio]* no Rio Branco, em Higienópolis. Fui o primeiro advogado de minha família, aliás, muito pequena e sem nenhum antecedente no ramo do direito. Meu pai era comerciante. Agora, também tenho um filho advogado, que atua em outro escritório.

Quando me formei, os jovens, em sua maioria, se dirigiam aos cursos de Medicina, Direito ou Engenharia. Acabei optando pela área jurídica e ingressei na Faculdade de Direito da USP, no Largo de São Francisco, em 1946.

Naquele período, os estudantes entravam um pouco mais velhos na universidade. Agora estão prestando vestibular com 16 ou 17 anos. Entrei aos 20 anos e me formei aos 25. Essa era a média. Quem se formava com 23 ou 24 anos era sensacional, no mínimo. É difícil dizer se isso fazia o grupo mais maduro para integrar o Departamento Jurídico do XI de Agosto, por exemplo, já que as coisas evoluíram muito. Os jovens de 18 anos de hoje não são os mesmos de 70 anos atrás. Eu diria, então, que houve aperfeiçoamento, resultando no progresso a que assistimos nos nossos dias.

Depois de formada, se não me engano, a maior parte dos meus colegas no Jurídico se voltou para o serviço público: juízes, promotores, delegados. Advogado com escritório particular era minoria.

Quando ingressei no Jurídico, em 1950, estava no 5º ano da Faculdade de Direito. José Albino Ferreira, que presidia o XI de Agosto, foi quem me indicou para dirigir a entidade. Fui, desde o início, para a direção. Éramos, então, solicitadores acadêmicos, e não estagiários. Lembro-me de que o espaço físico era muito pequeno, apenas duas saletas. E o objetivo principal do Jurídico era prestar serviços a pessoas que necessitavam de advogados e não tinham recursos para contratá-los. Além da assistência judiciária gratuita, o trabalho ali favorecia enormemente o exercício da prática jurídica aos bacharelandos.

ESCOLA PARA A MILITÂNCIA

Naquele momento, o Departamento Jurídico era novidade para os estudantes. Já existia formalmente havia muito tempo, mas ainda atuava de forma incipiente. Não sei como é hoje, mas, na época, não tínhamos nenhuma ajuda financeira.

Em artigo no semanário *Folha Universitária*, registramos, entre abril de 1950, quando a diretoria foi empossada, e novembro daquele ano, pouco mais de 60 atendimentos. Muitos eram simples consultas e outros, questões resolvidas amigavelmente. Tínhamos algumas demandas judiciais, todas acompanhadas com grande presteza pelos estagiários, e jamais surgiram reclamações que comprometessem o trabalho do Jurídico.

Atendíamos, principalmente, a causas cíveis, comerciais, criminais e trabalhistas. Representando autor ou réu, transparecia a figura do solicitador acadêmico, que lá também encontrava seu escritório profissional. Todos os atos praticados pelos solicitadores eram referendados por advogados que, desinteressadamente, prestavam valioso auxílio.

Embora bem pequena, a estrutura cumpria satisfatoriamente as finalidades para as quais fora instituída. E já era escola muito importante para a militância no direito. Em geral, os solicitadores acadêmicos, hoje estagiários, não possuíam nenhuma prática. Um advogado assinava as petições, porque nem sempre o bacharelando podia atuar. O advogado orientador estava pronto a colaborar.

IMPORTÂNCIA SOCIAL

O Departamento atendia ao povo em geral, independentemente de honorários. E acho que foi muito bem-sucedido em seu projeto inicial de formar operadores do direito, pois a procura pelo serviço era grande, e isso ajudou bastante os alunos. Desenvolviam-se a prática trazida da teoria e os princípios ensinados no curso. Como membro do Jurídico, tive noção do que era peticionar, fazer um contrato. Muito se aprendeu.

A população atendida, acredito, vinha da periferia e dos bairros mais humildes do entorno da região central da cidade. Essas pessoas, sozinhas, descobriam que o Departamento Jurídico existia: "Ah, onde é que posso arranjar um advogado? Ah, tem a assistência judiciária gratuita do XI de Agosto". E elas sempre apareciam. Não precisávamos de nenhum tipo de divulgação.

Fiquei lá um ano, até concluir o curso. Logo depois, em 1951, passei a trabalhar no escritório em que estou até hoje, o Demarest & Almeida. Tudo por conta de um anúncio, publicado no jornal O *Estado de S. Paulo*, o clássico "procura-se advogado". Ficava na rua XV de Novembro, no Centro de São Paulo. Fizeram a seleção e fui escolhido. Quando cheguei, havia apenas os dois advogados fundadores do escritório. O terceiro, o que me selecionou, estava deixando a carreira, e queria alguém para colocar no seu lugar. Hoje, no escritório, são mais de 280 profissionais e 150 estagiários.

Naquela época, o advogado fazia de tudo. Era "clínico geral". Hoje, tem o médico da mão direita e o da mão esquerda; e tem o advogado que cuida de uma coisa, mas não cuida de outra. Quando comecei, não existia especialização: cuidávamos de tudo. Éramos três na banca, e aí crescemos para quatro, cinco... Com o tempo, a separação por área: uns atuavam na civil, outros, na contratual, na trabalhista. Hoje, temos a superespecialização: abuso de poder econômico, direitos do consumidor, ambiental etc.

Da minha passagem pelo Jurídico, acho que a experiência válida foi o contato prático com a militância. Lá existia relacionamento com todas as interfaces do Direito, sabia-se aonde ir, onde buscar informações. Isso tudo me ajudou muito. Antes, no começo da minha carreira, já havia atuado em escritório de advocacia e também fui estagiário de promotor público.

DIREITO DO CIDADÃO

Garantir assistência jurídica à população é dever do Estado. A Defensoria Pública vem realizando importante trabalho. É órgão relevante para o Estado e para os cidadãos. Com o mesmo intuito, hoje, até onde sei, todos os grandes escritórios possuem parcela de atendimento *pro bono [gratuito]*. Entretanto, é insuficiente para alcançar todos os que dele necessitam. Daí ser a Defensoria Pública algo essencial, absolutamente necessário para cobrir essa carência. É um direito do cidadão! Aquilo que o particular oferece não é suficiente.

Não tenho levantamento, mas sei que existem, sim, escritórios de advocacia que oferecem auxílio. Nem tanto para indivíduos, mas mais para instituições beneficentes. É uma faixa de benefícios, porém, insuficiente. Cabe ao Estado complementar essa missão – e deve cumpri-la bem.

Graduado em 1951, atuou no Departamento Jurídico em 1950. Em março de 1951, foi contratado pelo escritório fundado por João Batista Pereira de Almeida e pelo norte-americano Kenneth E. Demarest, no qual trabalha até hoje.

Depoimento em 2 de fevereiro de 2010, no Demarest & Almeida Advogados, em São Paulo (SP).

Plínio Soares de Arruda Sampaio

"A passagem pelo Jurídico foi absolutamente decisiva nas minhas escolhas pessoais e profissionais."

Meu pai era advogado, egresso da São Francisco e, evidentemente, queria que eu fosse também. Não tive nenhum problema de vocação, pois sabia que seria advogado, sem conflitos de adolescência, nenhuma dúvida. E me pus a campo, naturalmente, sem dramaticidades. Entrei na Faculdade de Direito aos 18 anos, na mesma "escola" de meu pai.

No Departamento Jurídico, estagiei entre 1952 e 1953. Naquela época, não éramos chamados de estagiários, éramos "solicitadores

acadêmicos". O aluno pedia à OAB a carteirinha de solicitador e podia realizar alguns atos judiciais. Os atendimentos mais comuns eram para obtenção de certidão de casamento, nascimento, que dependia da assistência judiciária gratuita, pois o povo era totalmente desvalido. Foi uma experiência muito interessante. Já atuávamos, na prática, com a advocacia.

Fui nomeado diretor da instituição em 1953, por indicação do Vicente Amaral de Azevedo Sampaio, então presidente do XI de Agosto. A estrutura do Departamento ainda era dentro do Centro Acadêmico e, na verdade, funcionava um pouco também nos escritórios dos advogados orientadores. Assumir aquele trabalho foi o máximo. Já dava uma de "advogado". Era muito agradável e, ao mesmo tempo, sério, com pessoal comprometido, que realmente queria seguir o direito.

Foi também um choque de realidade, pois venho de família estabelecida economicamente. Apesar de ser, à época, presidente da Juventude Universitária Católica, minha proximidade era com pessoal não tão pobre, gente que tinha consciência de classe, emprego, casa modesta, mas tinha. Também, quando jovem, fui do Movimento Universitário de Desfavelamento. Na verdade, tive contato mais forte com a pobreza quando comecei a militar na política, em 1959, ao assumir a coordenação do Plano de Ação do governador Carvalho Pinto. Ocupei a função até 1962, mesmo ano em que fui eleito deputado federal pelo Partido Democrata Cristão. Aí, sim, entrei na periferia e vi coisas pesadas.

A passagem pelo Jurídico, portanto, foi absolutamente decisiva nas minhas escolhas pessoais e profissionais. Primeiro, pela responsabilidade assumida, em um grande Departamento, ainda muito jovem, com 22 anos. Segundo, por ter tido, ali, o primeiro contato com a pobreza de fato. Carreguei essa experiência e fui, digamos, ampliá-la quando me tornei promotor público. E aí vi, por exemplo, a pobreza numa região canavieira, o absurdo da exploração do cortador de cana, que até hoje existe.

INJUSTIÇAS SOCIAIS

A estrutura montada para ricos afetava, e ainda hoje afeta, quem tenta fazer algo em prol dos menos favorecidos. Tanto que, por atuar intensamente em mobilizações populares, vivi 12 anos de exílio *[1964-1976]*. Até hoje é terrível, dá enorme sensação de impotência. Apesar da nossa responsabilidade pública, a lei é falha. No Brasil, existem brechas imensas, pontos obscuros que permitem favorecimentos aos que estão acima da lei.

No caso da terra, o viés judiciário continua beneficiando os mais abastados. O livro chamado *Latifúndio e Lei de Terras*, da Lígia Osório Silva, professora da Unicamp, explica que a Lei de Terras foi escrita de forma confusa para facilitar a grilagem. Na Constituinte *[de 1986 a 1988]*, lutei para colocar a questão da reforma agrária na Constituição. No último momento, a direita se uniu e acrescentou que a terra produtiva não poderia ser desapropriada. Aí, pronto: a terra do rico é produtiva e não pode ser desapropriada. E a ação contra esse tipo de argumento dura anos. O sem-terra fica desempregado, ocupa terras e passa a ser visto como bandido.

Nessa confusão, o juiz, sempre disposto a ajudar o latifundiário, busca um pé de alface na terra do rico, para considerar que se trata de terra produtiva. Tive experiência muito útil: entrar debaixo da lona de ocupação de uma família acampada para comprovar que não se trata de gente ociosa, que vai fazer piquenique. Não se consegue ficar ali dentro por 15 minutos. Não aguentei! E o mais incrível foi ver crianças dormindo lá, sob temperatura de 45 graus. Aí, quando os camponeses reagem a uma situação dessas, passam a ser "invasores", "formadores de quadrilha".

Esse exemplo dá ideia de como as pessoas são tratadas pela lei no Brasil. Aqui, existem três categorias de pessoas diante da lei: aquelas que só sofrem o peso da lei; as que sofrem, mas têm benefícios; e as que estão acima, para as quais lei não existe, pois encontrarão sempre um casuísmo para livrá-las da sanção. A Justiça brasileira não atua em favor do pobre. É montada para resolver questões patrimoniais dos ricos e "descer o porrete" nos pobres, criminalizando-os, como sempre faz com os movimentos populares, que tentam cuidar dos direitos dos excluídos.

Na Constituinte, fui relator do capítulo sobre o Judiciário, e a instituição da Defensoria Pública entrou aí. Vencemos, pois coloco isso como o mínimo necessário para que a Justiça chegue ao povo. Junto, colocamos a Justiça Especial, órgão judiciário formado por juízes togados ou togados e leigos, criado para conciliação, julgamento e execução de causas cíveis de menor complexidade e de infrações penais de menor potencial. Assim, a Defensoria Pública, associada a essa Justiça Especial, dá assistência ajustada às condições do povo. A outra, a Justiça pomposa, continua reservada aos ricos, até que tenhamos uma só categoria de cidadãos diante da lei. É uma luta à qual dediquei toda a minha vida.

Sou absolutamente fã da Defensoria Pública, porém a desejo mais independente, com estatuto semelhante ao do Ministério Público. No caso do Estado de São Paulo, a estrutura é muito pequena para atender à demanda, diferentemente da Defensoria do Rio de Janeiro, com tradição e amplitude de trabalho. Esse paradoxo se dá por

conta das opções do atual governo paulista. Esta é questão de vontade política. É inadmissível não termos advogados disponíveis a toda a população carente, que assim fica entregue à própria sorte.

Mas ainda acredito em mudanças, tanto que sou pré-candidato à Presidência da República. Essa mudança se dará, principalmente, com a tomada de consciência dos brasileiros sobre os seus reais problemas e sobre verdadeiras soluções. Creio que a alternativa esteja na educação. Devem-se defender a liberdade e igualdade de ensino. Hoje, o pobre tem educação falha, e não pode competir com o menino rico da escola privada. Então, a solução é a educação pública, com os devidos aprimoramentos.

Formado em 1954, estagiou no Departamento Jurídico em 1952 e 1953. Militou no movimento estudantil; foi promotor público, secretário municipal dos Negócios Jurídicos de São Paulo (1961-1962), e deputado federal constituinte. Um dos fundadores do PT, deixou o partido em 2005 e filiou-se ao PSOL, pelo qual saiu candidato à Presidência da República, em 2010. Atualmente preside a Associação Brasileira de Reforma Agrária (Abra) e dirige o semanário *Correio da Cidadania*.

Depoimento em 24 de fevereiro de 2010, em sua residência, em São Paulo (SP).

Ivette Senise Ferreira

"O aprendizado foi muito importante para o exercício da advocacia e da docência, porque tive a base prática de execução penal."

Quando adolescente, percebi que tinha inclinação por questões de relações familiares, da área criminal, enfim, as coisas resolvidas pelo Direito me interessavam, e já tendia para a área de Humanas. Ao sair do ginásio, fiz o colegial clássico, aprendi Latim, História, Filosofia. Na verdade, cheguei a ficar em dúvida entre Filosofia e Letras. Gostava muito também de ensinar, vocação que eu incluía até nas brincadeiras infantis, embora não imaginasse que me tornaria professora de Direito. Por fim, ingressei na área, mas minha primeira vontade era ser advogada, pois achava fantástico defender os outros, isso me impressionava. Durante a Faculdade, para obter ganhos extras, dava aulas de línguas, o que também denotava a minha inclinação para o Magistério.

No 4º ano da Faculdade, em 1956, tive meu primeiro contato com o Departamento Jurídico do XI de Agosto, ao me candidatar à vaga de estágio na Penitenciária Feminina do Carandiru, na Zona Norte da cidade de São Paulo. Já tinha, à época, vocação para o Direito Penal, exacerbada pelas aulas dessa disciplina, que eram ministradas por Esther de Figueiredo Ferraz, exemplo não apenas para as poucas mulheres que cursavam a Faculdade de Direito da USP como para todo o Brasil. Entre outros pioneirismos, foi a primeira mulher com livre-docência a entrar na Faculdade como professora, a dirigir um Ministério, o da Educação, nos anos 1980, e também a primeira reitora da Universidade Mackenzie. Era maravilhosa em sala de aula, entusiasmava as alunas, que eram minoria, muito diferente de hoje. Era também advogada de renome, criminalista com participações famosas em júris.

PIONEIRISMO NA PENITENCIÁRIA FEMININA

Creio ter sido a primeira mulher a fazer estágio na penitenciária feminina, porque não me lembro de outra que tenha passado por lá antes de mim. Na verdade, anteriormente, quem cuidava dos casos era um advogado do Estado. E a situação era muito interessante: o Carandiru abrigava os presos do sexo masculino em um edifício, e as mulheres ficavam em outro, separado, no meio de um jardim, em um casarão. As presas, naquela época, eram em número bem menor do que hoje, pois, na mesma proporção, havia menos delitos pra-

ticados por mulheres. Esse casarão pertencera ao diretor da penitenciária e, ao se tornar presídio feminino, passou a ser administrado por freiras. As diretoras eram religiosas, que vestiam hábito e tudo, e o regime era parecido ao de colégio interno, com rigor de horários, limpeza, disciplina. As celas eram individuais e coletivas e, durante o dia, havia atividades como preparação das refeições, corte e costura. À noite, todas eram recolhidas e mantinha-se a ordem.

Como as presidiárias ficavam em um prédio afastado da penitenciária, recebiam pouca atenção da diretoria, e a assistência jurídica era quase nula. Havia muitas queixas sobre esse tratamento, pois os processos não andavam, o advogado não aparecia. Aparentemente, solicitaram assistência ao poder público, e o Departamento Jurídico resolveu colaborar, indicando uma estagiária. Havia uma psicóloga contratada que comparecia regularmente ao presídio, com a qual eu conversava frequentemente, e um médico que ia de vez em quando para as consultas. Passei a ir lá quase todos os dias, voluntariamente. Como era um aprendizado para mim, e estava inclinada a seguir minha especialização em Penal, achei fantástico.

Enfim, meu primeiro contato prático com a Justiça foi por meio desse trabalho de assistência, reunir processos, pedir revisões e esclarecimentos, fazer petições. Ficava impressionada com o fato de a maioria ser homicida. Algumas eram tipos estranhíssimos, e eu, abismada, ouvia as coisas que elas, com toda a naturalidade, contavam: explicavam como haviam matado o marido ou o amante, a machadadas ou golpe de foice, cortando-os em pedaços. Esse foi o meu aprendizado, e nele permaneci durante todo o 4º ano da Faculdade.

Depois saí e, no 5º ano, passei a fazer alguns serviços no Fórum. Procurava as Varas Criminais e me apresentava como voluntária, pois não havia essa assistência organizada de hoje. Antes, os juízes nomeavam os advogados que voluntariamente aceitassem defender presos em processo. E, mesmo que fôssemos formados, éramos indicados como advogados dativos, uma espécie de assistência judiciária informal.

RUMO AO MAGISTÉRIO

Na época em que estagiei na penitenciária feminina, não tinha contato estreito com o Departamento Jurídico: fui indicada e, de lá, direto para o trabalho. De qualquer forma, a experiência daquele período contribuiu para a minha carreira. A partir daí, surgiram o meu encaminhamento e a especialização em Direito Penal, na Faculdade de Direito da Universidade de Paris. Fiz curso de doutorado em Paris e, na volta, após dois anos, tive vontade de continuar na área penal, mas passei a trabalhar no escritório do meu marido, na área cível.

Mais tarde, no final dos anos 1960, retornei para o Direito Penal, mas por via do Magistério. Inicialmente, fui convidada a dar aulas na PUC de São Paulo, como professora assistente de Introdução à Ciência do Direito, junto com Teresa Ancona Lopes, hoje docente de Direito Civil da USP. Eu auxiliava o senador e professor André Franco Montoro nessa disciplina.

E surgiu outra oportunidade: o professor Paulo José da Costa Junior, titular da Faculdade de Direito da USP, me convidou para ministrar Direito Penal como sua assistente. Depois ingressei, por concurso, no Departamento de Direito Penal, fiz a livre-docência e concurso para titular. Mais tarde fui conduzida à direção, tendo me tornado, assim, a primeira mulher a dirigir a São Francisco, em 170 anos de sua fundação. Foi algo bastante impactante, e, no cargo, permaneci de 1998 a 2002. Presido o Iasp *[Instituto dos Advogados de São Paulo]* desde janeiro de 2010, tendo sido a segunda mulher a dirigir a entidade, em 135 anos de história, imediatamente após a gestão de Maria Odete Bertasi, da qual fui vice-presidente.

Hoje sei que o período em que estagiei no Jurídico permeia a minha trajetória, porque foi essencial ao meu aprendizado no que diz respeito ao exercício da advocacia e da docência. Naquele ano em que convivi com as presas da penitenciária feminina, tive a base prática de execução penal, complementação dos conhecimentos teóricos que a universidade transmitia com excelência.

Quando dirigi a Faculdade de Direito, fiz o possível para ajudar e prestigiar os departamentos a ela vinculados, a equipe de professores auxiliares, o Centro Acadêmico e o seu Departamento Jurídico. Tínhamos um relacionamento amigável.

ENTRAVES NA ÁREA PENAL

No Direito Civil também há pessoas carentes, porém, de alguma forma, existe compensação econômica para o advogado que cuida do caso. A área de Direito Penal, entretanto, é abandonada, pois o senso de voluntarismo não rende absolutamente nada ao profissional. Se o acusado é corrupto, ladrão ou tem bens roubados, pode pagar um advogado. Os que sobram são aqueles que estão na rua da amargura, não possuem nada mesmo, e dependem da assistência judiciária gratuita para a sua defesa. Para o defensor, trata-se de caridade, sem nenhuma retribuição. Outra dificuldade típica do Direito Penal, muitas vezes, é advogar em casos praticamente indefensáveis, quando o réu é confesso e as provas corroboram sua culpa. Aí, não há nada mais a fazer a não ser apelar para a bondade do juiz.

Na defesa de um réu que esquartejou, confessou e foi visto por cinco testemunhas, o advogado vai argumentar o quê? Além disso, há problemas de consciência. Se, por exemplo, temos um estuprador de crianças, quem vai aceitar defender o acusado? É complicado entrar na defesa de uma pessoa com a qual não se compactua. Ao mesmo tempo, todo cidadão, independentemente da acusação, tem direito de defesa. Por isso, voluntariamente, a disponibilidade de defensores é sempre muito difícil. A assistência judiciária gratuita na área criminal é serviço muito meritório, e seus profissionais precisariam até ganhar um pouco mais. Eles pegam casos de difícil defesa, e o resultado é diferente: se o réu não é bem defendido, perde a sua liberdade e vai para um "antro de perdição", de criminosos. É terrível! É preciso pensar um pouco a respeito e dar mais valor à assistência nessa área.

Na docência, percebi que o Direito Penal interessa a todo mundo, mas, na hora da prática, as pessoas procuram outras áreas, justamente por conta das dificuldades. Embora os casos, as questões teóricas e a doutrina sejam muito interessantes e profundos, a coisa muda muito de figura diante das perspectivas profissionais. Lógico, existe uma dezena de criminalistas abarcando grandes crimes e processos, porque existem aqueles que pagam. O resto, aquilo que sobra, com nada pode retribuir. A prática profissional é muito dura, muitas vezes o caso é indefensável. Além disso, o advogado pode receber um caso e não aguentar levar adiante, por motivos de consciência, mas o réu não pode ficar sem defensor, por mandamento constitucional.

Graduada em 1957, é Doutora pela Faculdade de Direito da USP, que dirigiu de 1998 a 2002. Foi coordenadora da Comissão de Exame de Ordem da OAB e vice-diretora da Escola Superior da Advocacia da OAB/SP. É autora de artigos e livros nas áreas do Direito Penal Ambiental e Direito Penal da Informática e presidente do Instituto dos Advogados de São Paulo (Iasp).

Depoimento em 2 de março de 2010, na sede do Iasp, em São Paulo (SP).

Anadyr de Mendonça Rodrigues

"Quem teve o privilégio de estagiar no Jurídico sabe que ganhou a chance de integrar uma elite profissional."

Escolhi o fascinante mundo do Direito por causa do namorado que conheci aos 14 anos, Ary *[Lopes Rodrigues]*, meu marido há 49 anos. Tudo o que ele dizia que ia fazer eu também queria fazer. Assim, quando ele disse que estudaria no Largo de São Francisco, decidi que também estudaria lá. Devo a ele ter me tornado advogada.

Entramos juntos na Faculdade de Direito da USP e, por isso, integramos a mesma turma. Jamais esquecerei a sublime emoção vivida

no momento em que as tradicionais Arcadas nos "abriram os braços", com o anúncio dos aprovados no vestibular de 1954. Logo nas primeiras aulas, descobri a minha vocação.

Além de oferecer as melhores lições do Direito, a São Francisco sempre constituiu ente diferenciado, única escola de nível superior capaz de propiciar aos seus estudantes experiências singulares e vivências peculiares, que nenhuma outra instituição de ensino, à época, ofereceria... Em especial, às mulheres da minha geração, que tiveram a oportunidade única de desfrutar de outra condição excepcional. Em 1958, ano em que concluímos o curso, éramos apenas 45 formandas, em um universo de 261 alunos. Essa condição especial permitiu a nós, mulheres, viver a, digamos, contristadora experiência de ser as últimas testemunhas do tempo em que as estudantes estavam restritas a frequentar apenas o chamado "Departamento Feminino" do Centro Acadêmico XI de Agosto, convenientemente situado em local distante das dependências principais, onde aconteciam as "farras" dos meninos...

E foi exatamente a nossa turma a primeira, das Arcadas, a ter acesso "físico" às dependências do Onze! Justiça seja feita: essa notável conquista feminina aconteceu graças à consciência reformadora da maioria dos acadêmicos de então.

EXPERIÊNCIA INESQUECÍVEL

Em 1957, Ary e eu ingressamos no Departamento Jurídico do XI de Agosto, então instalado em uma sobreloja da rua Quintino Bocaiúva. Estávamos no 4º ano do curso e, sem dúvida, não poderíamos ter vivido treinamento profissional mais impactante. A orientação estava a cargo do inesquecível doutor Jayme Kawas, generoso ao transmitir seus valiosos e competentes conhecimentos técnicos.

Lembro-me de que não éramos muitos estagiários, não mais do que 20. E confesso que cheguei muito atemorizada, pois não sabíamos quase nada sobre a prática do Direito. E, de imediato, iríamos atender aos clientes: pessoas bastante pobres, que suportavam estoicamente as nossas dúvidas e desacertos eventuais. Hoje penso que, se fossem clientes pagantes, não teria tanta aflição, mas, afinal, naquelas circunstâncias, éramos advogados "compulsórios": o cliente do Departamento Jurídico (notável precursor das atuais Defensorias Públicas) não poderia pagar outro profissional; dependia, exclusivamente, daqueles estagiários. Nesse contexto, a responsabilidade do defensor cresce muito. E passei muitas noites sem dormir, preocupada com aqueles processos. Ficava com medo de errar, de não fazer a coisa certa.

Havia enorme procura pelo serviço. Eu atendia ao cliente com extrema atenção, ouvia sua história, anotava tudo, meditava sobre o problema e fazia o esboço da petição. Daí, levava para o "santo" doutor Kawas, o único advogado orientador.

Aos olhos de uma jovem de 20 anos, o trabalho no Jurídico era, sem dúvida, experiência inédita. No meu caso, o que me chocava não era a convivência com a pobreza da clientela. A minha origem é humilde e, portanto, não era a "moça da elite" convivendo com os "pobres" – minha avó, que admiro muito e de quem tenho orgulho, ficou viúva aos 30 anos, com sete filhos, e criou todos sozinha, trabalhando fora. Contudo, as necessidades elementares daquelas pessoas eram uma carga de responsabilidade muito pesada.

Depois, tínhamos de despachar com o juiz, no Fórum, e este era outro terror. Eu levava certa vantagem, porque namorava um estagiário: discutíamos os casos, dividíamos os problemas, as dúvidas.

Hoje, levanto as mãos para o céu, em gratidão, porque o estágio no Jurídico é que me permitiu advogar. Tanto assim que, ao nos formarmos, em 1958, imediatamente fomos trabalhar, com outros dois queridos colegas das Arcadas, num pequeno escritório, para onde levei a experiência herdada do período de estágio. Tivemos muita sorte, pois, de ter nos formado na Faculdade de Direito da USP, a única, em todo o Brasil, que naquela época dispunha de assistência judiciária para treinar os alunos.

MARCAS DE PIONEIRISMO

Em 1961, recebemos convite para trabalhar em Brasília, no governo do presidente Jânio Quadros. Nos instalamos definitivamente na capital federal. Ary tornou-se advogado da então Fundação Hospitalar do Distrito Federal e, com o tempo, procurador do DF, função que desempenhou até se aposentar. Fiquei na Prefeitura do Distrito Federal até 1972, em funções administrativas, sem advogar.

Naquele ano, foi aberto o primeiro e histórico concurso público para o cargo de procurador da República – até então, seu provimento se dava por indicação. Aprovada, fui trabalhar, inicialmente, na primeira instância da Justiça Federal. Em 1988, promovida a subprocuradora-geral da República, passei a atuar perante o Supremo Tribunal Federal. Isso me ensejou a ser a primeira mulher a oficiar como representante do Ministério Público Federal em sessão do Plenário e de Turma do STF. Em 2000, já aposentada, tornei-me consultora do então advogado-geral da União, doutor Gilmar Ferreira Mendes, com a missão de criar a carreira dos procuradores federais. Na AGU, vivi outra experiência pioneira: por seis dias, de 17 a 22 de janeiro de 2001, assumi interinamente a função de advogada-geral da União. Ao que sei, até hoje, nenhuma outra mulher ocupou o mesmo cargo.

Depois, tive a honra de exercer o cargo de ministra de Estado da Corregedoria-Geral da União, por convite do presidente Fernando Henrique Cardoso. Em 2003, aceitei aderir ao projeto de criação da Corregedoria-Geral do Distrito Federal, na administração do governador Joaquim Domingos Roriz. Deixei o cargo ao final da gestão Roriz, em 2006, aos 71 anos de idade.

Ao longo desta minha jornada, tenho a convicção de que sempre carreguei comigo os valores recebidos na vivência do Departamento Jurídico do XI de Agosto. Ali aprendi que o mais importante não é o dinheiro que o advogado recebe por seu trabalho. Importa mesmo é que ele saiba exercer bem a sua função. Quem teve o privilégio de estagiar no Jurídico sabe que ganhou a chance de integrar uma elite profissional. A vivência ali constituiu uma espécie de segundo diploma conferido aos alunos da Faculdade de Direito da USP.

Graduada em 1958, ingressou no Departamento Jurídico em 1957. Subprocuradora-geral da República aposentada; foi consultora do advogado-geral da União, coordenadora dos Órgãos Vinculados à AGU, advogada-geral da União interina, ministra corregedora-geral da União e corregedora-geral do Distrito Federal.

Depoimento em 26 de maio de 2010, em sua residência, em Brasília (DF).

No DJ, aprendizado prático e teórico na biblioteca

Desaparecimento
de Crianças e
Adolescentes

José Carlos Dias

"No Jurídico, eu fazia de tudo, mas logo percebi que a minha paixão era o Direito Penal."

Meu pai, Theodomiro Dias, foi advogado e desembargador e, claro, exerceu influência muito grande sobre minha decisão pelo Direito. Nunca imaginei ser outra coisa na vida a não ser advogado. Graduei-me pela Universidade de São Paulo em 1963, tendo ingressado no Departamento Jurídico em 1962. Foi uma experiência tremenda. As pessoas que iam lá, muito humildes, sem nenhuma instrução nem noção de Direito, eram as que compravam um barraco por um documento escrito num papel de embrulho. E trabalhar com documentos desse tipo era um grande desafio.

Foram várias as experiências interessantes. As pessoas chegavam, faziam fila, sentavam-se à mesa e contavam o caso. Nós, os estagiários, pegávamos de tudo: despejos, separações... Na tentativa de um acordo conjugal, chamávamos a outra parte, preparávamos uma intimação para o comparecimento. Era preciso chamar os dois, "puxar a orelha" de um e de outro. Isso proporcionava muitos acordos e, também, conflitos. Lembro-me de que, apesar de muito jovem, escutava coisas do tipo: "Ah, ela não fala comigo, eu tento...". Eu dizia: "Você gosta dela?". A resposta era: "Gosto, mas do jeito que ela me trata, não dá". Cheguei a dar até conselhos de como o homem deveria acariciar a parceira. Um dia, a pessoa veio e disse: "Deu certo!". Então, foi interessante conviver com realidades diferentes, penosas, difíceis. Casos de anulação de casamento, situações bem complicadas. Aprendíamos na prática.

DIREITO PENAL, PAIXÃO E VOCAÇÃO

No Jurídico, eu fazia de tudo; lá era uma "clínica geral". Mas logo percebi que a minha paixão era o Direito Penal. Então, quando saí, passei a pegar somente casos criminais, e fui nomeado para defender, gratuitamente, os réus. Montei um escritorinho com um colega e depois me mudei para outro um pouco maior. Cheguei a ter 80 clientes na Casa de Detenção. Ia frequentemente ao presídio, um preso indicava outro. Para mim, esse contato foi um enorme aprendizado. Hoje, os jovens advogados não vão aos presídios, em grande parte porque o Código de Processo Penal mudou muito. Naquele tempo, a prisão preventiva era a regra para os crimes graves. Era muito comum uma pessoa que ia a júri ficar presa durante todo o processo. Enfim, convivi de fato com a realidade da cadeia e, por conta dessa influência, percebi minha grande vocação para a área penal. Creio, inclusive, que algumas das minhas realizações como secretário da Justiça do Estado de São Paulo *[de 1983 a 1986, no governo de André Franco Montoro]*, principalmente aquelas consideradas inovadoras e humanizadoras, tenham remontado à experiência com a população carcerária.

No governo Montoro, entre outras inovações, criei as comissões de solidariedade. Os presos elegiam seus representantes, dentro dos parâmetros de um Código Eleitoral adaptado à realidade prisional, para dialogar com a administração e fazer reivindicações. O nosso esforço era para dar voz aos presos que, por bom comportamento, assumiam algumas responsabilidades com o sistema. Foi um trabalho importante, e até mesmo juristas alemães vieram conhecê-lo. Agora a realidade é outra, pois no controle da estrutura prisional estão os chefes de quadrilhas.

Outro projeto criado na minha gestão foi a comunicação direta dos presos com o juiz corregedor, por meio de cartas depositadas em urnas. Ou seja, eles podiam opinar ou tecer comentários, por escrito, e o conteúdo era lido exclusivamente pelo juiz, uma vez que somente ele tinha a chave dessas urnas. Nas cartas, poderia haver críticas tanto à direção do presídio como ao próprio secretário da Justiça.

PRECONCEITOS

Talvez a conquista mais inovadora, e a que até hoje permanece, tenha sido a instituição da visita íntima. Esse benefício, os meus sucessores não conseguiram retirar. De fato, a lei não prevê a pena de castidade, somente a limitação da liberdade. Ao se impedir o cultivo dos elos afetivos com o mundo exterior – mulher, namorada, companheira –, isola-se mais ainda o detento, e a violência interna é estimulada. Violências sexuais, físicas, prostituição. Tudo por imposição da castidade. Há, ainda, outro lado: a mulher do preso está

em liberdade, e não pode sofrer as consequências da punição imposta ao marido, pois estaria condenada conjuntamente à castidade. Ela tem direito de encontrar o parceiro uma vez por semana.

De modo geral, se a Justiça prestada à população carente é utopia, imagine para os presos... Lidar com essas tarefas ao longo dos anos, considerando o preconceito, não foi fácil. Fui chamado de "o maior dono de rede de motéis do Brasil"; jornalistas e políticos diziam que eu estava protegendo bandidos. Era enfrentamento difícil. Hoje é mais ameno. Mas a questão central continua a mesma: os direitos precisam ser garantidos a todos. Encaro a cadeia como um mal; não se recupera ninguém privando a liberdade. Mas é necessária? Sim, nos casos extremos. Acho absurdo mandar um garoto para a prisão por fumar maconha ou pela prática de um furto de pequeno valor, por exemplo.

Quando fui ministro da Justiça *[de julho de 1999 a abril de 2000]*, desenvolvi a campanha do Direito Penal Mínimo, na tentativa de reformular todo o sistema penal e estabelecer penas alternativas para os crimes mais brandos. Corri o Brasil em audiências públicas e criei uma comissão de juristas para a tarefa. Mas não consegui que o projeto deslanchasse no Congresso Nacional. E tudo está cada vez mais difícil. Como a violência hoje é enorme, existe reação contrária muito forte por parte da população. Na verdade, o Direito Penal Mínimo é um modelo italiano, que se opõe à proposta da ideologia da lei e da ordem da linha norte-americana, de "tolerância zero".

DEFENSORIA PÚBLICA CONTRA AS DESIGUALDADES

Considero-me um dos padrinhos da Defensoria Pública em São Paulo. A sua criação, também bandeira minha, enfrentou muita resistência por parte da Procuradoria-Geral do Estado, que já tinha um serviço de assistência judiciária. Funcionava bem, mas de forma muito pequena. Recordo que precisei providenciar a contratação de advogados pela Fundação de Amparo ao Trabalhador Preso para dar assistência aos presos. Queria mesmo criar a Defensoria Pública como carreira autônoma, mas isso só aconteceu há alguns anos, apesar de assegurado pela Constituição desde 1988.

Quando fui secretário da Justiça, a situação da assistência judiciária paulista era tão ruim que criei um fundo para atender a essa demanda, alimentado por um percentual nas custas judiciais e extrajudiciais. Isso existe ainda, mas gerou grandes distorções. O fundo, administrado pela OAB, garantia remuneração àqueles que, até então, trabalhavam de graça. Os advogados começaram a ver nisso uma renda extra. Quando o idealizei, entretanto, esse fundo deveria servir de auxílio aos advogados do interior do Estado. Posteriormente, deveria ser destinado à Defensoria. Muitos advogados passaram, então, a combater a criação da Defensoria, a fim de manter os recursos. Até hoje há boicote, estimulado por advogados que têm medo de perder essa renda.

De todo modo, a atual estrutura da Defensoria é ainda insuficiente. Até porque, em termos salariais, os defensores ganham muito menos que o restante das carreiras públicas. Mas não tenho dúvidas de que irá crescer. E é fundamental, tão importante quanto o Ministério Público e a Magistratura, pois não existe Justiça sem o direito de defesa. Há muitos brasileiros carentes desse direito. No sistema penitenciário, por exemplo, o trabalho hoje é feito, basicamente, pela Defensoria. Contamos com uma instituição que, entre outras atribuições, supre as deficiências do Estado na prestação da assistência judiciária aos presos. Refiro-me ao Instituto de Defesa do Direito de Defesa, que congrega vários escritórios especializados na área penal que exercitam advocacia *pro bono* aos presos.

Claro que, para um país minimamente decente em termos de acesso à Justiça, é preciso um número muito grande de defensores, de dedicação exclusiva. Isso é fundamental. Em São Paulo, obviamente, a carência é sempre muito grande. O Tribunal tem hoje 500 desembargadores e, quando me formei, em 1963, eram 36. Meu número na OAB é 16.009, e o atual está na casa dos 300 mil. Então, é um negócio que não tem fim. Pela desigualdade, a carência de Justiça no Brasil é resultado da miséria, da violência. Nem mesmo uma superestrutura levará ao cabo tais desigualdades.

Formado em 1963, estagiou no Departamento Jurídico em 1962 e 1963. Foi conselheiro da AASP, da Fundação Padre Anchieta e da OAB/SP; presidiu o Conselho Superior de Coordenação do Instituto Latino-Americano das Nações Unidas para a Prevenção do Delito e Tratamento do Delinquente (Ilanud). É conselheiro da Comissão Justiça e Paz, a qual já presidiu. É autor dos livros de poesia *Miragens do meu deserto* (1957) e *Vozes perdidas* (1957).

Depoimento em 25 de fevereiro de 2010, no escritório Dias e Carvalho Filho Advogados, em São Paulo (SP).

Solicitadores acadêmicos, como eram chamados os estagiários do DJ XI de Agosto, na década de 1950; à frente, com o paletó na mão, o orientador Jayme Kawas

Depoimentos

Walter Piva Rodrigues

"O meu envolvimento com o Jurídico foi de tal ordem que, agora, como desembargador, propus adoção de Súmula com critérios objetivos para garantir a efetividade da assistência judiciária gratuita aos necessitados."

Entrei na Faculdade de Direito da USP em fevereiro de 1968; em junho, houve a tomada da São Francisco pelos estudantes. Eis o primeiro marco da longa caminhada que, como estudante e, logo em seguida, como docente, aprendi a percorrer em defesa do Estado de Direito Democrático. Imediatamente, me envolvi com a vida da Academia e, no 3º ano, a par de ser representante dos alunos no Departamento de Direito Econômico, fui aprovado, por "concurso" monográfico, monitor voluntário da disciplina Direito Tributário: acompanhava o professor e organizava os grupos de estudos.

Logo após a conclusão do curso, em março de 1973 fui admitido como docente voluntário, na disciplina de Direito Processual, por indicação do professor José Ignácio Botelho de Mesquita. Aí, passei a ter contato com os alunos vinculados ao Jurídico.

Curiosamente, nunca estagiei no Departamento Jurídico do XI de Agosto – só eventualmente acompanhava algum colega, como o Gilvan *[Vieira do Nascimento]* e o Antonio Vilenilson *[Vilar Feitosa]*. Embora tivesse vontade, não tinha tempo para o estágio, pois, em 1970, fui trabalhar no Banespa. Também nunca fui "orientador formal", embora minha relação com os estagiários tenha sido sempre muito intensa. Vários ligavam no meu escritório com dúvidas. Interrompia meu trabalho para auxiliá-los, orientar em algumas petições. Como era professor de Processo, e essa matéria envolve prática judiciária, tínhamos um contato muito frequente.

Hoje, em função de disciplina que integra a atividade curricular da nossa Faculdade, no âmbito da Comissão de Cultura e Extensão Universitária da USP, selou-se meu vínculo com o Departamento Jurídico. Os alunos do DJ inscrevem-se nesse programa e podem ter créditos dentro do curso de bacharelado. Como professor dessa disciplina, há cerca de quatro anos, leio os relatórios apresentados pelos estagiários. Trata-se de uma situação inédita e interessante o fato de a Congregação da Faculdade ter aceitado o estágio no Jurídico como alternativa de aprendizado acadêmico que se encaixa na grade curricular da graduação.

LAÇOS PERMANENTES

Meu caminho e o do Jurídico estão sempre se cruzando. Estive ligado, por exemplo, a dois convênios celebrados entre o DJ e a Prefeitura de São Paulo. O primeiro, em 1984, durante a gestão de Mário Covas como prefeito. O secretário dos Negócios Jurídicos era o professor José Afonso da Silva, e eu, junto com o Luiz Antônio Alves de Souza, que antes presidira o XI de Agosto, e o Fábio Feldman, fazíamos parte da assessoria técnica da pasta. O Jurídico passava por uma das suas mais graves crises. O convênio, que previa o reembolso mediante prestação de contas, era extremamente importante. Mas, assim que assumiu o prefeito seguinte, Jânio Quadros, ele foi encerrado.

Já durante a administração da Luiza Erundina, em 1990, eu era chefe de gabinete do professor Dalmo Dallari, então secretário dos Negócios Jurídicos. Com o hoje professor Otavio Pinto e Silva, formamos uma equipe que, a par de gerir outro convênio com o DJ, implantou um serviço de apoio jurídico aos pobres. Assim, do convênio e do vínculo com o Jurídico do Onze nasceu o SAJ *[Serviço de Assistência Jurídica]*, instalado em todas as Regionais da Prefeitura de São Paulo *[atuais Subprefeituras]*. Além dos procuradores, havia interação com profissionais da área de Psicologia e assistentes sociais. O professor Dalmo e a prefeita Erundina encaminharam proposta, e a Câmara Municipal editou lei criando o serviço, com apoio da Procuradoria-Geral do Município. Mas, quando o Paulo Maluf assumiu, o SAJ foi esvaziado.

Em outros momentos, o meu vínculo com o Jurídico foi muito intenso. Lembro-me de que, nos anos 1980, procurei o presidente da

Associação dos Advogados de São Paulo, José Roberto Batochio, e propus uma edição da revista da entidade, batizada *Julgados de Primeiro Grau*, que compilaria todas as sentenças de primeiro grau no Estado. Propus que ele concedesse ao Jurídico a incumbência de editar um volume mediante remuneração. Ele aceitou. Realizamos o trabalho, e, com o dinheiro, algumas dívidas emergenciais foram pagas.

Como conselheiro da OAB, consegui qualificar o DJ na entidade, e os estagiários passaram a ter carteirinha da Ordem. Com apoio do juiz Sidnei Agostinho Beneti, hoje ministro do Superior Tribunal de Justiça, à época auxiliar da Presidência do Tribunal de Justiça, conseguimos que nas publicações do *Diário Oficial* saísse o nome do Departamento Jurídico. Frequentemente, por conta da dificuldade de acompanhar as intimações dos atos praticados nos processos sob responsabilidade do Jurídico, publicadas no *D.O.*, os estagiários corriam o risco de perder o prazo.

Registro uma conquista junto ao STJ (recurso especial), ao conseguir que a Justiça assegurasse aos serviços de estagiários do Jurídico a contagem em dobro do prazo processual, equiparando-o à vantagem das Procuradorias e Defensorias.

Como professor de Processo e, agora, da disciplina de extensão, tenho insistido em que o Jurídico se organize com cópia das decisões e acórdãos para gerar um arquivo do "direito alternativo" praticado pela entidade. É importantíssimo que tudo seja documentado.

PELA DOUTRINA

Meu envolvimento com o Jurídico também tem viés doutrinário. Relembro que, com acadêmicos do DJ e com o professor Augusto Marcacini, redigimos uma "proposta de alteração da lei de assistência judiciária", que está publicada não só na *Revista da Faculdade* (v. 93/393) como também na *Revista Forense* (v. 346/445), com breve

histórico que registra a participação do DJ.

No meu gabinete *[no TJ de São Paulo]*, redigimos um trabalho doutrinário divulgado entre juízes e desembargadores para oferecer critérios objetivos para conceder ou negar a assistência judiciária gratuita. É proposta interna, baseada na minha experiência de observação dessa questão, e motivada pela ligação com o Jurídico. A lei diz que basta a declaração de pobreza para que a pessoa tenha direito à gratuidade. Mas os juízes começaram a entender que havia abuso. Por outro lado, só recentemente a Defensoria Pública estabeleceu critérios para considerar alguém como pobre, realizando uma triagem para patrocinar ou não o caso. Quando o cidadão não é representado pelo defensor público, os advogados simplesmente vão à lei, apresentam o atestado de pobreza, juntam-no ao processo. Essa prática começou a dar a ideia de que a gratuidade motiva "aventuras jurídico-processuais". Ou seja, por não precisar assumir quaisquer custas, por exemplo, o cidadão entra com ação de dano moral. Se der certo, ótimo; se não der, tudo bem também, porque o Estado assume as custas. Para tentar equilibrar essa prática, além de atestado de pobreza, o juiz determina que a parte comprove que é pobre.

A Defensoria, por exemplo, patrocina processos em que a família tenha renda de até três salários mínimos. Os critérios objetivos poderiam ser, a título de exemplo, limite de isenção do imposto de renda ou mesmo sua inserção nos programas sociais do governo federal.

Importante é ter presente que não é admissível impor barreiras econômicas para o exercício de direito constitucional, ou seja, o direito à defesa e o acesso à administração da Justiça. O pobre também deve ter direito a advogado da sua confiança. Muitos escritórios têm atividade *pro bono*. Não vejo por que a defesa de um cidadão pobre deve ser exclusividade da Defensoria. Em outras palavras, seja pela via das Defensorias Públicas, pelas atividades *pro bono* ou qualquer outro meio de amparo, o pobre tem de ter direito a qualidade no atendimento jurídico.

QUALIDADE, PALAVRA-CHAVE

A grande vantagem do Departamento Jurídico foi ter sido sempre assistência dada por estudantes que estão em formação, mas ligados a uma grande Escola de Direito e de cidadania como a nossa Academia. Ali se pratica uma advocacia de altíssimo nível. Ao mesmo tempo, o estagiário sai "pronto". Não é mera retórica. Meus alunos que estagiam no DJ sempre vão muito bem nas provas de Processo. O retorno para o estudante é enorme.

Historicamente, sempre houve, entre os estagiários, muito envolvimento com o Jurídico, existindo momentos em que forte era até mesmo o posicionamento ideológico de esquerda. Eles ainda têm a oportunidade de exercitar a solidariedade, sempre tão essencial em país de Terceiro Mundo, como o nosso. E se a universidade pública não estimular esses vínculos, quem o fará? É importante falar sobre isso, porque essas práticas repercutem de forma definitiva na vida profissional e pessoal dos estudantes.

Foi o meu caso. O meu envolvimento com o DJ foi de tal ordem que, hoje, como desembargador, procuro critérios para ainda trabalhar na linha da assistência judiciária gratuita. E não sou só eu; muitos colegas de ontem e de hoje agem assim. Parece-me que toda carreira seguida por ex-estagiários que se envolveram muito com o Jurídico acabou orientada a partir daquela experiência.

Misturando a convivência de estagiário do Jurídico com a de aluno, aprende-se não apenas a aptidão para as profissões do Direito, mas a organizar movimentos sociais, como o de moradia.

Nos meus 42 anos ininterruptos de São Francisco, o que posso proclamar é que o alunado sempre esteve à frente das melhores lutas em defesa da recuperação do Estado de Direito e da prática dos direitos constitucionais dos cidadãos. E o Jurídico, ao lado do Centro Acadêmico, forma definitivamente a linha de frente do bom combate. Esse é o ponto alto da convivência nas Arcadas.

Graduado em 1972, é Mestre e Doutor pela Faculdade de Direito da USP, na qual leciona desde 1973. Foi conselheiro da OAB/SP, nomeado, em 2006, Desembargador no Tribunal de Justiça de São Paulo, classe dos advogados.

Depoimento em 12 de fevereiro de 2010, no Tribunal de Justiça, em São Paulo (SP).

Marcos Aurélio Ribeiro

"Nosso trabalho era, sobretudo, de organização social de base. E isso no auge do período mais duro da ditadura."

Entrei na Faculdade de Direito da USP em 1964. No dia 15 de março daquele ano, a São Francisco foi metralhada pela polícia do *[governador]* Adhemar de Barros. João Pinheiro Neto, então superintendente da Supra *[Superintendência da Reforma Agrária]*, veio fazer uma palestra na Faculdade. Estávamos a 15 dias do golpe militar;

a direita, obviamente, já vinha reagindo a qualquer movimentação do governo João Goulart. E a reforma agrária, para eles, era uma das ações do "movimento comunista". Para impedir a realização do evento, o Comando de Caça aos Comunistas, mais os órgãos de repressão – Aeronáutica, Exército e o Cenimar *[Centro de Informações da Marinha]* –, apareceram nas Arcadas. Cercaram a Faculdade, armaram uma confusão e chamaram a polícia do Adhemar, que metralhou o prédio. Estudantes ficaram feridos, e quem estava dentro fugiu pelo convento. Eu estava lá.

Em 1º de abril, aconteceu o golpe. Os cinco anos seguintes foram os mais agitados da República, com passeatas, movimentos estudantis, greves, congressos reprimidos...

Fui eleito presidente do XI de Agosto em 1967, e exerci o mandato em 1968. O movimento estudantil vinha crescendo desde o golpe, e aquele ano foi seu ápice. Entre os muitos temas discutidos, estava a reforma universitária. Reivindicávamos a mudança do sistema de cátedra. Por outro lado, o regime civil-militar tentava privatizar o ensino, criando, inclusive, diretórios controlados pela direção das faculdades. Também havia uma comoção muito grande entre os estudantes brasileiros desde a morte, em março de 1968, do secundarista Edson Luís, no Rio de Janeiro.

Ao longo do ano, novos incidentes e outra morte de estudante, em Belo Horizonte, levaram ao recrudescimento das ações estudantis, e várias faculdades acabaram decretando greve, inclusive a São Francisco, dirigida pelo *[Alfredo]* Buzaid. Estávamos em período de provas, e, para evitar que os alunos fossem à Faculdade, decidimos ocupar o prédio. Ficamos lá 26 dias, até a desocupação pela polícia, que prendeu todos os 40 estudantes que se dispuseram a ficar na Faculdade a despeito da evidente ordem de prisão dos ocupantes. Há um processo famoso de reintegração de posse, a Lista dos Quarenta, movido pelo Buzaid, no qual constam os nomes dos presos.

PRIMEIRAS DEFESAS

Em 1968, como presidente do Onze, fui ao Congresso de Ibiúna *[da União Nacional dos Estudantes – UNE]*. Em 12 de outubro, fomos todos presos. Saí da cadeia exatos dois meses depois. Em 13 de dezembro, foi instituído o Ato Institucional nº 5, o famoso AI-5. Acabava de vez o que restava da democracia no Brasil.

Naquele ano, o Departamento Jurídico assumiu o seu primeiro caso de terra. Tratava-se de um terreno onde estava instalada uma favela, no bairro de Vila Prudente, que o Estado mandara desocupar. Na última hora, com a ordem de despejo emitida e a polícia no local, os moradores resolveram bater à porta do DJ. Soubemos, depois, que tinham sido defendidos por um advogado, mas acabaram recorrendo ao Jurídico.

Coloquei o Onze inteiro à disposição da causa. Fizemos a defesa, em juízo, para postergar e não haver a execução da sentença. Resolvemos ir, em peso, para o local, ajudar o povo a se defender, porque seria uma execução forçada, com tropa de choque e tudo. A ordem era derrubar os barracos, as casas. Nós, os estudantes, avisamos que ficaríamos ali com os moradores.

Quando derrubaram o primeiro barraco, uma senhora, doente, caiu, e começamos a gritar "mataram, mataram, para, para...". Foi aquela celeuma. O juiz parou a execução até saber o que tinha acontecido. O caso virou manchete de jornal, destaque na televisão. O governador era o *[Roberto Costa de]* Abreu Sodré, e fomos, em comissão, falar com ele, para não executar-se a ação de despejo, pois mais gente iria morrer. Então, ele decretou o local de utilidade pública e interrompeu a execução.

A partir daí, o Departamento Jurídico passou a ser bastante procurado por quem tinha problema de posse de terra. Em 1969, quando eu já era estagiário, um grupo de moradores do Jardim Lar

Nacional, próximo àquela mesma favela, nos procurou. Foi o primeiro caso do tipo que pegamos desde o início. A questão não tinha solução jurídica, uma vez que o loteamento era grilado. Tínhamos de arranjar uma solução política. O processo rodou anos no Tribunal.

Em seguida, veio outro caso, também de favela na Vila Prudente. Era um terreno particular, e o "dono" pedia reintegração de posse. O juiz marcou a audiência, e nós levamos a comunidade inteira para a 24ª Vara Cível. A imprensa apareceu e o juiz, assustado, adiou a audiência. Nunca mais marcou outra. A favela está lá até hoje, a maior da região.

Logo após esse episódio, fui convidado para uma reunião na Capela do Socorro, em Santo Amaro, na Zona Sul da cidade. Um encontro com moradores que tinham problemas com a posse de terrenos. Vimos três ou quatro loteamentos com as mesmas características: clandestinos, lotes sem nenhuma estrutura, somente um compromisso de venda e compra. O vendedor não podia dar escritura, pois o terreno não estava regularizado. Fizemos uma ação política e anunciamos: "Vamos pressionar o prefeito".

Em 1970, eu já era orientador do Jurídico, e passamos a pressionar o poder público. Íamos à Prefeitura, às Regionais, aos órgãos de planejamento para ver a situação dos loteamentos e apontar os responsáveis. Essa estratégia gerou um problema tão sério que o *[Olavo]* Setúbal, ao deixar a Prefeitura, disse que o principal problema do município era o loteamento clandestino.

A partir daí, o DJ começou a atender a pessoas na mesma situação, em toda a periferia da Zona Sul da cidade. Assessorávamos as comunidades, em reuniões semanais; a cada encontro aparecia mais gente. Ajudamos esse pessoal a se organizar socialmente. Essas reuniões se disseminaram nas igrejas, por solicitação dos padres ligados ao movimento das Comunidades Eclesiais de Base. E passamos a atender a comunidades das zonas Leste e Norte, também fortemente afetadas pelo problema. Nós nos reunimos com representantes de mais de 50 loteamentos clandestinos.

Graças a essa articulação, a questão foi criminalizada. Antes, havia apenas o Decreto-Lei 58, de 1937, uma base de discussão, que não continha nenhuma previsão legal mais forte para responsabilizar o loteador. Depois do nosso trabalho, foi instituída a Lei 6.766, de 1979, conhecida como Lei Lehman, que organizou a ocupação do solo urbano. A Prefeitura passou a agir contra o loteador.

Também fui um dos precursores do trabalho como advogado das oposições ao sindicalismo pelego, em eleição sindical. Fiz um pouco disso no Jurídico, como orientador. O marco dessa ação foi a eleição do Sindicato dos Metalúrgicos de São Paulo, em 1976, então presidido pelo Joaquinzão *[Joaquim dos Santos Andrade]*. A oposição organizou uma chapa para disputar a eleição contra ele, que estava na presidência do sindicato desde 1965. Porém, não conseguia advogado para organizar a documentação e os representar. Atuei em várias frentes, e a disputa, até então impedida, passou a ser assegurada. Embora a eleição tenha sido anulada pelo delegado do Trabalho, Joaquinzão ganhou de novo, no tapetão do Ministério do Trabalho.

A partir daí, formamos um grupo, integrado também por estagiários do DJ, que começou a participar de eleições sindicais. Atuamos em diferentes sindicatos, em tudo quanto é canto. Até no agreste de Pernambuco fiz assessoria jurídica para sindicatos. E o grupo de estagiários formado no DJ consagrou vários colegas nessa área.

ORGANIZAÇÃO SOCIAL

Nosso trabalho no DJ era, sobretudo, de organização social de base. E isso no auge do período mais duro da ditadura, com o *[general Emílio Garrastazu]* Médici na Presidência da República. Naqueles anos, reunião com mais de três pessoas era crime. Imagine com 200 pessoas, que era o tamanho da nossa audiência?! Era sublevação...

Não sofríamos pressão porque estávamos exercendo a atividade de advogado, reunindo as pessoas para discutir direitos e dar-lhes encaminhamento legal. A imprensa dava muito destaque a essas causas.

Sintomaticamente, o movimento surgiu no momento em que a sociedade brasileira buscava alguma articulação social e formas de organizar a oposição ao regime. Na periferia paulistana, onde atuávamos, surgiram dois outros importantes movimentos populares: o da carestia e o da saúde. Ambos eram fortes, de características muito políticas, sofrendo a repressão mais pesada.

Já o movimento do loteamento sofria menos represálias. No seu bojo, a partir de 1972, surgiram outros. Viramos uma referência. Tanto que, alguns anos depois, o *[Centro Acadêmico]* 22 de Agosto, da Faculdade de Direito da PUC/SP, passou a fazer trabalho semelhante. Servimos de exemplo também para faculdades do interior paulista e de outros Estados, que nos pediam informações sobre essa questão.

Em 1974, formávamos um grupo grande de egressos do movimento estudantil comprometido com as lutas populares. E nos aglutinamos no diretório do MDB *[partido de oposição à ditadura]*, no bairro da Bela Vista, lançando a candidatura do Airton Soares, que estagiara no Jurídico. Em 1974, ele foi eleito deputado federal. Em 1978, fizemos uma dobradinha para disputar as eleições legislativas: o Airton saiu como deputado federal e eu, como estadual. Fui eleito com apoio de diversas correntes de esquerda, reunidas no MDB Jovem.

Em 1982, concorri à reeleição pelo Partido dos Trabalhadores, que ajudei a fundar. Na eleição seguinte, não consegui me reeleger. Deixei a vida pública ao fim daquele mandato.

Formado em 1969, ano em que ingressou no Departamento Jurídico como estagiário, foi advogado orientador de 1970 a 1982. Deputado estadual em São Paulo, entre 1979 e 1986. Desde então, é sócio do escritório Ribeiro, Soares e Gerab Advogados.

Depoimento em 5 de abril de 2010, em seu escritório, em São Paulo (SP).

Sylvia Helena Steiner

"Mesmo hoje, no Tribunal Internacional, quando preparo uma decisão, está incorporado em mim tudo aquilo que aprendi no Jurídico. Fui forjada naquela instituição."

A escolha do Direito veio após um ano cursando Letras na USP. Descobri que não era exatamente o que eu queria, e resolvi novamente prestar vestibular. Entrei na São Francisco em 1972; no ano seguinte me casei, tive o primeiro filho e, em 1974, o segundo. Foi um período atribulado, tinha de conciliar os estudos e os cuidados com as crianças.

Ingressei no Departamento Jurídico na metade do 3º ano, em 1975, e permaneci até meados de 1978, depois de formada, para concluir os casos que havia assumido. Era época de intensa militância política no Departamento; estávamos imbuídos de enorme senso de justiça. Tínhamos colegas politicamente ativos, alguns desaparecidos, outros presos. Minha forma de militância era voltada à assistência judiciária, aos que não tinham condições de contratar advogado. Foi a maneira que encontrei para compensar um pouco os privilégios que sempre tive.

Estar no Jurídico era uma luta: passávamos por exame de seleção e, aceitos, contribuíamos financeiramente para manter as atividades. Pagávamos com gosto, pois era um motivo de orgulho trabalhar no Departamento Jurídico do XI de Agosto.

Os juízes respeitavam bastante o trabalho dos estagiários – muitos deles tinham passado por lá e sabiam que lidávamos com pessoas completamente desprotegidas. Não raro, faziam vistas grossas para a ausência de um advogado nas audiências. Porém, sabendo das dificuldades históricas que o Jurídico sempre enfrentou, nos tratavam de maneira diferenciada.

DESCOBERTA DA VOCAÇÃO

Foram anos muito importantes para a minha formação. Nesse quadro já coloco Alice Soares Ferreira, orientadora do Jurídico em casos criminais. Quando comecei, não sabia ainda em que área atuaria. E lá atendíamos de acordo com a demanda, com o que aparecia. Mas logo no início passei por um trote, verdadeiro batismo de fogo. A Alice, que eu não conhecia, chegou à minha mesa como cliente, e pôs sobre ela uma faca enorme, dizendo: "Doutora, acabei de matar o meu marido. O que eu faço?". A partir daí, comecei a receber preferencialmente os casos criminais, pois perceberam meu interesse por essa área.

Sempre vi a população carcerária ser considerada a escória da escória, no sentido de ser a mais esquecida, abandonada. Quem procurava o Jurídico não tinha acesso a muita coisa: eram mães e esposas de presos, familiares de pessoas torturadas ou desaparecidas. Foi a Alice quem me ensinou a ter amor pela busca de justiça para essa gente. Éramos um grupo muito pequeno de estagiários na área criminal – a maioria preferia a cível. Com ele passei por experiências fascinantes. E a ética vinha em primeiro lugar: por princípio, não nos envolvíamos em casos de corrupção. O Jurídico foi a minha escola.

Desse grupo fizeram parte, entre outros estagiários, Antônio Jurandir Pinoti, juiz aposentado do TJ de São Paulo; Maria Tereza Castaldelli, com quem atendi ao caso de um rapaz muito jovem que havia matado e emparedado a vítima – eu e ela fomos ao Jardim Vaz de Lima, extremo sul de São Paulo, visitar o local do crime; Carlos Alberto Paranhos, com quem fiz meu primeiro e último júri; Dyrceu Aguiar Dias Cintra Junior, hoje desembargador em São Paulo; e tantos outros que seria difícil lembrar todos.

Nossos clientes eram muito pobres. À época, auge do "Esquadrão da Morte", havia um quadro de tortura generalizada nas delegacias de polícia paulistas. Todos os presos eram levados para o Deic. E a política de tortura independia de ideologias. Se a pessoa havia cometido um delito, confessava vinte. Uma vez fui ao Deic visitar um cliente preso que, segundo a mãe, estava sendo muito torturado. O investigador que estava lá me disse: "Está, sim! Está apanhando e vai apanhar mais! E pode entrar com *habeas corpus*, não tem problema nenhum. A gente desaparece com ele daqui antes de o HC chegar, e a senhora não acha ele nunca mais".

Era prática muito comum transportar o preso de um lugar para outro. Eu e outros estagiários nos juntávamos à Alice para ir às delegacias – pressão institucional mesmo, para tentar ao menos localizar os detentos ou interromper a tortura. Quando eles chegavam à Casa de Detenção, era quase um alívio: ao menos não seriam mais transferidos. Aliás, à época, a Casa de Detenção mantinha um espaço formal de tortura, batizado como "Sala dos Direitos Humanos".

Imagine o impacto disso para uma estudante de 21 anos, começando a carreira. Sem menosprezo, circunstâncias como essas amadurecem o estagiário mais rapidamente do que em outras áreas do Direito.

PRIMEIRO SUCESSO

Recém-formada, continuei a acompanhar um caso juntamente com o Paranhos. O cliente estava preso por um homicídio e por um latrocínio que garantia não ter cometido. E me dizia, muito seguro: "Doutora, o homicídio eu assino, mas o latrocínio, não. Não vou pagar pelo que não fiz, não é justo". Bom, em relação ao homicídio, fomos a júri, e o cliente foi condenado. Resultado justo. Entretanto, em relação ao latrocínio, diante do juiz singular, tudo o que podia dar errado deu errado. Para começar, quando pedi ao juiz para tirar as algemas do rapaz, ele respondeu: "Tirar as algemas? Olha bem para a cara da peça!". Ou seja, uma situação de intimidação. Quando chegou a testemunha de acusação, um policial que alegadamente o havia torturado para obter a "confissão", o juiz simplesmente perguntou se confirmava o que estava escrito no relatório. Então, virou-se para a escrevente e, dada a confirmação pela testemunha, determinou o encerramento da audiência. Naquele momento, falei que queria fazer reperguntas, e ele me repeliu: "Para quê? Já não basta o que está no inquérito?!". Diante disso, disse-lhe que, se simplesmente bastava o que estava no inquérito, não sabia o porquê de estarmos ali. Indignado, ele pediu minha carteira da OAB, e graças a Deus já a tinha. O juiz virou-se e disse: "A senhora pode perguntar o que quiser direto para a escrevente, pois já está tudo indeferido antecipadamente".

Na segunda audiência, fomos quase 20 advogados do Jurídico, incluindo a Alice. Era para intimidar mesmo. Quando o juiz viu a cena, disse: "Pode ter 20, 30, não me interessa. Todas as perguntas estão indeferidas". Enfim, todas as irregularidades possíveis aconteceram. Lembro-me do conselho da Alice para sempre chegarmos o mais rápido possível aos autos do processo, tirar cópias e mostrar o que estava acontecendo. Tirei cópias de tudo, provando que inclusive não havia defensor público para o corréu, e que havíamos nos recusado a assinar o termo. No final do processo, o juiz acabou absolvendo o acusado, numa sentença de quatro páginas e uma frase definitiva: "As provas não são suficientes e absolvo-o".

O Ministério Público apelou da decisão, no mesmo dia. Em decorrência da jurisprudência daquela época (réu absolvido não tinha legitimidade para apelar), eu não podia, em sede de apelação, questionar as irregularidades do processo. E todas as nulidades que havíamos apontado ficariam esquecidas. Me senti de mãos atadas, frustrada, arrebentada. A situação de violação dos direitos daquele acusado havia sido tão flagrante... Mas fui assistir ao julgamento pelo Tribunal de Justiça, e os desembargadores, por certo percebendo o que havia acontecido, mantiveram a absolvição. Saí do tribunal com a sensação de que ainda havia esperança.

DIREITOS FUNDAMENTAIS

A experiência do Jurídico incutiu em mim – e mais uma vez reconheço o papel da Alice e de meus colegas – o sentido de justiça. Não importa a posição que tenha ocupado profissionalmente – advogada, membro do Ministério Público, desembargadora, e mesmo agora, como juíza do Tribunal Penal Internacional *[em Haia, Holanda]* –, estarei sempre buscando o que para mim significa justiça. Não consigo conviver com a ideia de injustiça. E atribuo ao Jurídico esse padrão, pois foi lá que aprendi o que é justo e injusto.

Mesmo advogando na área de família, até 1982, tinha esse senso. Quando fui para o Ministério Público Federal, além de questões da carreira e pessoais, pesou a ideia de que ali era o melhor lugar para buscar justiça. Como procuradora federal, atuando na área criminal, tinha o poder-dever de lutar pela condenação ou absolvição dos acusados, e vi que iria mesmo trilhar esse caminho pelo resto da vida.

Ao mesmo tempo, militava na Comissão de Direitos Humanos da OAB/SP, então presidida pelo Paulo Sérgio Pinheiro. Participava de incertas na Casa de Detenção, no Deic, nas delegacias de polícia, no manicômio judiciário. Depois assumi a Comissão, e logo fui convidada a integrar a Comissão Justiça e Paz da Arquidiocese de São Paulo, junto com Maria Victoria Benevides, Fábio Konder Comparato, Marco Antônio Rodrigues Barbosa, Belisário Santos Júnior e tantos outros companheiros. Ainda no MPF, mas já desligada da OAB, me juntei ao grupo Tortura Nunca Mais. Foi também um período muito rico, de luta pela restauração da verdade e reparação de injustiças contra militantes políticos vitimados pela ditadura. Quando fui para o Tribunal Regional Federal, me desliguei de todas as organizações não governamentais, mas, como juíza, entrei para a Associação Juízes pela Democracia. Portanto, nunca deixei de militar na área dos direitos fundamentais do ser humano.

Mesmo hoje, no Tribunal Internacional, quando preparo uma decisão, está incorporado em mim tudo aquilo que aprendi no Jurídico. Fui forjada naquela instituição. Quando deixar o órgão, daqui a dois anos, não sei exatamente o que vou fazer. Sei apenas que vou continuar a trabalhar para garantir a todo cidadão, independentemente de sua origem social, raça, credo, o acesso à Justiça. Quem sabe não passe a ajudar o próprio Jurídico...?

Formada em 1977, estagiou no Jurídico a partir de 1975. Advogada até 1982, quando passou a integrar o MPF em São Paulo. Em 1995, tomou posse como desembargadora do Tribunal Regional Federal da 3ª Região, pelo quinto constitucional do Ministério Público. Desde 2003, é Juíza do Tribunal Penal Internacional, em Haia, na Holanda.

Depoimento em 3 de março de 2010, na sede do Instituto Brasileiro de Ciências Criminais (IBCCrim), em São Paulo (SP).

Percival Menon Maricato

"Todos nós que passamos pela experiência dolorosa da repressão violenta temos, à noite, um encontro marcado com o carrasco. São os nossos fantasmas. O Departamento Jurídico do XI de Agosto também aparece nos sonhos, mas para espairecer."

Antes de Direito, cursei Química. Mas gostava de política, por isso, pensei em Jornalismo e Direito. Prestei vestibular para as duas carreiras na USP, e passei em ambas. Pela manhã, estudava na ECA *[Escola de Comunicações e Artes]* e, à noite, na São Francisco. Ao mesmo tempo, era propagandista farmacêutico. Como não consegui conciliar os dois cursos, escolhi Direito.

Já era militante, mas na Faculdade ampliei meu envolvimento com o movimento estudantil, muito em função do ambiente politizado da São Francisco. Calouros, fizemos um jornal, *Diálogo*, e discutíamos em grupo marxismo, Sociologia, democracia. No final de 1967, no 2º ano do curso, fui eleito secretário-geral da UEE *[União Estadual dos Estudantes]*, em São Paulo, na chapa do José Dirceu.

Em 1968, fui preso em Ibiúna *[durante o 30º Congresso da UNE]*. A maioria foi solta logo depois, menos eu e outros 22 colegas. Os liberados saíram no Dops; nós fomos transferidos para cadeias da periferia pelos fundos. Por uma semana, éramos transferidos todos os dias, sempre de madrugada, para diferentes delegacias de polícia, enquanto os jornais noticiavam que todos estavam soltos. Pensamos o pior, mas depois ficamos sabendo que agiam assim para terem tempo de obter nossa prisão preventiva nas auditorias de guerra. Um dia, nos colocaram num camburão e fomos levados para a Casa de Detenção. Finalmente seríamos localizados.

Ficamos ali por dois meses. Conheci bandidos famosos: Meneghetti, Sábado Dinotos, Portuguesinho, Quinzinho, Hiroito. No dia seguinte à minha libertação, veio o Ato Institucional nº 5. A repressão endureceu, aumentaram as prisões, torturas, desaparecimentos. Soube que era visado pelo DOI-Codi; então ou iria para o exílio ou abandonaria a militância. Resolvi vender o que tinha, inclusive meu Karman Ghia, deixar a casa de meus pais, cair na clandestinidade.

Eleito presidente da UEE/SP, escapei de ser preso várias vezes, mas os processos por infração à Lei de Segurança Nacional iam se acumulando; chegaram a cinco. Em um deles, os amigos do XI de Agosto esconderam o mimeógrafo, imprimiram farto material subversivo e acabaram presos. Eu, que nada tinha a ver com o caso, fui indiciado à revelia.

Fui preso novamente em 28 de fevereiro de 1971, em um ponto com um colega que tinha sido baleado – e torturado assim mesmo. Depois de uns 30 dias no DOI-Codi, fui enviado ao Dops, onde fiquei mais 60 dias. Só então fui declarado oficialmente preso. Era assim com todo mundo. Fui então enviado ao Presídio Tiradentes, um local sombrio e decadente, mas mil vezes melhor que o DOI-Codi ou o Dops, pois não tinha tortura; e era melhor do que a clandestinidade, quando dormíamos em locais inimagináveis, sempre na iminência de sermos presos. Quem passou pela tortura, se pudesse, escolheria morrer. Todos nós que passamos pela experiência dolorosa da repressão violenta temos, à noite, um encontro marcado com o carrasco. São os nossos fantasmas. O Departamento Jurídico do XI de Agosto também aparece nos sonhos, mas para espairecer.

Foram dois anos preso. Saí e tentei retomar a vida pelo jornalismo, mas não consegui. Os jornais queriam atestado de antecedentes. Então, fui à Faculdade de Direito. Lá, tinham sumido com a minha ficha. Alguns amigos, Airton Soares, José Roberto Leal de Carvalho, Antônio de Gouveia Jr. e Marcos Aurélio Ribeiro, insistiram com a direção, até que a ficha finalmente reapareceu, sem a foto, entregue ao DOI-Codi.

Não conseguia emprego, era "ex-terrorista". Então, um estagiário do Jurídico me levou para lá. Entrei quietinho, era vigiado. A repressão avisara: "Você vai sair vivo porque nós bobeamos; na próxima, não escapa".

À época, um pequeno grupo do 5º ano controlava o Departamento. Diziam que ele usava o plantão para cooptar clientes com algum poder aquisitivo. O diretor tinha sala especial, na biblioteca, só para ele. Os demais estagiários trabalhavam em condições precárias. Um dia, resolvemos tomar o poder: arrombamos a "sala" do

diretor. Acabei assumindo a diretoria por indicação do presidente do Onze e dos estagiários, contra a minha vontade. No ano seguinte, pela primeira vez, a escolha se deu por eleição direta. Tive mais de 90% dos votos. Fiquei por mais um ano no cargo.

Ao assumir, tratei de melhorar o acervo da biblioteca, enviando cartas e pedindo livros às editoras; conversei com os professores e eles começaram a fazer plantão; pagamos os salários atrasados dos orientadores, Paulo Gerab, Alice Soares e tantos outros. Compramos máquinas de escrever e planejamos a aquisição de mais um andar. No fim de 1974, o Jurídico ficou bastante concorrido. Havia cerca de cinco candidatos para cada vaga de estágio. Lembro-me da turma fantástica sem a qual isso tudo não seria possível: Medina, Durval, Venerando, Pajéu, Jonas Rati, Pedro Unger, Antonio Clarét, famoso como Paulo Eiró. Éramos muito unidos. Toda sexta-feira fazíamos uma *happy hour*, com cantoria e discursos.

RESPONSABILIDADE

A experiência no Jurídico é tremendamente importante para os estudantes. Tínhamos contato com a população carente – gente da periferia, onde as ruas não tinham nome, as casas não tinham número, as famílias estavam desagregadas. E a Justiça, não fôssemos nós, era algo inalcançável. O que mais me assustou foi perceber a enorme responsabilidade que assumíamos: lidar com pessoas paupérrimas, que nos entregavam seu mísero patrimônio, tudo o que tinham; sua liberdade, a integridade de sua família. Tive de me virar para estar à altura.

Ainda hoje, me lembro de uma audiência. Meu cliente era um português que estava brigando com a mulher, que movia contra ele uma ação de alimentos. No dia da audiência, o orientador não chegava; com medo da tal da revelia, entrei assim mesmo, como se fosse advogado – na época, o juiz não pedia carteira da OAB. Nos sentamos todos. O juiz virou-se para o português e perguntou: "Quanto o senhor oferece para sua ex-esposa como pensão alimentícia?". Ele se levantou e respondeu berrando, enfiando o dedo na cara do juiz: "Eu ofereço ZERO, ZERO, MAIS ZERO e ZERO À ESQUERDA!". O juiz se assustou e disse que, se ele não se sentasse e baixasse a voz, seria preso. Aí, o cliente me perguntou, apontando para o juiz: "Quem é esse cara?". Eu, apavorado, porque não era advogado, morrendo de medo de que o Paulo Gerab não aparecesse, disse baixinho para o juiz: "Sou estagiário do Jurídico, estou esperando pelo orientador". O juiz ficou possesso, me ameaçou também. Depois, mais calmo, disse que continuaríamos quando o orientador aparecesse. Os juízes eram tolerantes conosco, muitos tinham estagiado no Jurídico.

Lidei com causas diversas, sempre com grande autonomia. É a melhor forma de aprender. Tanto aprendi que, no exame oral da OAB, um dos três examinadores da banca perguntou: "O senhor está em um procedimento sumaríssimo (o CPC de 1973 tinha acabado de entrar em vigor), quer citar suas testemunhas. Em qual prazo protocolaria petição com seus nomes?". Respondi que dependia se advogava pelo réu ou pelo autor. Os três riram, e o que perguntou disse que pelo CPC o prazo era um só. Expliquei-me: se estivesse pelo réu, protocolaria cinco dias antes, no limite; pelo autor, quanto antes possível, dando tempo para fazer o mandado e a citação, pois o autor geralmente tinha pressa. Já ao réu, normalmente, interessava adiar o desfecho da causa. Protocolada a petição cinco dias antes,

não daria para haver a citação, a audiência seria adiada. Só no Jurídico aprendíamos essas coisas tão importantes para o advogado. Eles riram novamente e me mandaram embora. Estava aprovado.

A advocacia não era apenas ficar no banco escolar. Desde o movimento estudantil, sentia falho o ensino do Direito. Logo no dia em que tomamos a Faculdade, em junho de 1968, exigindo reformas e democracia, escrevi na coluna de entrada das Arcadas, sob a inscrição "É proibido proibir", outra frase que ficaria famosa: "Queremos ciências políticas e sociais, e não leitura de código".

O Jurídico era, também, um lugar de amigos. Éramos jovens, boêmios; fiz muita serenata. Vivi duas fases na São Francisco: 1967-68 e a retomada, em 1972. Portanto, tive duas turmas. Na primeira, deixei o Homero, Damião, Adolfo, Lilica, Marici, Belisário, Aloysio Nunes, Curti, dezenas de outros. Quando voltei, encontrei outra turma. Novos colegas, muitos dos quais fizeram o Jurídico comigo.

Nos anos 1970, os estagiários e orientadores contribuíram para inovar e arejar o Direito, conquistando o direito de meação, a criminalização de quem fazia loteamento clandestino, limites ao aumento indiscriminado das mensalidades nas faculdades particulares, entre outros. Enfim, enveredamos por grandes causas sociais. Esse perfil projetou ainda mais o Jurídico e ampliou muito sua procura. O Wilsinho tinha de dar senhas aos clientes para que fossem atendidos nos dias seguintes. Os demais condôminos pensaram em se cotizar para alugar outro lugar para nós, fora do prédio.

Enfim, no Jurídico aprendemos a ser advogados completos, com visão humana, ousadia, competência, dedicação e tantas outras qualidades exigidas pela profissão.

Graduado em 1975, foi diretor do Departamento Jurídico em 1975 e 1976. Foi membro de comissões da OAB/SP e do Conselho da Fundação Padre Anchieta, vice-presidente do SPO Convention Bureau, primeiro coordenador do Pensamento Nacional das Bases Empresariais (PNBE) e presidente do Conselho da ONG Vitae Civilis. É articulista de jornais e revistas e autor de livros de gestão do Senac.

Depoimento em 3 de março de 2010, no escritório Maricato Advogados Associados, em São Paulo (SP).

Nas escadarias da Faculdade de Direito do Largo de São Francisco, vitral representando a Justiça

Antonio Clarét Maciel Santos (Paulo Eiró)

"O Jurídico foi tudo para mim. Ao sair de lá, fui ser advogado de bairro. E estava pronto para esse tipo de advocacia, que exige do profissional tudo sobre todas as áreas do Direito."

Vim para São Paulo, em janeiro de 1968, de Caxambu, Minas Gerais, para fazer o clássico, porque meu interesse era a área de Humanas. Ainda não sabia que queria fazer Direito. Aliás, queria ser jornalista, à época uma profissão muito romântica; os jornalistas trabalhavam à noite nas redações dos jornais e dormiam durante o dia, passando antes pelos bares da moda... Gostava daquela vida. Fiz o clássico no Colégio Estadual Ministro Costa Manso, que ainda existe. Éramos poucos e unidos. Fazíamos um jornalzinho. No final do 3º ano, me inscrevi no vestibular da USP, Jornalismo como primeira opção e Direito, segunda.

Acabei entrando em Direito, fui para a São Francisco e me encantei com as Arcadas: o contato com os livros, os colegas, a vida acadêmica... Foi um deslumbramento. Participei de todos os movimentos estudantis: Coral, Atlética, fui até candidato à presidência do Centro Acadêmico XI de Agosto, perdendo por 15 votos. E me embrenhei naquilo e nunca mais saí, confesso. Ainda hoje adoro a São Francisco, vou lá quando posso, leio, pesquiso, faço tudo. É um templo e eu, um crente.

No Jurídico, entrei em 1974, no 4º ano do curso, momento a partir do qual podíamos estagiar no Departamento. Na verdade, comecei no 3º: ia para lá todas as tardes; não trabalhava, ficava à toa, mas adorava a convivência. Então, ao ser admitido, já tinha até mesa e máquina de escrever. O diretor do Jurídico era o Percival Maricato.

Os clientes eram de toda espécie, e com os mais variados problemas, predominantemente causas de família, em especial pedidos de pensão alimentícia, separação. Havia também muita contestação de ações de despejo, possessórias e, em menor volume, alguma coisa da área criminal. Gostei muito, verdadeiro laboratório para a área do crime. Tínhamos uma orientadora, Alice Soares Ferreira, que eu adorava, e adoro até hoje. Ela lutava muito pelos condenados, me apoiou e me incentivou a gostar do Direito Penal. Lá tive possibilidade de trabalho em várias áreas, porém gostei mais da criminal. Não posso deixar de citar os outros orientadores: Paulo Gerab, José Azevedo, Antonio Rodriguez e sua mulher, Olívia Pedro, Marcos Aurélio Ribeiro. Todos sempre presentes e muito atenciosos, generosos até, pois, não raras vezes, nos emprestavam dinheiro para a... boemia. Ah, e dona Conceição, prestimosa zeladora, que servia de mãe para os estagiários.

EXPERIÊNCIA FUNDAMENTAL

Fiquei dois anos como estagiário e mais um depois de formado, pois ainda tinha muitas causas para resolver. Então permaneci no Jurídico de 1974 a 1976. Dessa experiência, trouxe muita coisa para minha vida profissional. E me diverti demais. Dentro do Departamento Jurídico nós tínhamos o Detil, o "Departamento Etílico". Toda sexta-feira, no final do expediente, o Wilsinho passava o chapéu da "vaquinha" para comprarmos o uísque mais barato do mercado, 2 ou 3 litros. A causa era nobre: ficávamos discutindo os casos e contando causos horas e horas, noite adentro. Essa turma era boa. Apelidávamos os colegas: um era o "Cascavel", pois ficava tilintando o copo com gelo o tempo todo, qual o guizo ereto da cobra; outro, o "Mictor Emérito", pois ia ao banheiro repetidamente.

O Jurídico foi tudo para mim. Ao sair de lá, fui ser advogado de bairro. E estava pronto para esse tipo de advocacia, que exige do profissional tudo sobre todas as áreas do Direito, principalmente naquele período, quando nem falávamos em especializações. Fui para Santo Amaro, na Zona Sul da cidade, onde fiquei muitos anos e formei grande clientela. Advoguei por dez anos, até prestar concurso para procurador da Prefeitura de São Paulo, em 1985, optando pela advocacia pública.

Mas o Jurídico não significou apenas a oportunidade

de praticar o Direito. Ali nasceram algumas inovações na área jurídica. Por exemplo, a Súmula 380, do Supremo Tribunal Federal, editada em abril de 1964. Até então, a sociedade de fato entre concubinos não gerava direito algum. Não havia lei em vigor sobre o assunto no Brasil, como tem hoje. A jurisprudência nas décadas de 1950 e 1960 levou o STF a criar a Súmula, considerando que o concubinato gerava direitos. Até então, os casais podiam ficar juntos dez dias ou 50 anos, e um dos dois não ter direito a nada. Foi o Jurídico que começou a levar esses casos adiante, a pedir que o Judiciário examinasse a questão.

Outra área em que o Departamento atuou fortemente foi a dos loteamentos irregulares, clandestinos. Na periferia de São Paulo, a pessoa chegava a uma área grande, se apoderava dela, sem papel algum, construía ruas e começava a vender lotes. Passavam-se os anos, e os compradores ficavam sem nenhuma garantia. O Jurídico, então, começou a tomar a defesa dessas pessoas, a organizá-las em torno de associações, despertando providências das autoridades responsáveis. Alguns estagiários envolveram-se fortemente, sob a liderança do orientador Marcos Aurélio Ribeiro. Até hoje, alguns estagiários, discípulos dele, permanecem trabalhando nessas causas, como herança da mobilização que começou em meados da década de 1970.

A clientela de lá era enorme. Instalações simples, franciscanas. Como responsável pela biblioteca, reuni muitos livros. A demanda gerava muito improviso; nos reuníamos para tirar dúvidas sobre os casos. Os orientadores iam lá, no final do dia, ver o que tínhamos feito, responder pacientemente a nossas dúvidas.

CIRCUNSTÂNCIAS PITORESCAS

Passei por uma situação folclórica. Naquela época, possuía barba enorme, que vinha ao peito, e cabelo comprido. Um dia, fui sozinho a uma audiência, na então Vara Distrital da Penha, sem o orientador. Usava a gravata-borboleta debaixo da barba. Quando entrei na sala, as partes sentaram-se, o juiz me olhou de cima a baixo e disse: "Doutor, o senhor não está devidamente trajado para esta audiência". Eu perguntei: "Por quê, excelência?". Ele respondeu: "O senhor não tem gravata". Respondi que tinha, sim. Fiquei em pé, levantei a barba com a mão e mostrei minha gravata-borboleta, dizendo: "Porto-a". Aquilo foi um sucesso, até hoje encontro colegas que me perguntam da barba que mostrei para o juiz.

Também tive um cliente que era artista, chargista espetacular, e gostava muito da minha barba. Enquanto conversávamos, ele logo começava a me desenhar. O caso dele era furto, mas uma coisa meio ingênua: furtava carros, mas só para dar umas voltas, e depois devolvia. Na quarta vez, foi pego pela polícia, mas não chegou a ficar preso. Conseguimos várias vitórias para ele. Tínhamos coisas mais sérias na área criminal, como homicídios, mas, em geral, eram roubo e furto. De problemas com drogas, não me lembro. Os tempos eram mesmo outros.

Em razão do perfil da nossa clientela, era notório que os escritórios de advocacia que atuavam no Edifício Jurídico, na praça João Mendes, não gostavam de nós. Pudera, desde cedo se formavam filas para o pessoal subir ao 17º andar. Os elevadores estavam sempre quebrados, e um era exclusivo do Jurídico. Isso espantava a clientela dos advogados, o pessoal rico – naquela época, os advogados de elite ainda se concentravam no Centro. Eles nos odiavam, principalmente porque atrasávamos muito o pagamento do condomínio. Também não gostavam de nos ajudar. Já os ex-estagiários, estes, sim, sempre eram muito solidários. Quando deparávamos com audiência com juízes que já haviam passado pelo Jurídico, o canal se abria, o que tornava nosso serviço diferenciado.

E também os funcionários dos fóruns nos discriminavam – eles gostavam dos advogados. Éramos os últimos a ser atendidos, mal atendidos, sofríamos muito. Mas tenho de confessar: algumas vezes levávamos todas as fichinhas de atendimento. Quando viam as fichinhas, já falavam "ai"... Sabiam que o estagiário estava ali para resolver pepino do Jurídico.

LACUNAS NA DEFENSORIA, HOJE

A Defensoria Pública é indiscutível avanço para o Estado de São Paulo, mas é inadmissível o seu diminuto quadro de defensores. A procura por assistência jurídica gratuita sempre gerou filas enormes, no Jurídico e também na antiga Assistência Judiciária da Procuradoria-Geral do Estado, a PAJ, o que se repete hoje ainda com a Defensoria Pública. A situação da assistência judiciária é caótica. Não temos o advogado ideal: aquele que tem "calo" abdominal na cintura de tanto encostar nos balcões, de fórum em fórum.

Além disso, a remuneração do defensor público é muito baixa. Por isso, não raro a pessoa acaba usando o cargo como etapa para outro concurso – juiz, por exemplo, que recebe cinco vezes mais. Dessa forma, não se cria vínculo do defensor com o cliente. E é muito importante que aquele que recebe o cliente e escuta o seu drama arme a defesa e o acompanhe até a última instância, mantendo-se um diálogo permanente. Infelizmente, não é assim: hoje o cliente entra e é atendido por uma pessoa; amanhã seu caso vai para outra, pois aquela primeira saiu, e depois para mais outra, e não há acompanhamento.

Para acabar com isso, é preciso abrir novos concursos, contratar mais profissionais, fazer a carreira de defensor com estímulo. A Defensoria de São Paulo nasceu com problemas seriíssimos, ao passo que a do Rio de Janeiro conta com estrutura maravilhosa, estimulante. Os defensores entram e ficam na carreira.

Graduado em 1975, atuou no Departamento Jurídico de 1974 a 1976. É Procurador Municipal de São Paulo. Integrou lista tríplice do TJ-SP para vaga de juiz no antigo Tribunal de Alçada Criminal, em 1998. Foi membro da Comissão de Direitos Humanos da OAB/SP por cinco gestões.

Depoimento em 19 de fevereiro de 2010, na sede da Secretaria dos Negócios Jurídicos do Município de São Paulo (SP).

Vera Lucia Rocha Souza Jucovsky

"Há ainda que se reconhecer a importância do Departamento Jurídico para a história da assistência gratuita no Brasil."

Tenho a impressão de que escolhi seguir a carreira jurídica desde a minha infância. Embora meu pai fosse advogado, não acho que tenha sido influenciada por ele, nem por outro familiar. Lembro-me de que, com pouca idade, 4 ou 5 anos, já dizia que gostaria de ser advogada quando crescesse. E com um curioso detalhe: queria ser criminalista, o que, por fim, acabei não sendo. Por que tanta convicção?

Não sei explicar; só sei que cresci com esse ideal, e busquei realizá-lo com toda a minha energia.

No colegial, em escola pública, fiz teste vocacional. Não para buscar propriamente direcionamento, mas, talvez, para confirmar a minha convicção pessoal. Certo dia, alguns psicólogos de uma clínica especializada foram à escola e ofereceram um teste vocacional aos alunos que se interessassem. Eu me submeti ao teste, e o resultado constatou as possibilidades de Direito, Literatura, História e Psicologia. Como o que mais queria era o Direito, prestei vestibular para esse curso. Outra coisa interessante: queria entrar na Faculdade de Direito da Universidade de São Paulo, que era uma das melhores do País, e cujas instalações havia visitado com um grupo de alunos do colégio, e ficado encantada. Fui aprovada, primeiramente, na PUC/SP, mas aguardei o resultado dos exames da São Francisco, os quais me foram favoráveis, notícia que recebi com muita alegria.

Nenhum de meus amigos mais próximos tinha propensão ao Direito. Graças a Deus frequentei o curso que mais queria e onde queria, nas Arcadas. Vivi plenamente o meu tempo de graduação. Diria que foi um dos melhores períodos da minha vida. Tive intensa atividade estudantil; participei do Centro Acadêmico XI de Agosto e do Coral, integrei uma das chapas políticas que disputaram eleição ao C.A. e, inclusive, candidatei-me a um posto de representante de alunos na Congregação. Frequentei diversos cursos, simpósios e congressos na área jurídica realizados na São Francisco. Em verdade, usufruí daquilo que de melhor existia na Escola: o ambiente acadêmico, que permeava as salas de aula, o pátio, as bibliotecas, a beleza arquitetônica do edifício, o Onze etc.

TEMPOS DE APRENDIZADO

Ingressei no Departamento Jurídico em 1975, no 4º ano da Faculdade. Havia uma entrevista com os orientadores e com o diretor. Ademais, pagávamos certa quantia para as despesas básicas do escritório. Dávamos assistência jurídica aos hipossuficientes, a maioria da periferia da cidade. Os casos eram de toda ordem, família, sucessão, criminal, cível, trabalhista. Tínhamos orientação em todas as áreas do direito, mediante profissionais já formados e que nos assessoravam na elaboração de petições, nas audiências e na tramitação processual.

Estive no Jurídico do XI de Agosto como estagiária durante dois anos, e lá permaneci depois de formada, talvez mais um ano, já com a carteira de advogada da OAB/SP. Fiquei para colaborar com os colegas que ainda não haviam se formado, e também porque gostava muito do trabalho em prol da formação dos futuros causídicos e da sociedade menos favorecida. A minha experiência, durante o período em que estive no Jurídico, foi das mais ricas, em termos de aprendizado da prática do direito, assim como das mais gratificantes da minha vida, por me sentir útil ao próximo, na tentativa de ajudar a solucionar problemas extremamente importantes para a vida dessas pessoas.

Além do aprendizado pessoal em vários ramos do direito, havia o sentimento de estar retribuindo à sociedade um pouco daquilo que nós, estudantes de condição social um pouco mais privilegiada em relação aos menos agraciados, estávamos recebendo. A nossa ajuda à população se fazia por meio da defesa em ações de alimentos, despejo, reintegração de posse, questões de moradia, principalmente na Zona Leste, região da cidade de São Paulo que, em meados da década de 1970, vivia grande problema com os loteamentos clandestinos.

Também havia ações criminais, e não era incomum ver mães chorando por filhos presos em situação completamente degradante, os quais, por sua vez, haviam deixado em casa mulher e crianças desamparadas. Nós, os estudantes, íamos a delegacias de polícia para assistir o preso. A energia positiva era tanta que não medíamos esforços para ajudar a resolver a questão; afinal, tínhamos situações de pessoas presas, famílias desagregadas, hipossuficiência generalizada, em um momento em que a ditadura ainda produzia seus mais funestos efeitos contra os direitos fundamentais, especialmente cerceando o direito ao devido processo legal, a liberdade de locomoção...

IDEAL DE JUSTIÇA

Foram anos em que os estudantes eram impetuosos na luta pelo ideal de Justiça, e a São Francisco, o Centro Acadêmico e o Departamento Jurídico do Onze estavam impregnados por esse imbatível espírito. Naquele período, quando se falava em Arcadas, Centro Acadêmico, Departamento Jurídico, havia uma tradição histórica de liberdade, de grandes nomes de políticos e poetas que por lá haviam passado. Enfim, estava a se falar e a se pensar sobre o "território livre da São Francisco", e tudo isso influenciou profunda e definitivamente a minha personalidade e a minha vida profissional.

À época, o idealismo dos estudantes era tanto que os estagiários do Jurídico, inclusive, não apenas pagavam para manter o Departamento, custeando as despesas, como, muitas vezes, tiravam dinheiro do bolso para, por exemplo, pagar as taxas de reconhecimento de firma em procurações, fotocópias, lanches e tarifas de ônibus, para examinar processos em fóruns distantes como Penha, Itaquera e Santo Amaro. Tudo era feito de forma espontânea, pois queríamos atuar, exercer efetiva ação em prol do direito e da Justiça, em benefício de uma sociedade que se tornasse democrática, igualitária, ou seja, mais justa. Esse era o espírito que, então, permeava as Arcadas.

Há ainda que se reconhecer a importância do Departamento Jurídico para a história da assistência gratuita no Brasil, país com tantas desigualdades e tanta necessidade de propiciar aos hipossuficientes amplo e efetivo acesso ao direito e à Justiça. Constatei essa realidade não só como estagiária, mas também ao advogar por um período e como procuradora do Estado de São Paulo, procuradora da República, juíza e desembargadora federal. Ao longo do tempo, tenho visto o belo e difícil trabalho realizado pelos colegas que atuavam na Procuradoria de Assistência Jurídica (PAJ), da PGE/SP, sem deixar de lembrar o serviço que alguns advogados executam nessa área.

Entretanto, mesmo com a criação da Defensoria Pública do Estado de São Paulo, a população mais carente ainda precisa que o poder público, aliás, não só em território paulista, mas em todo o País, preste assistência judiciária integral a todos aqueles que dela necessitam. Só então será possível a cada qual exercer a sua plena cidadania.

Graduada em 1976, ingressou no Departamento Jurídico em 1975, como estagiária. Desembargadora do Tribunal Regional Federal da Terceira Região, Mestre em Direito Civil e Doutora em Direito Ambiental.

Depoimento enviado por e-mail, em 31 de maio de 2010.

Dyrceu Aguiar Dias Cintra Junior

"Tive sorte de começar a 'advogar' no Jurídico. Adquiri naquele meio o que faltava para dar molde à visão crítica do Direito, que hoje tenho."

Escolhi o Direito por meu interesse em questões sociais e políticas. Entendi que o curso me daria amplo leque de atuação profissional. Quando me formei, ainda não imaginava ingressar na Magistratura. Advoguei um pouco – dois anos –, fazendo, em verdade, o que já vinha fazendo nos últimos anos da Faculdade. Em seguida, prestei concurso para a Magistratura. Fui juiz substituto em Marília, no interior paulista, atuando em diversas comarcas da Alta Paulista, entre 1981 e 1982. Depois, fui para General Salgado por alguns meses, e Itapeva, por dois anos. Fui promovido a juiz auxiliar da capital em 1985; juiz da segunda Vara Criminal central em 1993; juiz substituto em segundo grau, no extinto Segundo TAC [*Tribunal de Alçada Criminal*], em 1996; e desembargador em 2005.

Comecei a estagiar em 1976, na Prefeitura de São Paulo; seis meses depois, no Jurídico do XI de Agosto, no qual permaneci entre 1977 e o primeiro semestre de 1979, já formado (sou da turma de 1978). Vivi meus anos de Jurídico em tempos duros. Da São Francisco, trazia as lições de Goffredo Telles Junior e Dalmo Dallari. Dentre os meus professores, na graduação, eram os mais críticos à ditadura militar.

O Direito ainda era algo estranho. De um lado, havia os ideais de Justiça, e, de outro, as lides forenses. Aqueles estavam ligados à luta política, desconectada da aplicação cotidiana do direito. Era natural essa divisão. As faculdades, ainda mais àquela época, não "produziam" verdadeiro conhecimento jurídico, tratando apenas de "reproduzir" a dogmática consagrada.

VISÃO CRÍTICA

Tive sorte de começar a "advogar" no Jurídico. Adquiri naquele meio o que faltava para dar molde à visão crítica do Direito, que hoje tenho. Ali percebi que o Direito tem conteúdo dinâmico, que pode ser usado para mudar a realidade social. Aquela experiência marca minha atuação até hoje, em especial porque, tomando contato com causas de pessoas necessitadas de assistência judiciária, sobretudo da periferia, compreendi melhor os dramas por que passam e a importância que tem o Judiciário na resolução de problemas por vezes muito simples, mas que afetam absurdamente o seu dia a dia.

Vi, em meio à opressão imposta pela ditadura militar, a cidade de São Paulo crescer em tamanho e miséria. Era a lógica da desordem denunciada por um livro da época: *São Paulo 1975 – Crescimento e pobreza*, editado a partir de estudo realizado para a Comissão Justiça e Paz da Arquidiocese de São Paulo. No Jurídico, a luta prática era contra os loteamentos clandestinos, que faziam a metrópole crescer nas bordas, em tamanho, corrupção, injustiça, miséria e violência.

Vi agravar-se cada vez mais o *apartheid* entre pobres e ricos. Era a lógica do capitalismo selvagem patrocinado pelo modelo econômico da ditadura. No Jurídico, isso se refletia nas reclamações trabalhistas; nos conflitos de mães pobres pleiteando alimentos de pais frequentemente sem condições de prestá-los; no problema do aluguel em cortiços; nos furtos de coisas mínimas, para a sobrevivência; nos desacertos por vendas de barracos de favela, por vezes equacionados ali, sem chegar ao Judiciário. Ali, vi desfilar as muitas faces da miséria de meu País, na cidade mais rica dele. Conheci São Paulo inteira, acompanhando processos de errantes nascidos aqui mesmo e de pobres migrantes: brasileiros que o Estado havia esquecido. Foi a experiência mais rica de minha vida profissional.

Quando o professor Goffredo leu, no pátio das Arcadas, a "Carta aos brasileiros", em agosto de 1977, já era outra minha visão jurídica. Recuso-me a ser um técnico a serviço de um direito dogmático e fechado. Para que não me renda, tenho sido perseguido pela frase de Stammler estampada na abertura do livro *A criação do Direito*, de Goffredo: "O jurista que não é mais do que um jurista é uma triste coisa".

Ingressei na Magistratura já sabendo que o juiz imparcial não é, como pensam alguns, apolítico; que a independência e a imparcialidade não podem ser mitos sob os quais se esconda; que o juiz é homem, com ideologia, qualidades, defeitos e toda a carga das experiências que viveu; que, para ser imparcial, basta que ele se abra, com liberda-

de, tolerância e generosidade, a se deixar convencer pelos argumentos e provas de cada parte, procurando superar eventuais prejulgamentos para fazer justiça, com base em um vetor indicado pela experiência histórica dos homens, porque o Direito, no dizer de Roberto Lyra Filho, é um constante "vir a ser".

UM LUGAR DE ESPERANÇA

Um pouco disso comecei a aprender com professores de outra faceta das muitas que sempre teve a Velha Academia: Paulo Gerab, Alice Soares Ferreira, Marcos Aurélio Ribeiro, Olívia Pedro Rodriguez, Pedro Artur Unger e o saudoso Antonio Rodriguez, meu colega na Magistratura e na Associação Juízes para a Democracia, entidade que ajudei a fundar.

Todos eles se sentaram, dia após dia, nas pequenas mesas do 17º andar de um prédio plantado naquela que tem sido a praça de minha vida, a emblemática João Mendes. Paciente e generosamente, conferiam as petições que os estagiários haviam datilografado nas velhas e sólidas Olympia. O Wilsinho, até hoje lá, prossegue cultivando a virtude da paciência, na coordenação do atendimento ao público.

Mais de 30 anos se foram. O Brasil mudou, mas a miséria de seu povo, não. Ainda há um punhado de ex-estagiários do Jurídico que não perdeu a esperança de construir um País de iguais.

Formado em 1978, atuou no Departamento Jurídico entre 1977 e 1979. Ingressou na Magistratura paulista em 1981. É Desembargador do TJ de São Paulo (36ª Câmara de Direito Privado) desde 2005. Um dos fundadores da Associação Juízes para a Democracia (1991), que presidiu entre 1997 e 1999, e sócio-fundador do Instituto Brasileiro de Ciências Criminais (IBCCrim). É coautor das obras *Código de Processo Penal e sua interpretação jurisprudencial*, *A questão agrária e a Justiça* e *Questões agrárias – Julgados comentados e pareceres*.

Depoimento em 18 de fevereiro de 2010, por e-mail.

Marcio Sotelo Felippe

"O Jurídico foi e é muito importante; uma entidade que presta, há décadas, um serviço essencial à população."

A passagem pelo Departamento Jurídico do XI de Agosto é um choque de realidade. E isso é muito bom, primeiro porque lidamos com a realidade social de forma verdadeira e intensa. Outro aspecto importante é a possibilidade de confronto entre a teoria e a prática. A partir daí sai, de fato, o advogado. O ensino do Direito é muito abstrato. E no 4º e 5º anos, período em que estagiei no Jurídico, aprendi a advogar com vistas ao social.

No meu caso, foi definitivo. Como a advocacia privada não me deixava à vontade – gosto de serviço público, não gosto do mercado, nem na teoria, nem na prática –, o Jurídico fortaleceu a ideia de ser advogado público, de só ter um cliente, no caso, o Estado de São Paulo. Veja, há coisas que trazemos conosco, mas precisamos de vivências para conhecer o social. E sempre tive vocação, preocupação com as questões sociais, daí ter sido militante de esquerda. Nascemos com talentos, habilidades, mas é necessário passar por experimentos de vida para que essas vocações aflorem. O Departamento Jurídico teve essa dimensão: permitiu o desenvolvimento desse lado da minha personalidade, tendência que sabia existir, intuía.

Na minha época, em 1978 e 1979, o Jurídico operava advocacia muito miúda: pensão alimentícia, separação e ações de despejo. Típicas ações a que a população mais pobre, invariavelmente, não tinha acesso, pois o Estado de São Paulo não tinha, então, Defensoria Pública. Mesmo a Procuradoria de Assistência Judiciária (PAJ) tinha participação pequena; tudo era muito incipiente. Na verdade, nós, estagiários, supríamos essa carência dando à população acesso à Justiça. Criada somente em 2006 como instituição autônoma, hoje a Defensoria Pública paulista está razoavelmente encaminhada.

ENGAJAMENTO SOCIAL

Marcante na minha trajetória no Departamento Jurídico foi a demanda judicial gerada pelos loteamentos clandestinos, que tomava boa parte do nosso trabalho. Naqueles anos 1970, pessoas inescrupulosas não organizavam os loteamentos da forma como deveria ser; vendiam os terrenos de qualquer jeito. As pessoas, com muito sacrifício, adquiriam os lotes e nunca conseguiam os títulos de propriedade, porque os loteamentos eram irregulares. E isso acontecia porque o município não fiscalizava.

No Jurídico, começamos a fazer atendimento coletivo para o pessoal dos loteamentos clandestinos. Trabalhei muito nisso. Ia a Santo Amaro, no extremo sul da cidade, fazia reunião com as pessoas. Na verdade, não havia solução fácil, porque era impossível dar título de propriedade a lotes que não existiam. Era mais um trabalho de pressão político-social, de organização coletiva, para pressionar o poder público e tentar encontrar alternativa jurídica para os casos.

Essa ação surgiu com muita força naquele período. O loteamento clandestino foi criminalizado depois, com a promulgação, em 1979, da Lei Federal 6.766, conhecida como Lei Lehman, que organizou a ocupação do solo urbano. Íamos aos moradores, organizávamos as pessoas em torno de associações a partir de lideranças espontâneas, mas que não tinham, então, o traquejo da organização social. Ajudávamos assim. Uma experiência fantástica de engajamento.

Fiquei lá por dois anos, e carreguei comigo alguns processos quando saí, mantendo vínculo até terminar minhas ações. Muitas vezes, quando íamos aos fóruns, encontrávamos juízes que tinham estagiado no Jurídico. E eles eram sempre simpáticos às nossas causas. Esses vínculos demonstram quanto o Jurídico foi e é muito importante; uma entidade que presta, há décadas, serviço essencial à população.

DIREITOS HUMANOS E ACESSO À JUSTIÇA

Tenho longa ligação com a questão dos direitos humanos. No primeiro ano da minha gestão na PGE/SP, em 1995, criamos o Gru-

po de Direitos Humanos. No que diz respeito ao acesso da população mais pobre à Justiça, tenho visão muito dura. As coisas, no Brasil, só acontecerão quando houver estrutura social justa e igualitária. Há contradições muito evidentes, que o capitalismo não consegue resolver, evidentemente. Ele só resolve o bem-estar de parte muito pequena da sociedade; e deixa a outra, muito maior, à deriva.

De modo geral, o País tem somente ações tapa-buracos da estrutura social. O mercado não resolve os problemas da sociedade, só daqueles que podem se dar bem num meio competitivo e individualista: quem tem patrimônio ou habilidade natural para vencer em uma competição. Então, o Estado acaba sendo provedor, mecanismo para manter o capitalismo, porque funciona como tapa-buracos social. Em outras palavras, remenda aquilo que o capitalismo jamais resolverá. Esse diagnóstico não deve nos paralisar. Se as pessoas não têm acesso à Justiça, cabe buscar isso.

Nós pensávamos em uma proposta de desenvolvimento econômico e social estruturada para que o Estado não precisasse dar bolsa-família, bolsa-escola, bolsa-moradia. Mas o que se viu, lamentavelmente, foi a manutenção de uma política neoliberal iniciada nos anos 1980. Essa política mantém as pessoas na miséria e dá apenas o mínimo para que possam sobreviver, e, dessa forma, continuam sendo atendidos os interesses do capitalismo. Com essa política de esmola social, vamos precisar de muito para mudar o cenário.

O preocupante é que não há diferença básica entre os candidatos à Presidência, em 2010, em relação a isso. Ninguém propõe mudança significativa, incorporação concreta das pessoas ao mercado de trabalho, que ofereça dignidade, não esmola do Estado. Elas entram no sistema capitalista com esmola, beneficiando politicamente o partido que está no poder.

Não era com isso que sonhávamos nos anos 1970. Não com esse tipo de sociedade. Aliás, nem sequer imaginávamos que uma década depois se impusesse no Ocidente o discurso neoliberal, que se fortalecesse ainda mais o mercado, que o Estado fosse tão sucateado. É preciso uma profunda mudança estrutural.

Graduado em 1979, é Mestre em Filosofia do Direito pela Faculdade de Direito da USP. Ingressou na PGE/SP em 1980, tendo exercido o cargo de procurador-geral do Estado de São Paulo de 1995 a 2000.

Depoimento em 5 de abril de 2010, na Procuradoria-Geral do Estado, em São Paulo (SP).

Dimas Ramalho

"Os estudantes que por lá passaram aprendiam a maior qualidade de um advogado: a capacidade de se relacionar com pessoas de perfis muito diferentes do dele. Era uma escola excepcional para a prática do direito."

Desde garoto, queria estudar Direito. O exemplo começou em casa, pois meu pai era advogado formado pela São Francisco. Eu gostava muito de Português, Ciências Sociais, enfim, da área de Humanas. Na época do vestibular, me inscrevi na Faculdade de Direito da USP, pois não tinha dúvida de que estudaria nas Arcadas.

Nasci em Taquaritinga, região de Araraquara, no interior paulista. Minha cidade sempre foi muito politizada e tinha um movimento estudantil e cultural bastante forte. Adolescente ainda, os grandes clássicos da literatura brasileira, como Graciliano Ramos, Carlos Drummond de Andrade, Machado de Assis e Manuel Bandeira, sempre foram grandes companheiros. Na época, líamos ainda muitas revistas e jornais, como *Pasquim*, *Movimento*, *Bondinho* e *Liberdade*. Parece difícil acreditar que numa cidade do interior as pessoas lessem poemas e fizessem política, mas era assim.

Quando a ditadura militar se instalou no Brasil, em 1964, eu estava no ginásio. E o movimento estudantil taquaritinguense colocou-se na oposição. Éramos todos alunos de escola pública, em que estudei a vida toda. Vim para São Paulo fazer cursinho preparatório para o vestibular, como bolsista, e morei em república, com mais seis colegas, na avenida São João. Entrei na Faculdade em 1974.

A São Francisco foi uma descoberta, admirável mundo novo para um jovem ingressando na universidade. Ambiente político efervescente, movimento estudantil bastante comprometido com a luta pela democracia. Ao mesmo tempo, vivíamos dias difíceis, de plena vigência do Decreto-Lei 477, que levou para dentro das universidades o AI-5, um dos maiores símbolos da ditadura militar.

No ano seguinte ao que entrei na Faculdade, ocorreu ainda a morte do jornalista Vladimir Herzog, nas dependências do DOI-Codi *[em 25 de outubro de 1975]*. Participei do ato ecumênico em sua memória, na Catedral da Sé *[em 31 de outubro]*. Naquele momento, em que desafiávamos o regime militar, tive consciência de que estava vivenciando um momento histórico. Era uma multidão, e um silêncio absoluto... Entre outros, estavam lá dom Paulo Evaristo Arns *[então cardeal-arcebispo de São Paulo]*, o rabino Henry Sobel, o reverendo James Wright e dom Helder Câmara, que tempos depois convidei a dar uma palestra na Faculdade.

ENGAJAMENTO

De cara, me engajei na vida acadêmica. Sabia quem era quem na São Francisco, quais os partidos, as tendências. Cheguei já sabendo mais ou menos que caminho seguiria. E me identifiquei com os grupos mais à esquerda. Na realidade, embora falássemos em esquerda e direita, não estávamos engajados na vida partidária. Havia o MDB, da oposição, e a Arena, da situação, ambos distantes dos estudantes. No fundo, todos queríamos a democracia. Estávamos mais preocupados com as questões gerais das liberdades democráticas. Eu, por exemplo, me envolvi fortemente com o movimento da Anistia.

Tinha uma característica que me diferenciava dos demais colegas da São Francisco: jogava futebol, era da seleção da USP. E era bom jogador. Fui profissional, jogando no interior. Até hoje, quando encontro meus contemporâneos da Faculdade, me perguntam sobre futebol. A São Francisco tinha dificuldades nas competições, e assim que entrei para o time, como calouro, vencemos o campeonato de futebol da USP. Em seguida, fui para a seleção da Universidade.

Por isso, ao me candidatar à presidência do XI de Agosto, já era muito conhecido entre os estudantes. Além do esporte, era o representante do Centro Acadêmico na Congregação. Tive votos de estudantes que ficavam alheios ao dia a dia da política, do pessoal da esquerda, da direita. Minhas atividades em diferentes setores e meu trânsito entre diferentes grupos fizeram a diferença: em 1978, ganhei as eleições para a presidência do Onze. Fui eleito com expressiva votação, embora tenha concorrido contra um candidato muito forte, João Roberto Egydio de Piza Fontes, eleito presidente da OAB/SP muito jovem.

Naquela época, o presidente do Centro Acadêmico indicava o diretor do Departamento Jurídico. As instituições dos estudantes estavam vinculadas: o Onze e a Casa do Estudante, assim como a Atlética, o Coral e a Academia de Letras, atuando de modo independente.

O Jurídico era a melhor escola para quem queria advogar. Além disso, os estudantes que por lá passaram aprendiam o que, para mim, talvez seja a maior qualidade de um advogado: a capacidade de se relacionar com pessoas de perfis muito diferentes do dele. Era uma escola excepcional para a prática do direito.

Era a fase das grandes causas sociais defendidas pelos estagiários, como o movimento de moradia. O estágio era tão concorrido à época que tinha mais candidatos do que vagas. Por isso, havia um processo de seleção bastante rigoroso.

Assim, antes mesmo de presidir o Onze, em 1977, entrei no Jurídico. Foi um momento em que me perguntei o que iria fazer da vida, e percebi que queria aprender um pouco a prática do direito. Foram apenas seis meses. Mas posso assegurar que aquele período marcou profundamente minha vida. Os orientadores eram advogados experientes e, sobretudo, engajados nas causas do Direito e sociais. Foram grandes mestres!

O que mais me impressionou foi constatar que a clientela do Jurídico, majoritariamente o povo pobre das periferias da cidade de São Paulo, era perversamente excluída de qualquer acesso à Justiça. Uma gente que não tinha nada, nem mesmo um documento de identidade, ou, pior, muitas vezes sem a noção exata de qual era o seu problema. Ali, cuidando de casos como pensão alimentícia, ações de despejo, emissão de documentos, conheci um Brasil tristemente real.

Não tenho a menor dúvida de que ali, também, comecei a despertar meu interesse para a vida pública. Primeiro, como membro do Ministério Público do Estado de São Paulo, no qual ingressei por concurso em 1980, e, sobretudo, como político engajado na defesa dos direitos sociais dos brasileiros.

Tanto assim que, como membro da Comissão de Constituição, Justiça e Cidadania da Câmara dos Deputados, lutei pela inclusão da assistência jurídica gratuita. Para mim, essa questão, vivenciada primeiramente no Departamento Jurídico, é essencial para garantir à população o acesso à Justiça. E esse acesso é sinônimo de cidadania.

Bacharelado em 1979, foi secretário-adjunto de Esporte e Turismo do Estado de São Paulo (1987-1988), vice-presidente do Banco Nossa Caixa (1991-1992), deputado estadual pelo PMDB (1992-1998) e pelo PPS (1999-2002), secretário de Estado da Habitação de São Paulo (1996-1998) e secretário municipal de Serviços de São Paulo (2007-2009). É Deputado Federal, em segundo mandato, pelo PPS.

Depoimento em 15 de abril de 2010, na Faculdade de Direito da USP, em São Paulo (SP).

Localização privilegiada: o DJ está a poucos metros dos principais fóruns do Judiciário paulista

Sérgio Salomão Shecaira

"No Jurídico, o estágio é muito diferente. Aliás, não é estágio profissional, é estágio de vida."

No cursinho, tinha dúvidas entre História e Direito. Acabei escolhendo algo que poderia me dar maior respaldo financeiro, o Direito. Meu pai era advogado, mas não significou uma influência. Após concluir a São Francisco, imediatamente fiz vestibular para História, também na USP, onde fiquei por dois anos. Então, optei por especialização na área do Direito, na qual poderia trabalhar em uma zona de interdisciplinaridade mais adiante. Minha tese de livre-docência transita um pouco pela Sociologia Criminal. Hoje, sou professor de Direito Penal na São Francisco e também trabalho na área criminal. Acho que a dúvida no cursinho produziu algum resultado na minha vida, pois não há um único livro meu que não tenha um capítulo de História.

Cheguei ao Departamento Jurídico em 1981, numa fase de transição. O estagiário, então chamado de solicitador acadêmico e reconhecido pela OAB, era aluno do 4º ou 5º ano. Do 2º e 3º anos do curso, tínhamos os "vareiros", que pegavam as fichas de andamento dos processos e iam aos fóruns, geralmente regionais. Era um trabalho duro: iam a lugares como São Miguel, Itaquera, Santo Amaro, de trem ou de ônibus. Hoje, o estágio é remunerado; naquela época, não ganhávamos nada. Mas o vareiro, sim, pois era o serviço mais árduo.

O Jurídico vivia um momento de profunda crise financeira, funcionando basicamente graças à dedicação dos estagiários. Para se ter uma ideia, assim que me formei, a diretoria, o Wilsinho e o Vitão pediram para que eu fosse orientador voluntário. Então, como advogado, com a carteirinha da OAB, poderia fazer audiências. Havia ali os orientadores tradicionais, procurados para a assinatura das petições – Paulo Gerab, Alice Soares. Se eles realmente participassem de todas as audiências, provavelmente ficariam loucos. E isso significava a necessidade de uma rede de colaboradores, normalmente os recém-formados que já haviam passado pelo Jurídico. Então, nos dispúnhamos voluntariamente, para variar, a participar das audiências. Nosso privilégio máximo era escolher algumas, de acordo com a região.

EXPERIÊNCIAS INUSITADAS

Como eu morava na Zona Oeste de São Paulo, onde não havia fórum, acabava por participar de audiências em Itaquera, Santo Amaro. Ia de trem, ônibus. Lembro-me de algumas histórias muito divertidas, pitorescas. Havia no Jurídico uma menina bonita, sempre vestida

com roupa de grife. Eu olhava e pensava se ela não estava no lugar errado, afinal, tínhamos o perfil de pessoas pautadas pela capacidade de se movimentar num ambiente marcado pelo sofrimento. Mas era uma moça sensível e foi muito empenhada no Jurídico. Um dia, fomos juntos a uma audiência, de trem. Entramos na estação da Luz. O trem estava lotado e nós ali, em pé; eu de terno e ela, de *tailler*, salto alto, se equilibrando no meio da massa.

Nessas condições, paramos em uma estação chamada A.E. Carvalho. E, então, começou um tiroteio. Metade daquele povo saiu correndo pela plataforma; a outra se agachou. Fiquei pensando: "Bom, os tiros estão vindo de fora; talvez seja melhor ficar dentro do trem". Ela me perguntou: "Doutor, o que vamos fazer?". Eu disse: "Vamos sentar". Três minutos depois, o trem seguiu viagem e, graças ao tiroteio, fomos sentados até nosso destino. Chegamos à audiência e falamos para o juiz: "Somos do Jurídico, pegamos um trem cheio, houve um tiroteio, amanhã vai sair no jornal, o senhor compra lá e poderá ver que não estamos mentindo". A moça resistiu à aventura e permaneceu no Jurídico.

Outro caso engraçadíssimo ocorreu com um estagiário que me pediu para fazer uma audiência em Santo Amaro. À época, o Fórum ficava na marginal Pinheiros. Para chegar, pegávamos um ônibus e caminhávamos mais sete quarteirões. Ele disse que conhecia um atalho, com um pequeno trecho de terra. Nos perdemos exatamente nesse trecho, onde existia também uma fábrica... em greve... com piquetes e polícia batendo nas pessoas. Saímos correndo. Tudo isso de terno e gravata. Chegamos empoeirados, na maior aflição. Mesmo assim, o juiz tomou decisão muito favorável a nós. Com toda a certeza, em função de sermos do Departamento Jurídico.

Aliás, a boa vontade dos juízes era frequente, pois muitos tinham passado pela Faculdade de Direito da USP e, ainda que não tivessem atuado no Jurídico, conheciam bem o nosso trabalho. A rigor, éramos, os estagiários, os principais defensores, na acepção ampla da palavra. Aconteceu comigo: combinei com o orientador, e ele não compareceu. Disse ao juiz: "Excelência, o senhor me permite fazer a audiência? Sou do Departamento Jurídico do XI de Agosto; o advogado não veio". O juiz virou-se de canto e disse baixinho: "Faz aí". Havia uma simpatia do Poder Judiciário, em função daquele idealismo que perpassava toda a história do Jurídico.

CASOS PITORESCOS

Um episódio, em particular, jamais esqueci. Um dia, uma jovem senhora, do alto de seus 45 anos, imigrante grega, nos procurou para defendermos sua causa: queria separar-se do marido, porque ele a "procurava" demais. Dizia que o homem tinha uma doença, e queria fazer sexo quatro, cinco vezes por dia. Diante do inusitado, eu disse: "Olha, na nossa pouca experiência conhecemos o contrário: o marido, depois de um tempo de matrimônio, não quer mais fazer sexo com a esposa. Então, de certa forma, a senhora é premiada. Quer mesmo se separar?". Ela respondeu: "O senhor não sabe como é que é. De manhã, ele quer sexo; depois do almoço, quer sexo; à noite, sexo. Se não faço, ele procura outras mulheres. E isso não aceito!". Disse também que gostava do marido: era bom pai, trabalhador, honesto. Então, até para estudar o caso e oferecer uma alternativa, resolvi verificar se de fato ela queria se separar do marido. Percebi que queria apenas dar um jeito na situação.

Fiz o seguinte: mandei uma carta para o homem, intimando comparecimento imediato e tal. E ele veio. Perguntei se aceitavam um acordo, e disseram "sim". Expliquei: "Em vez de você procurar a sua mulher várias vezes por dia, o fará apenas três vezes". Ambos acharam a proposta razoável, e assim ficou. Pode parecer brincadeira, mas foram combinados os horários: manhã, tarde e noite. Colocamos isso no papel, como um contrato de "prestações sexuais". Na época, eu tinha acabado de ler *Pantaleão e as visitadoras [de Mario Vargas Llosa]* e estava inspirado pelo sistema do Pantaleão Pantoja, grande sátira ao sistema militar peruano. Fiz um contrato que não tinha como ser cumprido, mas ele não sabia. E assim ficou acordado, sendo livre nos finais de semana, a critério do casal. Contrato feito, com testemunhas, mandei uma carta ao casal dando-lhe três meses de prazo. Depois, ela me disse que foi um santo remédio: cada vez que ele se aproximava, ela mostrava o contrato.

Acho que aí está a grande diferença do Jurídico: quando procurado, busca-se a resolução do problema. Ali aparece o problema do cotidiano das pessoas de maneira desnudada, algo meio "rodriguiano", a vida como ela é. Esse problema, por exemplo, não poderia ser resolvido no Judiciário. Imagine uma audiência diante do juiz, promotor e testemunhas, em que a razão de recorrer fosse essa. No mínimo, seria constrangedor. Mas resolvemos com efetividade, com bom senso de parte a parte, na iniciativa que tivemos de regulamentar o número de relações sexuais. E aquela mulher saiu de lá satisfeita.

Nos escritórios, os estagiários nem sempre têm contato com os casos. E, quando têm, recebem um pacote fechado. No Jurídico, não: o estagiário escolhe o caminho, conduz a ação. Na minha época, atendi a vários casos que exemplificam bem isso. O Jurídico é a escola natural para o aprendizado.

FUNÇÃO SOCIAL

Depois do estagiar, ainda fiquei três ou quatro anos ligado ao Jurídico. Quando olho para trás, não sinto saudade de nenhum outro estágio que tenha feito. Mas morro de saudade de lá. Exercitamos, ainda sem saber, pois somos muito jovens, papel de conscientização daquela clientela sobre seus direitos. E, no passado, isso era ainda mais elementar. As pessoas simplesmente chegavam sem documentos – e é bom lembrar que na época não existia Poupatempo. Uma total falta de cidadania, muito presente no cotidiano daqueles clientes.

E o estagiário, normalmente de classe média, não tinha respostas prontas. Corria para um colega mais experiente para buscar a informação, o que levava um a ensinar ao outro. No Jurídico, o estágio é muito diferente. Aliás, não é estágio profissional, é estágio de vida.

Há uma mítica em torno daquele lugar. Como professores da São Francisco, somos sempre muito solicitados; aparece um aluno com pedido de palestra, outro para participarmos de debate... Em geral, alegamos que estamos muito ocupados. Mas aí, quando ele diz que é uma palestra para o Departamento Jurídico, a gente responde: "Ah, é? E que dia vai ser?". Sempre damos um jeito.

O Jurídico só existe porque não há assistência judiciária, estatal, para atender a toda a população carente. Caso contrário, não haveria necessidade de entidades universitárias. Enquanto isso não ocorre, o DJ cumpre função social. Além disso, dá "banho" de realidade na garotada, que tem o privilégio de não ser vítima dessa situação injusta. Sobretudo nas duas últimas décadas, o jovem das classes mais favorecidas não convive com a pobreza, com a realidade difícil da escola pública. E a vivência no Departamento Jurídico permite corrigir um pouco esse "elitismo". Comigo foi assim: quanto vivi o Jurídico foi suficiente para ter percepção sobre a realidade da vida bastante marcante, diria definitiva mesmo.

Formado em 1982, integrou o Departamento Jurídico até 1986. Professor de Direito Penal e Criminologia da Faculdade de Direito da USP. Ex-presidente do Conselho Nacional de Política Criminal e Penitenciária; membro do Conselho Científico da Associação Internacional de Direito Penal; advogado criminal. Autor, entre outras obras, de *Criminologia* e *Sistema de Garantias e o Direito Penal Juvenil*.

Depoimento em 19 de fevereiro de 2010, no Shecaira e Andrade Advogados, em São Paulo (SP).

Geraldo Henrique Moromizato

"O grande diferencial do Jurídico é dar ao estagiário a oportunidade de ver a realidade nua e crua, a vida como ela é. E isso é sensacional!"

Meu pai, já falecido, foi minha maior influência na escolha do Direito. Era um advogado tão apaixonado pela profissão que, por ele, todos os seus seis filhos teriam enveredado na carreira, mas somente eu fiz o curso. Ele era formado pela Faculdade Nacional de Direito do Rio de Janeiro, hoje UFRJ, e tinha grande frustração por não ter estudado na São Francisco. O fato de eu ter sido aprovado

no vestibular da USP foi sua glória. De alguma maneira, ele realizava seu sonho.

Entrei na Faculdade em 1981, aos 18 anos. Que experiência! Era o começo da campanha das "Diretas Já!", o movimento estudantil em efervescência. Estudar ali, naquela época, foi privilégio: a São Francisco era palco democrático de grandes discussões e decisões políticas.

Logo que entrei, já me embrenhei intensamente na vida acadêmica. Como vinha do norte de Goiás, hoje Tocantins, fui morar na Casa do Estudante, tendo sido, anos mais tarde, seu diretor por duas gestões consecutivas. Aquele lugar era uma coisa impressionante! Foi meu primeiro ano de Faculdade, e o ano em que mais bebi cachaça na vida. Toda a minha formação política foi forjada na São Francisco, na Casa do Estudante e no Departamento Jurídico, no qual ingressei em 1982.

Entrei no Jurídico como vareiro, no lugar de um colega que tinha se tornado estagiário, o Artur Barbosa Parra. O trabalho era pesado, mas, do ponto de vista da experiência, era melhor começar assim, mesmo porque, naquela época, para entrar no DJ como estagiário, só a partir do 4º ano. Corríamos as varas para acompanhar o andamento dos processos, levantar as informações para o estagiário fazer as petições, dar seguimento aos casos. O vareiro sabia de cabo a rabo todos os procedimentos.

Hoje, são mais de três dezenas de vareiros, mas, naquele tempo, éramos apenas dois. A cada dia da semana íamos a uma Vara Distrital, hoje Fórum Regional. Íamos de ônibus, trem, carregando um bolo de fichas. Quando os funcionários nos viam chegando, tinham vontade de chorar. Em cada vara entregávamos de 20 a 30 fichas. Sabendo dessa "boa vontade" dos atendentes, desenvolvemos uma técnica de empatia para colaborarem conosco na procura dos processos. Adorava aquela função. Tanto que, mesmo depois de alçado a estagiário, continuei fazendo o trabalho de vareiro.

Com o exercício profissional, percebi que quem nunca "esquentou o umbigo no balcão", como fiz quando vareiro, não sabe o que é advogar. As pessoas acham muito bonito ver o advogado no escritório, sentado atrás da mesa de carvalho, tendo, ao fundo, a biblioteca e, à frente, o computador. Mas, na minha época, peguei a máquina de escrever, fiz petições, despachei com juiz, tudo parte do estágio.

DRIBLANDO A CRISE

Quando alguém conhece a causa do Departamento Jurídico, não tem jeito, acaba completamente envolvido, seduzido, e arregaça as mangas. Foi o que aconteceu, por exemplo, com o professor Walter Piva Rodrigues, que era apaixonado pelo trabalho do Jurídico, sem nunca ter integrado seus quadros. Mas foi um dos seus maiores apoiadores. Como ele, muitos outros vestiram a camisa do DJ.

Naqueles primeiros anos da década de 1980, o Departamento vivia, para variar, grave crise financeira, assim como a Casa do Estudante e o próprio XI de Agosto. E esse era o problema. Como a Faculdade de Direito abrigava, tradicionalmente, os filhos da elite econômica, durante muito tempo o Onze esbanjou dinheiro. Nos tempos áureos, construiu a Casa do Estudante para abrigar os filhos dos barões do café, que moravam no interior, comprou a sede do Jurídico, na praça João Mendes, adquiriu a área da Associação Atlética. Mas aí começaram os anos das vacas magras do Centro Acadêmico, e o dinheiro acabou.

No Jurídico, a solução parcial veio na forma de ajuda governamental, via convênio com a Prefeitura de São Paulo. Mas só isso não dava conta das despesas. Então, quando assumimos a diretoria, eleita na forma de um colegiado, por dois anos consecutivos (1984 e 1985), fomos atrás de recursos. Era vida de mendicância lascada: passávamos livro de ouro, organizávamos festas, eventos... Fazíamos o que fosse preciso para pagar contas de luz, telefone, condomínio – sempre atrasadas e frequentemente cortadas.

Mas não vivemos apenas na penúria. Ao contrário, nessa época havia um forte posicionamento ideológico de boa parte dos estagiários. Alguns colegas viam o Jurídico apenas como espaço assistencial, para prestar assessoria jurídica; outros, principalmente os diretores, enxergavam o lugar como importante arena de articulação política. Na nossa segunda gestão, retomamos movimentos importantes de organização social, como o de moradia, que havia sido marca do Jurídico nos anos 1970.

Essa ação foi tão definitiva para mim que, depois que saí do Jurídico, fui trabalhar no Movimento dos Sem Terra Urbano, na Zona Leste paulistana, liderado pelo padre Ticão *[Antônio Luís Marchione]*. Participei daquele movimento por três anos, como advogado, prestando assessoria jurídica à população.

HABILIDADES MÚLTIPLAS

Por conta da boemia dos primeiros tempos de São Francisco, me atrasei no curso em dois anos. Quase fui jubilado... Ao me formar, em 1988, voltei para casa, para trabalhar com meu pai. Naquele ano, o Estado do Tocantins estava sendo criado – a parte sul do território de Goiás foi mantida, e a norte virou Tocantins, onde minha família estava sediada. Os juízes puderam optar por um dos dois Estados e, com isso, apenas três ficaram no Tocantins. E como um advogado poderia

sobreviver sem juiz? Quem advoga vive de processos judiciais. Para despachar com um juiz era preciso viajar 300 quilômetros. Não ia dar certo.

Então, recebi proposta de um ex-vareiro, Joaquim Gomes da Costa, para montar um comércio de planta ornamental, terra, grama. Seduzido, voltei para São Paulo. E, claro, o negócio não deu certo. Fui trabalhar com um colega em um escritório de advocacia, no centro da cidade. Mas em 1991 voltei para o Tocantins, trabalhando como assessor jurídico no Tribunal de Justiça. Fiquei sete anos nessa função e depois prestei concurso para procurador da Fazenda Nacional. Hoje estou licenciado do cargo porque assumi, por concurso, o Cartório de Registro Civil de Pessoas Jurídicas, Títulos e Documentos e Tabelionato de Protestos na cidade de Palmas.

Nessa trajetória, trago a marca do Departamento Jurídico. Falo em nome de todos os que passaram por lá: aquele lugar forja os estudantes. Saímos do teórico para a prática, sem escalas. E a prática não tem nada a ver com o estágio de um escritório de advocacia tradicional, em que aprendemos a fazer despejo, separação judicial, inventário. O Jurídico também nos dá isso, claro, mas o seu grande diferencial é dar ao estagiário a oportunidade de ver a realidade nua e crua, a vida como ela é. E isso é sensacional!

Estar ali não depende somente de habilidade jurídica, nem significa apenas aprimoramento profissional. Trabalhamos com a população mais carente, problemas sempre muito acentuados. Por exemplo, rotineiramente tínhamos pedido de investigação de paternidade e pensão alimentícia de filha que tinha engravidado do próprio pai. Aquele lugar é laboratório não só do ponto de vista da prática processual. Lá somos também psicólogos, sociólogos, assistentes sociais. E psiquiatras: era muito comum aparecer algum sujeito que ficava duas horas contando a história, e só depois o estagiário se dava conta de que estava diante de um doido varrido. E ele acabava voltando sempre.

Somos também transformados em tradutores, porque um cidadão consciente dos seus direitos, quando procura um advogado, sabe expor o problema. A clientela do Jurídico é diferente. Boa parte é analfabeta, não sabe sequer dizer o que está buscando. E aqueles jovens estudantes traduzem o problema, buscam a solução. Em nenhuma faculdade do mundo se aprende isso. Quando deixamos o Jurídico, estamos talhados para trabalhar com qualquer coisa.

Graduado em 1988, ingressou no Departamento Jurídico em 1982. Foi assessor jurídico do Tribunal de Justiça do Tocantins (1991-1998), coordenador do Tribunal Regional Eleitoral (1998-1999), sócio do Ohofugi & Moromizato Advogados Associados (2000) e procurador da Fazenda Nacional em Tocantins (2000-2006). Desde 2006 é Oficial Tabelião do Cartório de Registro Civil das Pessoas Jurídicas, Títulos e Documentos e Tabelionato de Protestos da Comarca de Palmas/TO.

Depoimento em 15 de maio de 2010, em uma pizzaria, em São Paulo (SP).

Carlos José Paschoal de Toledo

"Foi um privilégio experimentar as sensações que tive no Jurídico e poder trazer aquilo para a minha atividade profissional."

Escolhi o Direito no cursinho. Embora, até então, pretendesse fazer Arquitetura, não tinha certeza de nada. Antes da decisão, conversei com meu pai – que foi lavrador, camponês de fazenda e sempre adorou a polícia, apesar de nunca ter sido policial –, e ele ficou empolgado. Fiz vestibular para Direito, passei na Fuvest e entrei na Faculdade em 1980, aos 18 anos.

Mas as incertezas ainda povoavam a minha vida. Tanto que, no ano seguinte, entrei em História na USP. Desisti do curso depois de uma tremenda greve na Universidade. Continuei na São Francisco e me formei em 1984. Tive aula com Manoel Pedro Pimentel, Miguel Reale Jr., Eduardo Muylaert Antunes. Foram três secretários de Segurança Pública do governo de Franco Montoro. Eu era fanático pelas aulas do professor Sérgio Pitombo, defensor ferrenho do inquérito policial.

No mesmo ano em que me formei em Direito, prestei vestibular para Jornalismo e fiz o curso durante um ano na Faculdade Cásper Líbero. À época, já gostava da área penal, mas também de escrever e de ler. Adorava romance policial e sou fã do Rubem Fonseca, que reputo como um dos maiores escritores brasileiros vivos, que também foi delegado de polícia, no Rio de Janeiro.

Em 1985, prestei concurso para delegado e fui aprovado. Aí tive certeza de que era aquilo que queria ser. Depois de formado, esse foi o único concurso que fiz – sou delegado há 24 anos. Também sou professor da Academia de Polícia, desde 2001.

VOCAÇÃO AFLORADA

Ingressei no Departamento Jurídico do Centro Acadêmico XI de Agosto em 1982. Sempre quis resgatar a questão da minha origem familiar, humilde, e me agradava muito prestar assessoria jurídica aos desassistidos, aos menos afortunados. Na época, todas as questões eram apaixonantes. O movimento estudantil era muito forte, participamos de diversas campanhas, como a "Diretas Já!", da fundação do Partido dos Trabalhadores, da primeira candidatura do Lula *[ao governo de São Paulo]*, contra o Montoro, que foi vencedor. Tudo era muito efervescente, na São Francisco, no Jurídico. Estávamos sempre disponíveis. E não era para benefícios pessoais, porque não tínhamos vaidade para nada. Apenas para prestar um serviço. O legal era a convivência com todos e o espírito crítico da realidade, do que nós, de faculdade pública, poderíamos fazer no futuro.

De todos os casos, sempre gostei mais dos criminais, e sempre fui vocacionado para atender a essas demandas. Um que me chamou a atenção, por exemplo, foi o de um usuário de entorpecente preso pela Rota, temida polícia paulista. A ocorrência era banal: acharam dentro do carro do rapaz, um cabeludo que estava com a namorada, um cigarro de maconha, e ele foi autuado em flagrante. Na audiência, o orientador não apareceu. O juiz designou um advogado dativo, o réu foi absolvido, e esse casal foi lá para nos agradecer. Convidaram-me para o casamento dos dois.

Fiquei no Jurídico ativamente por cerca de um ano, mas não me desliguei completamente. Em paralelo, havia prestado concurso estadual para técnico de administração. Fui chamado para a Secretaria de Segurança Pública. Então, a minha paixão pelos temas criminais ficou mais próxima da vida real. Era 1982, e eu não estava formado. Acumulei muitas atividades, inclusive a do Jurídico. A ideia de ser delegado foi se formando ali.

Quando ingressei na polícia paulista, já em 1986, ainda mantinha vínculos com o Departamento. Preferia as delegacias de periferia. Tinha independência e autonomia para tomar decisões e fazer justiça imediata. Porque o delegado de polícia é um juiz do já, do agora, do presente. Sempre acreditei numa polícia democrática e cidadã. E hoje vejo que essa questão melhorou muito. É claro que há as suas mazelas, mas avançou bastante.

Foi um privilégio experimentar as sensações que tive no Jurídico e poder trazer aquilo para a minha atividade profissional. Posso garantir que, naquela época, era mais difícil. Não só subir os 17 andares do Edifício Jurídico, cujo elevador constantemente estava quebrado, ou contribuir com a mensalidade, mas também sair na captura dos orientadores, ir de ônibus aos vários fóruns da cidade. Foi um prazer trazer essa mensagem comigo e honrar o meu juramento de delegado de polícia, fazendo exatamente aquilo que fazia no Jurídico. É impossível esquecer essa parte da minha vida.

CONCILIAÇÃO COM A CARREIRA

Sempre tive vocação investigativa, convivendo com o paradoxo de uma cultura fundada na mentalidade repressiva da ditadura militar. Também sempre trabalhei na periferia, encarei a barra pesada da delegacia. Comecei no distrito policial da Vila Brasilândia, bairro muito pobre e, então, um dos mais violentos do Brasil. Tinha enorme satisfação em prender em flagrante pessoas que cometiam crimes contra aquela comunidade. Passei por outras delegacias que atendiam a regiões humildes da capital paulista. Gostava de trabalhar nesses locais, com essas pessoas carentes, até porque ninguém cobiçava minha cadeira e eu podia trabalhar livremente.

Os meus clientes de então eram os mesmos que tinha atendido no DJ. Aquela mulher espancada pelo marido e que, tempos atrás, procurara o Jurídico para reivindicar pensão alimentícia, por exemplo, era atendida por mim, como delegado. E, aí, já podia agir criminalmente contra ele.

Na polícia, temos como exteriorizar imediatamente esse tipo de prestação de serviço, sem nenhuma competição entre instituições. As pessoas vão à delegacia, aberta 24 horas por dia, para qualquer coisa. As suas demandas são as mais importantes do mundo, criminais ou não. Senti isso em minhas experiências no plantão policial. E conversar com o delegado, para elas, é o mais importante. Inclusive, acompanhando delegados estagiários, sempre tentei reportar à questão de que certas demandas não devem ser tratadas burocraticamente, especialmente nas delegacias mais longínquas do centro de São Paulo, porque essas, não raro, são as que merecem maior atenção.

IDENTIFICAÇÃO

Comecei a trabalhar no Deic *[Departamento Estadual de Investigações Criminais]* muito antes de qualquer decisão sobre o futuro, ainda em 1982, como técnico de administração. O processo democrático estava se iniciando. Convivi com muitos policiais, delegados lendários, para o bem e para o mal. Retornei ao Deic, agora como delegado, em 1988. Ali atuei por muitos anos contra o crime organizado, quadrilhas... E sempre sabendo que a cada prisão estávamos protegendo grande parte da população.

Promovido à classe especial da carreira, fui designado para dirigir o DHPP *[Departamento de Homicídios e de Proteção à Pessoa]*, instalado no prédio do extinto Deic. Fiquei na direção durante um ano e meio, saindo em março de 2009 para dirigir o Departamento de Administração e Planejamento da Polícia Civil. O DHPP foi o lugar em que me senti mais feliz profissionalmente, porque de fato praticávamos polícia republicana e impessoal. Não se vê a presença do Estado nas regiões onde majoritariamente são atendidos os casos de homicídio. Para os policiais do DHPP, não interessa se a vítima tem ou não antecedentes criminais nem se é desprezada socialmente. Sentíamos orgulho de nossa missão.

Hoje estou comandando o Detran *[Departamento Estadual de Trânsito]* de São Paulo. É muito diferente da minha trajetória. O órgão está vinculado à Secretaria de Segurança Pública, e não à estrutura da Polícia Civil. Precisei mudar procedimentos e métodos, quebrar uma cultura viciada, implementar e acompanhar o processo de descentralização idealizado pelo governo estadual – por 50 anos, o Detran ficou inteiro no prédio do Ibirapuera. Tenho de dar conta de sucessivos e urgentes problemas. É o maior desafio da minha carreira. E, nas reflexões cotidianas, sempre me vêm à mente o espírito franciscano e, com ele, o do Jurídico, sempre vívidos.

Graduado em 1984, estagiou no Departamento Jurídico em 1982 e 1983. Delegado de Polícia de Classe Especial e Professor da Academia de Polícia "Coriolano Nogueira Cobra", atualmente é Diretor do Detran/SP.

Depoimento em 8 de abril de 2010, na sede do Detran, em São Paulo (SP).

Carlos Alberto Salles

"O Jurídico teve influência determinante em minha trajetória de vida. Por certo, minha opção pelo Ministério Público e pelo Magistério, como professor da São Francisco, começou a nascer lá."

Minha família tem os dois pés no Direito. Meu pai era juiz, meu avô fora promotor público, como se chamava à época o integrante do Ministério Público; meus dois irmãos mais velhos também são da área jurídica. Todos formados pela São Francisco. No começo, tive algumas resistências, pensei em Medicina, mas acabei ficando na área da família mesmo. Entrei na Faculdade de Direito da USP em 1982, em um período politicamente bastante interessante: redemocratização, "Diretas Já!", pró-Constituinte. Em compensação, a economia do País ia muito mal, com forte recessão e inflação alta.

A São Francisco vivia um momento de profunda transição no campo das ideias e organizações políticas. A geração anterior à minha foi extremamente politizada. Organizações político-partidárias – muitas delas até com estrutura sigilosa por causa da repressão – tinham atuação marcante no movimento estudantil e dominavam as ações e corações do pessoal mais à esquerda. Quando entrei na Faculdade, o processo de redemocratização mudara o foco, o modo de fazer política. Estávamos saindo de uma ditadura militar e, além disso, o mundo ainda vivia o impacto da descoberta dos crimes de Stalin e de outros regimes alinhados com Moscou. A queda do Muro de Berlim ainda não tinha acontecido, mas já havia certo desencanto com o chamado socialismo real. A disputa esquerda *versus* direita, que sempre esteve presente na São Francisco, tinha perdido muito de sua polaridade; os modelos já não satisfaziam. Queríamos democracia, e não ditadura, fosse de direita ou de esquerda.

Ainda existiam resquícios de grupos políticos tradicionais, já muito fragmentados. Os grupos organizados tentavam sobreviver em um movimento estudantil bastante enfraquecido. Porém, havia também uma coisa nova, ainda incipiente, mas que mudava o jeito de fazer política. Nascia, nessa época, o Partido dos Trabalhadores. Se não me engano, 1982 foi o ano da primeira eleição de que o PT participou. Esse ambiente reverberava na São Francisco. Naquela eleição, eu e um grupo de amigos fomos fazer boca de urna para o PT, na periferia da cidade. O lema era "trabalhador vota em trabalhador". Hoje é engraçado pensar: nós, filhinhos de papai, com aquela cara que não negava, repetindo esse lema e distribuindo panfletos de candidaturas operárias... Bem, valia a boa intenção.

PAGAR AS CONTAS DO JURÍDICO

A partir do 2º ano, me tornei bolsista do Programa Especial de Treinamento da Capes [*Coordenação de Aperfeiçoamento de Pessoal de Nível Superior*]. Contudo, queria ter contato com a prática jurídica e, por isso, no ano seguinte, 1984, ingressei no Departamento Jurídico do XI de Agosto. Era um período de grande crise: sem recursos, desorganizado. A situação estava tão difícil que acabamos por montar uma diretoria colegiada, com quem topou segurar o rojão da continuidade da entidade. Ficou assim: eu, a Cláudia Trevisan, o Pedro Paulo Maillet Preuss, vulgo "Pipa", a Noemi Corrêa e o Geraldo Henrique Moromizato. Este último vinha da diretoria anterior, que dividira com a Laila Said Abdel Qader Shukair, e já tinha prática em sair pedindo dinheiro para socorrer o Jurídico, que atravessava situação financeira realmente complicada, com muitos débitos, inclusive trabalhistas, e nenhuma receita.

Em termos funcionais, também era complicado. Tínhamos a recepcionista, dona Conceição, que era telefonista, e praticamente não ouvia nada. Era o único lugar no mundo que tinha uma telefonista com séria deficiência auditiva... O tipo de coisa que só acontecia no Jurídico.

Outro problema grave, que me fez conhecer o lado negro da advocacia, era o desvio de clientes. Uma coisa escabrosa. Os casos que potencialmente poderiam dar algum dinheiro eram desviados para escritórios – na fila que se formava lá fora e, também, dentro do próprio Departamento. Tanto assim que, por um tempo, resolvemos que

os diretores fariam, pessoalmente, a triagem e distribuição dos casos. Com esse quadro absolutamente precário, era natural que os estudantes não se interessassem pelo estágio no Jurídico.

Na época, o Departamento possuía convênio municipal com a Secretaria dos Negócios Jurídicos. Mas havia um inconveniente: como era por reembolso, primeiro pagávamos as despesas e, depois, éramos reembolsados. Como nunca tínhamos dinheiro para antecipar as despesas, frequentemente havia cortes de luz, telefone... Então, fomos pedir ajuda ao XI de Agosto, que também não estava em boa situação financeira. O presidente, Fernando Haddad, hoje ministro da Educação, teve um ato de total desprendimento, de amor à causa pública. Conseguiu com o pai, comerciante na rua 25 de Março, um empréstimo para o Jurídico. Fui com ele à loja do pai pegar o empréstimo, em dinheiro vivo. Com isso, pagamos as contas atrasadas. Quando veio o reembolso da Prefeitura, liquidamos a dívida com o pai do Haddad e saímos correndo para arrumar mais fundos para pagar as próximas contas.

O convênio também era muito complicado burocraticamente. Éramos muito jovens, não entendíamos nada de prestação de contas públicas. Para tentar arrumar as coisas, um dia batemos à porta da vereadora Luiza Erundina, que nos levou ao Paulo Planet Buarque, então presidente do Tribunal de Contas do Município, para ele nos explicar como fazer para aquele convênio funcionar corretamente. Com a vereadora, nos acompanhou seu então assessor jurídico, José Eduardo Martins Cardozo, hoje Deputado Federal.

Recorremos também ao governo do Estado, para tentar outro convênio com a Secretaria da Justiça. Chegamos a ser recebidos no Palácio dos Bandeirantes pelo governador Franco Montoro, por meio de um de seus assessores, o Mário Antônio Mennucci, já falecido, que presidira o Jurídico poucos anos antes. Quando terminamos nossa gestão, esse convênio estava para ser aprovado.

AMASSAR BARRO

Do ponto de vista das ideologias, foi uma diretoria marcada pela pluralidade. As posições políticas eram bem variadas. Um respeitava o outro, e nos entendíamos muito bem.

Tínhamos uma meta, especialmente minha e da Cláudia Trevisan: resgatar o envolvimento do Jurídico com os movimentos populares, marca da entidade nos anos 1970. A nossa proposta era instalar três núcleos de atuação: habitação, mulher e trabalho. Este último teve ação bastante tímida, por falta de interesse dos estudantes, e o da mulher não vingou, porque faltava identidade entre quem nos procurava. As clientes do Jurídico tinham preocupações mais práticas: pensão alimentícia, separação, guarda de filhos. Não deu certo. Mas o da habitação foi muito bem.

Tivemos alguns contatos para viabilizar esse núcleo. O Antônio Benedito Margarido, assessor do então deputado estadual Marcos Aurélio Ribeiro, ambos ligados a gestões anteriores do Jurídico, ajudou bastante. Outro que nos apoiou foi o Paulo Teixeira, à época aluno da Faculdade de Direito do Largo de São Francisco e hoje Deputado Federal. Graças a ambos, conseguimos ter acesso a alguns movimentos de bairro, organizações comunitárias, associações de moradores. Assim, passamos a prestar assessoria jurídica em questões como reintegração de posse e loteamentos clandestinos, nas regiões Norte, Leste e Sul de São Paulo.

Participavam estagiários, alunos, calouros. Nas reuniões, realizadas aos sábados pela manhã, discutíamos menos Direito e mais questões sociais e políticas. As reuniões com os movimentos, em geral, também eram no fim de semana. Eu acompanhava um grupo em São Miguel Paulista. Como não tinha carro, saía da minha casa, de ônibus, às sete horas. Outros participantes acompanhavam as atividades nas zonas Norte e Sul. Nosso lema, então, era "é preciso amassar barro", quer dizer, ir à favela, ao loteamento clandestino, conhecer os problemas de perto.

Era um grupo muito interessante, bastante politizado. Alguns de seus integrantes, pouco tempo depois, formaram uma chapa que acabou eleita para o XI de Agosto. O presidente foi o Victor Carvalho Pinto, atualmente Assessor em Urbanismo e Políticas Urbanas no Senado.

JURÍDICO NA BAGAGEM

No Jurídico, formamos uma visão do direito muito peculiar. Há direitos e direitos. Um problema frequente da clientela que procura a entidade é a dificuldade de entender seus direitos. Por exemplo, entender as cláusulas de um contrato ou ter as relações privadas mais ou menos balizadas pelas normas legais. No caso das pessoas que recorrem ao Jurídico, a precariedade nesse campo é muito grande.

Há alguns casos muito emblemáticos. Conto sempre para meus alunos uma história do tempo de estagiário no Jurídico. Fui a uma audiência de tentativa de acordo, no Fórum da Lapa. Era ação de reintegração de posse promovida pelo filho contra os pais, já velhinhos. O imóvel havia sido comprado pelos pais, mas a escritura estava em nome do filho, que os estava despejando. Nossa expectativa, ainda que muito difícil, era conseguir algum direito para esses pais. No entanto, o juiz os fez engolir um "acordo" de desocupação em

pouco mais de mês. Para se ter ideia da gravidade da coisa, da postura do juiz, a orientadora que me acompanhava, Patrícia Ester Fryszman, saiu da audiência chorando.

Eram sempre situações muito difíceis, algumas malucas mesmo; e talvez ainda seja assim. Por isso, o Jurídico teve influência determinante em minha trajetória de vida. Por certo, minha opção pelo Ministério Público e pelo Magistério, como professor da São Francisco, começou a nascer lá.

Professor do Departamento de Direito Processual da Faculdade de Direito da USP e Promotor de Justiça do Meio Ambiente em São Paulo. Concluiu o bacharelado em 1986. Obteve o título de Mestre em 1992 e o de Doutor, em 1998, sempre pela São Francisco.

Depoimento em 5 de maio de 2010, em seu gabinete particular, em São Paulo (SP).

Fernando Capez

"Passar pelo Jurídico é o aprendizado mais fantástico que pode existir. Um aprendizado de vida que consiste numa premissa: a capacidade de sair da teoria para a prática. Essa é a maior lição. Não se tem isso nos bancos acadêmicos nem nas obras de doutrina."

Escolhi o Direito muito mais por uma aptidão das matérias correlatas à área. Tinha dificuldades em Trigonometria, Álgebra, odiava Química, detestava Física. Ao mesmo tempo, tirava notas altas em

Língua Portuguesa, História, Geografia. Como sempre tive facilidade para expressão verbal, argumentação, e temperamento agitado, percebi que minha maior inclinação era para as Ciências Humanas. Aí escolhi o Direito.

Não havia ninguém na família envolvido com a área. Meu pai, já falecido, era cirurgião-dentista. Inclusive, à época, o Direito era tido como carreira sem futuro, pois existiam muitos advogados. Vivíamos ainda o período da ditadura militar e da tecnocracia, das grandes obras. Havia mais espaço para Engenharia, Administração, Arquitetura. A Computação era ainda incipiente, mas já se falava em Informática.

Aos 17 anos, entrei na São Francisco. Uma vez na Faculdade, foi só festa. Só tinha matérias de que eu gostava. O meu objetivo era construir um grande currículo, com notas altíssimas, e isso eu tive. No curso de graduação, a minha média geral, somando todas as provas ao longo de todos os anos, passava de 9. Foi muito bom.

No 4º ano, naturalmente pelo meu jeito de ser e de me relacionar, saí candidato a presidente do Centro Acadêmico. Concorri, inclusive, com o atual ministro da Educação, o Fernando Haddad. Foi muito bacana. Ele ganhou por uma margem apertada de votos, e tinha um eleitorado de esquerda, mais contestador. Imagine, um estudante de Direito, na época, no fim da ditadura, das "Diretas Já!"... Ele incorporou tudo isso, e eu, o pessoal mais conservador, de centro. Ficaram comigo os grupos mais religiosos, os mais centrados em estudo e os burguesinhos. No dia da eleição, o meu pessoal espalhou pôsteres de mulheres bonitas e espantou o eleitorado religioso. Deu uma confusão! Ainda assim, foi uma disputa acirrada. Foi a única oportunidade que tive de militar. No ano seguinte, voltei aos estudos, queria prestar concurso. A atividade política nem passava pela minha cabeça.

JURÍDICO COMO APRENDIZADO

Minha experiência no Jurídico foi uma delícia. Eu adorei. Atuei durante um ano, em 1984. Era um órgão do Centro Acadêmico XI de Agosto, me sentia todo importante, um advogado, de paletó e gravata.

Uma vez, fui fazer uma audiência de família no bairro de Santo Amaro, com um juiz, Massami Ueda, hoje Ministro do STJ *[Superior Tribunal de Justiça]*. Eu não estava acompanhado do advogado orientador. Durante a audiência, ele me perguntou se eu era advogado, e respondi que era estagiário e estava sozinho. Ele me deu uma bronca e disse que isso anulava a audiência. Recentemente, até comentei com ele essa história, e rimos muito.

Fazia muita separação, entrava com ação de alimentos. Não via isso com carga de dramaticidade. As pessoas que chegavam eram necessitadas, e eu tinha relacionamento sadio, sempre fui uma pessoa bem-humorada, otimista. Brincava muito, procurava descontrair o ambiente. E pegava todas as causas com ardor, para ir até o fim, resolver o problema da pessoa, e não burocraticamente. Nesse trabalho contávamos com a dedicação dos orientadores.

Passar pelo Jurídico é o aprendizado mais fantástico que pode existir. Um aprendizado de vida, que consiste numa premissa: a capacidade de sair da teoria para a prática. Essa é a maior lição dada pela entidade. Não se tem isso nos bancos acadêmicos nem nas obras de doutrina. Uma coisa é abrir um livro e ler todas as páginas. Outra é entrar em uma delegacia, ver uma pessoa chorando, presa, pensar numa estratégia para tirá-la daquela situação. Como extrair o conhecimento do livro para soltar aquela pessoa, formular um *habeas corpus*, entrar no fórum, com quem conversar? Como abordar o juiz? E se ele me tratar mal, fizer uma pergunta e eu não souber responder? Então, 99% das pessoas têm dificuldade de empreender com sucesso, porque têm dificuldade de transformar o que está na mente, em sonhos, em uma situação concreta e efetiva. E isso o Jurídico faz, fornece ao estudante essa possibilidade.

O certo seria pagarmos para atuar na entidade. Quem trabalha ali não está ajudando pessoas necessitadas apenas, está se ajudando. Colhendo um fruto muito grande, o fruto do aprendizado. Tudo o que você quiser tem de passar pela prática. Correr riscos, se expor à crítica pública, ter "couraça de crocodilo" para aguentar e ir adiante, atrás dos seus sonhos e seus objetivos.

TRAJETÓRIA

Em 1986, no 5º ano da Faculdade, comecei a me preparar para o concurso do Ministério Público de São Paulo. Estudei o ano inteiro. Inclusive, fui para a minha formatura, retornei e continuei estudando. Entrou o ano de 1987, e ainda estudava. Quando abriu o edital do Ministério Público, já tinha visto o programa três vezes. Foi a revisão do que já tinha estudado.

Uma das minhas atuações como promotor público se deu na questão das torcidas organizadas *[no combate à violência nos estádios de futebol]*. Entrei com ações contra a Mancha Verde e a Independente, em 1995; e contra a Gaviões da Fiel, em 1998. Em 2001, a Polícia Militar me disse que a situação ficara pior, pois as "organizadas" estavam se transformando em grupos clandestinos. O melhor, então, foi chamar os bons torcedores, cadastrá-los e tentar fazer uma torcida realmente organizada. Recadastrados, eles voltaram aos estádios.

Conforme dados estatísticos, em 1994 tínhamos, em média, 16,4 ocorrências por jogo dentro do estádio; hoje temos 0,3. Atualmente, quem assiste a um jogo de futebol nos estádios paulistas não sofre agressão. Ele corre risco do lado de fora, pois a violência não está totalmente erradicada. Esse trabalho eu deixei em 2003, e foi continuado pelo promotor Paulo Castilho.

Em 2006, saí candidato a deputado estadual, sem tocar no assunto das torcidas organizadas, a despeito de ter recebido muitos conselhos para fazer desse tema a bandeira da minha campanha. Não fiz aquele trabalho com objetivo eleitoreiro. Na época, como promotor, queria apenas cumprir minha função com responsabilidade; tinha obrigação de fazê-lo.

Meu partido é o PSDB e a minha principal bandeira, como candidato, foi a minha carreira de promotor, proposta de atuação limpa, correta, transparente. Isso influenciou bastante a minha eleição. Também tenho o passado de professor (18 anos preparando advogados para concursos) e mais de 30 livros publicados, principalmente nas áreas de Direito Penal e Processo Penal. Fiz mestrado na USP e doutorado na Pontifícia Universidade Católica de São Paulo, em Direito Público.

Minha campanha durou dois meses. Recebi mais de 95 mil votos em todo o Estado de São Paulo. Estou no primeiro mandato, e vou sair candidato à reeleição para deputado estadual, porque não terminei o meu trabalho na Assembleia Legislativa. Apresentei 275 projetos de lei, a maioria na área de defesa do consumidor e segurança, e apenas um foi votado. Entendo que essa Casa, que respeito profundamente, trabalhou muito bem, votando projetos importantes para a atual administração estadual. Talvez o nosso pecado tenha sido votar poucos projetos de deputados. Por isso vou ficar, para tentar mudar esse cenário.

A competência legislativa estadual é restrita, apertada, mas muito rica na área do consumidor. Aprovamos, com a Comissão de

Justiça, o Código de Procedimentos, que estabelece uma série de ritos procedimentais para acelerar a tramitação da Justiça. Foi feito em parceria com a OAB. Está pronto para ser votado.

Pretendo seguir carreira política, mas passo a passo, sem pressa. Não é o cargo que importa, é o trabalho. Eu sou muito ligado à Igreja e tenho feito um trabalho muito bacana, principalmente social. No próximo mandato, quero fazer o que faltou: me aproximar mais da população carente e ir até onde estão as suas necessidades.

Graduado em 1987, estagiou no Departamento Jurídico em 1984. Ingressou no Ministério Público do Estado de São Paulo em 1987, aprovado em primeiro lugar no concurso. Mestre em Direito Penal pela USP e doutorando em Direito Penal pela PUC/SP. Foi eleito Deputado Estadual por São Paulo em 2006. Publicou mais de 30 livros, abordando temas como interpretação e aplicação de leis penais, entre outros.

Depoimento em 25 de março de 2010, em seu gabinete na Assembleia Legislativa, em São Paulo (SP).

A diretoria do DJ em 2010: de pé, a partir da esquerda, Marília Bartolomei Bortolotto, Pier Angelli De Luca Maciel, Érica Leoni Ebeling, Andréa da Cunha Cruz, Giordano Morangueira Magri, Caio Godeguez Rodrigues Coelho e Mariana Borgheresi Duarte. Abraçadas: Flávia da Silva Meirelles de Souza Freitas e Heloisa Harumi Miura. Na sequência: Mariana Elisa Lourenço de Souza, Gustavo Simão Romero e Luísa Coelho Marchezan

Ricardo Tadeu Marques da Fonseca

"Nós, juízes, procuradores, promotores, somos antes de tudo servidores do povo, e por isso precisamos conhecê-lo bem."

Fui o primeiro da família a fazer Direito. Por não ter muita força física, ser um menino com deficiência visual, aprendi desde garoto a me impor pelo argumento. Entendia que a força da palavra podia remover obstáculos. Também gostava de filmes de advogado. Fui para o Direito sem a mínima hesitação, e sempre quis ser juiz.

Quando entrei na Faculdade, em 1979, tinha apenas 4% de visão em um olho. Meu vestibular foi diferente: as questões foram gravadas em fita, e eu as respondia escrevendo com o nariz no papel. Na primeira fase, de múltipla escolha, alguém marcava as respostas para mim. Não fui o primeiro aluno da Faculdade de Direito da USP com problemas de visão. Havia um colega, Alberto Amaral, hoje professor da São Francisco.

Em 1983, ingressei no Departamento Jurídico do XI de Agosto. Tinha acabado de perder totalmente a visão, e estava voltando para a Faculdade – no ano anterior havia trancado a matrícula. Queria muito advogar, mas não tinha chances por ser deficiente. Então, fui aceito no Jurídico.

Nesse ponto, é preciso dizer que devo muito das minhas realizações, na Faculdade e no Departamento Jurídico, à minha amiga Nívea *[Lucila Sisti Pereira]*, colega de sala e estagiária. Advogávamos em parceria: eu ditava, ela escrevia. Os orientadores, ao que me lembro, eram Paulo Gerab e *[Sérgio]* Salomão Shecaira.

QUESTÃO DE CIDADANIA

O ingresso no Jurídico não significou choque de realidade, no sentido social. Embora oriundo de família de classe média, bem-sucedida, meu avô paterno era operário – um filho de fazendeiro que, no *crack* da Bolsa de Nova York, em 1929, ficou pobre. Logo, eu estava acostumado a lidar com pessoas mais simples. Meu avô me ensinou muito sobre o respeito às pessoas, assim como meu pai.

A grande experiência proporcionada pelo Jurídico foi desenvolver em mim enorme capacidade de traduzir o que as pessoas falavam. De modo geral, elas tinham muita dificuldade em exprimir o que estavam passando e desejavam resolver. Era preciso traduzir aquilo em uma petição, em português formal. Tive de conhecer e vencer a barreira, a linha que separa os que estudam dos que não estudam. Ali, percebi como a língua, o idioma, faz toda a diferença.

As pessoas não têm noção, não conhecem os seus direitos, porque não entendem quando, por exemplo, leem uma notícia no jornal. Tampouco conseguem exprimir a própria aflição. Aí, percebemos quão importante é o domínio da língua como instrumento de cidadania. Muitos não dominam o português, falam de maneira simples, têm raciocínio rudimentar, justamente por conta da linguagem. E essa é uma barreira entre nós.

A assistência judiciária gratuita é prioritária. O povo mais humilde não dispõe de instrumentais linguísticos que permitam comunicar as próprias aflições e, consequentemente, entender os próprios direitos. No Brasil, quem tem formação tem, também, o dever moral de fazer essa ponte entre o Estado de Direito e o povo menos favorecido. Nem sei quantas gerações teremos de atravessar para superar essa deficiência crônica.

É fundamental que esse tipo de serviço continue; há demanda para ele, pois a Defensoria Pública não dá conta. É importante também para formar estudantes com vivência crítica, popular: o Direito tem de atender ao povo. Nós, juízes, procuradores, promotores, delegados, somos, antes de tudo, servidores do povo. E isso implica conhecê-lo bem.

VIVÊNCIAS MARCANTES

Na década de 1980, lidávamos muito com questões de família, moradia e algumas criminais. Lembro-me de um processo em que o cliente estava sendo acusado de homicídio culposo, quando, na verdade, tratava-se de acidente de trânsito. O juiz o absolveu e ele nunca mais se esqueceu do nosso trabalho. Ficou me mandando cartas por anos a fio.

O que mais me chocava eram as questões de estupro de pais contra filhas, algo muito comum e difícil. Entrevistávamos o pai, normalmente um cidadão muito cínico, e a mãe, que não tinha como provar o abuso. Tínhamos de ter muito jeito para lidar com a situação e não magoar a criança. Só depois soube que esse não é um problema exclusivo dos mais pobres. Ao contrário, incide mais até na classe A do que na C, segundo um juiz da Infância.

Outra marca do Jurídico era a simpatia dos juízes às nossas causas. Ficavam felizes em nos receber, e muitos deles também tinham passado por lá. Inclusive, nos ajudavam quando o orientador não podia comparecer. Isso não era incomum: pegávamos os casos de supetão, íamos para o fórum, tínhamos audiência em vários lugares ao mesmo tempo. O estagiário, às vezes, nem sabia bem do que se tratava. Éramos muito respeitados, toda a comunidade tinha muito carinho por nós.

Uma das coisas de que mais me orgulho na vida é da minha carteirinha de estagiário do Jurídico, que guardo até hoje. Era igual a qualquer carteira de estagiário *[inscrito na OAB]*, só mudava a cor – me disseram, porque não cheguei a ver, claro! Toda vez que terminava uma audiência, pedia para o juiz atestar que eu estivera lá.

SUPERAÇÃO E GRATIDÃO

Naquele tempo não havia computador. E, como deficiente visual, eu não tinha outra forma de estudar que não por meio da leitura humana. E a minha turma, a "Teotônio Vilela", foi muito soli-

dária. Os colegas estabeleceram um processo coletivo de apoio, lendo e gravando em fitas cassetes os livros e cadernos para eu estudar. Já a Nívea mostrou que a advocacia me era possível. A partir daí, advoguei, atuei como assessor, fui promotor, juiz. Aprendi que tudo é questão de método. Quando ingressei na Magistratura, não sabia ao certo como resolveria algumas situações. Hoje, são facilmente contornáveis.

No que diz respeito à deficiência para o trabalho, basta que a situação seja encarada do ponto de vista metodológico e instrumental. Não há limites, nem mesmo para as pessoas com deficiência intelectual. Todas podem trabalhar, desde que descobertas as suas potencialidades e definidos os métodos. Vivencio isso na prática profissional, vendo pessoas com deficiências físicas e mentais severas trabalhando com afinco. Inclusive, fiz cumprir-se a lei de cotas para pessoas com deficiência. Estou convencido de que tudo é possível ao deficiente.

Tenho muita gratidão pelos colegas do Jurídico, pela Faculdade, porque, quando fui discriminado no concurso da Magistratura, em 1990, tive todo o apoio da comunidade das Arcadas. No concurso para juiz, meu exame médico foi antecipado para antes da última prova. Ora, mesmo aprovado na fase anterior, fui cortado. O XI de Agosto fez ato público de desagravo contra o Tribunal de São Paulo. Curiosamente, quem fez minha defesa foi o *[José Antonio Dias]* Toffoli, hoje Ministro do STF, que me apoiou no passado e me apoia agora, na condução deste tema da pessoa com deficiência, no Tribunal Regional do Trabalho de Curitiba, no qual atuo. Ele me disse: "Ricardo, depois de 20 anos, vamos cumprir aquele desagravo".

Tenho muito orgulho da minha participação nessa história de defesa das pessoas com deficiência. Fui o representante brasileiro na redação da Convenção Internacional dos Direitos da Pessoa com Deficiência, da Organização das Nações Unidas, que o Brasil ratificou em agosto de 2008. Depois, no Congresso Nacional, ajudei a ratificar esse mesmo tratado ao ordenamento legal brasileiro – o primeiro incorporado não à lei, mas à Constituição. O problema que tive em 1990 não voltará a ocorrer, pois acabamos de derrubar norma do Conselho Nacional de Justiça que era preconceituosa à pessoa com deficiência na Magistratura. Esse é mais um débito ao Departamento Jurídico e ao Largo de São Francisco.

O fato de terem me aceitado como o primeiro estagiário cego do Departamento Jurídico, além de me livrar da depressão, me mostrou que eu não precisava temer a perda da visão. Dei o melhor de mim, atendi a 40 casos. Depois de formado, autoconfiante de que podia seguir na carreira que desejei desde garoto, continuei como orientador até 1987. Por isso tenho tanto orgulho de ter pertencido àquele lugar.

Formado em 1985, atuou no Departamento Jurídico entre 1983 e 1987. É Doutor em Direito pela Universidade Federal do Paraná e Mestre em Direito do Trabalho e Processo do Trabalho pela USP. Em 1991, ingressou no Ministério Público do Trabalho; em 2009, foi nomeado Desembargador do Tribunal Regional do Trabalho do Paraná. É autor do livro *O trabalho da pessoa com deficiência e a lapidação dos direitos humanos*.

Depoimento em 11 de março de 2010, em um hotel, em São José dos Campos (SP).

Otavio Pinto e Silva

"Trabalhar no Jurídico extrapola a questão do aprendizado e converte-se em experiência de vida, de uma realidade muito distante para boa parte dos estagiários."

No colégio, em meio àquela indecisão sobre o vestibular e a carreira a seguir, acabei optando pelo Direito. Afinal, serve para tudo, e eu ainda tinha um tio que era um importante professor *[Antonio Junqueira de Azevedo]* nas Arcadas, que sempre me incentivou muito. Entrei na São Francisco em 1983.

Sempre fui aluno dedicado, e também participava de todas as atividades acadêmicas. Era um momento político que estimulava a participação no movimento estudantil. Por exemplo, o presidente da República ainda era o *[general João Baptista]* Figueiredo, e em 1984 tivemos as "Diretas Já!". Todos os dias havia alguma ação relacionada à campanha, e o presidente do XI de Agosto, Eugênio Bucci, figura muito carismática, teve gestão fenomenal em termos de mobilização dos estudantes.

Era um período de chamamento constante: agitação acadêmica, comícios, passeatas, lutas apaixonadas pela redemocratização do País. Um dos nossos lemas na Faculdade, com camiseta e tudo, era "Diretas: Direito Nosso". Foi no Onze que a cor amarela da campanha começou a ser usada – inclusive vinha no *kit* do calouro. Depois, disseminou-se no resto do Brasil.

Bastante ativo no C.A., em 1984 visitei o Departamento Jurídico. Como só estudava, tinha tempo livre para estagiar. Naquela época, o estágio não era remunerado, não havia bolsa nem qualquer outro tipo de ajuda. A exceção era o vareiro, que recebia auxílio para correr os fóruns.

Como estava no 2º ano, ainda conhecia muito pouco de Direito Processual. Então, trabalhava com outros estagiários mais experientes. Pelo que me lembro, não éramos mais do que 50 estagiários, mas todos muito envolvidos, comprometidos. Acho que o Jurídico tem muito disso: os alunos que estagiam ali têm enorme vontade, um amor impressionante pela instituição. O motivo: eles percebem que estão sendo úteis para a sociedade; de cara, têm plena dimensão do papel que desempenham.

Lidamos com pessoas que muitas vezes mal conseguem expressar seus problemas. E o estagiário está ali para descobrir do que elas precisam e como ajudá-las. É um crescimento profissional maravilhoso, pois a primeira lição é como entrevistar aquele ser humano. E o Direito pode ajudar a resolver a situação com uma simples orientação jurídica. Muitas vezes, percebíamos que isso era suficiente para a pessoa exigir determinado direito, em questões como defesa do consumidor, de família, da mulher que apanha do marido. Situações do cotidiano que colocam o estudante frente a uma realidade social.

Por si só, a São Francisco é experiência impactante, se considerarmos que, de modo geral, os seus alunos vêm de classe bastante privilegiada; não é raro encontrar jovens protegidos e distantes da realidade. Muitos conhecem o centro da cidade apenas depois que entram na Faculdade. E aí começam a conviver com a pobreza espalhada pela região. Mas trabalhar no Jurídico extrapola a questão do aprendizado e converte-se em experiência de vida, de uma realidade muito distante, para boa parte dos estagiários.

CRISE EXTREMA

A maior demanda, à época, era Direito de Família, mas havia também questões criminais – pessoas presas ou detidas cujas famílias não tinham dinheiro para pagar um advogado – e de moradia, sobretudo regularização de imóveis e ações de despejo. Hoje, há abertura maior para muitos outros campos do Direito. A quantidade de casos é inesgotável, e o aluno tem de buscar a solução. Essa característica do Jurídico exige muito dos estagiários, tanto que boa parte deles acaba desistindo. Eles se sentem despreparados para enfrentar os casos e lidar com as dificuldades diárias. Mas há aqueles que não se conformam, ficam na biblioteca pesquisando, vão atrás de professores no fim da aula, tudo para tentar resolver os casos. Esse é o cotidiano do estagiário que veste a camisa do Jurídico. Ele está imbuído da ideia de missão social.

Ali também temos rapidamente visão da enorme dificuldade que é para a população carente o acesso à Justiça. O primeiro caso a que atendi foi de separação judicial, muito simples, porque o casal só queria se separar, sem bens, sem filhos. E isso era uma enorme dificuldade. Hoje, com a separação consensual, feita no cartório, melhorou um pouco.

Não eram casos excepcionais. Lidávamos diariamente com pequenos problemas que, até por isso, evidenciavam a necessidade da assistência jurídica gratuita. Às vezes, coisas pequenas mostram quanto é difícil o acesso às mínimas condições de cidadania. Orientações, auxílio, dificuldades que precisavam ser enfrentadas e resolvidas, mas que sem nossa ajuda não teriam solução. E, se o Estado não oferece a condição de resolver aquele problema, o Jurídico mostra como fazê-lo.

Além disso, a entidade traz um senso de responsabilidade a estudantes muito jovens, pois são eles, com grande autonomia, que a conduzem. Esse foi, particularmente, um aprendizado e tanto, pois cheguei ali no auge de uma de suas piores crises, quando o prefeito Jânio Quadros, ao assumir o cargo, cancelou um convênio entre a Prefeitura de São Paulo e o Jurídico. O convênio havia sido criado na gestão anterior, de Mário Covas, pela Secretaria dos Negócios Jurídicos, cujo titular era o professor José Afonso da Silva. Decerto, a equipe do Jânio entendeu que o convênio não tinha relevância alguma para a população paulistana.

Em função disso, o DJ ficou sem dinheiro nenhum. A luz chegou a ser cortada por falta de pagamento. Graças à habilidade dos estudantes, aproveitamos a crise para chamar a atenção da imprensa.

Descemos mesas e cadeiras, 17 andares, e atendemos na entrada do prédio. Na sede, nos deixamos fotografar fazendo petições à luz de velas, nas velhas máquinas de escrever. Era nosso pedido de socorro. Depois, começamos a pressionar os vereadores para a aprovação de novo convênio. Fomos de gabinete em gabinete falar do Jurídico, e um vereador chegou a propor a criação do convênio. No dia da votação, enchemos o plenário, as galerias da Câmara Municipal, gritando: "Pro povo carente, convênio é urgente!". Mas não conseguimos nada no governo Jânio; foram quatro anos sem um centavo da Prefeitura.

O convênio só foi restabelecido na gestão da prefeita Luiza Erundina, já com o professor Dalmo Dallari como secretário dos Negócios Jurídicos, em 1990. O professor Walter Piva, que integrava a equipe como chefe de gabinete da Secretaria, me chamou para trabalhar na elaboração de novo convênio, que deu origem ao projeto de lei que criou o SAJ *[Serviço de Assistência Jurídica]*, esvaziado, depois, na gestão do prefeito Paulo Maluf.

APRENDENDO A OUVIR

Fiquei no Jurídico até 1985, de onde saí para trabalhar no Sindicato dos Bancários, como estagiário. Com o grande aprendizado trazido do DJ, a respeito da importância de ouvir as pessoas, entender as histórias, os problemas, fui trabalhar no plantão jurídico dos Bancários, atendimento preliminar para avaliar se a questão podia ser resolvida por negociação direta com o banco ou se era caso de reclamação trabalhista. Uma pré-entrevista, que encaminhávamos depois ao advogado responsável.

Solidariedade, esta é outra palavra que define bem o aprendizado no Jurídico. Um dia, estávamos todos envolvidos com uma ação que precisava ser protocolada urgentemente no fórum. Ficamos, todos os estagiários, quebrando a cabeça para formular a petição; quando nos demos conta, faltavam poucos minutos para fechar o Fórum, ali na João Mendes. Desci correndo com a petição na mão, atravessei toda a praça, e o pessoal lá em cima olhando, torcendo. Cheguei ao protocolo às 17h59, faltando um minuto para encerrar o expediente. Ficamos com aquela sensação de dever cumprido.

Outro grande diferencial é a possibilidade de o estudante ter muito próximos os professores da Casa, que também conhecem bem e respeitam o trabalho do Jurídico. Essa proximidade viabiliza orientação muito qualificada. Aliás, o corpo docente da São Francisco, historicamente, sempre foi muito amistoso com o Departamento Jurídico. E é receptivo porque entende o papel que os estagiários desempenham, mesmo aqueles professores que nunca passaram pela entidade nem foram alunos da Faculdade. Estamos sempre dispostos a conversar com eles.

Comigo não é diferente. Informalmente, faço a orientação dos estagiários que atuam na área trabalhista. Além disso, presidi por vários anos a Comissão de Cultura e Extensão Universitária da Faculdade de Direito da USP, que contempla, entre as atividades, o estágio no Departamento Jurídico. Ou seja, alguns estagiários, hoje, recebem créditos no histórico escolar por atuar no DJ, desde que matriculados na disciplina que se chama Atividades de Cultura e Extensão Universitária.

Finalmente, sou presidente da Associação dos Amigos do Departamento Jurídico (AADJ), criada em 21 de outubro de 1999, que edita o jornal *O Defensor*, mantém um *site* e, por meio de contribuições, busca auxiliar financeiramente o DJ. Graças a esse trabalho, viabilizamos a compra de mais um espaço para o Jurídico. É um grande avanço, em comparação à precariedade dos anos 1980.

Graduado em 1987, estagiou no Departamento Jurídico em 1984 e 1985. Professor Doutor do Departamento de Direito do Trabalho e Seguridade Social da Faculdade de Direito da USP, e coordenador do Setor Trabalhista de São Paulo do Siqueira Castro Advogados.

Depoimento em 18 de fevereiro de 2010, na Faculdade de Direito da USP, em São Paulo (SP).

Augusto Tavares Rosa Marcacini

"O Jurídico foi uma experiência e tanto. É uma explosão de informação sobre a realidade do Brasil."

Sou filho de advogados, mas, curiosamente, em princípio essa influência teve efeito contrário na minha escolha profissional. Meu pai, Nobil, falecido, era advogado à moda antiga. Foi professor na São Francisco e na FMU, onde minha mãe, Marly, também lecionou. Mesmo assim, sempre me deixaram muito à vontade para seguir a carreira que quisesse. Pertenço à geração do *boom* tecnológico, da viagem à lua, da eletrônica. Passei a adolescência achando que seguiria a área de Exatas. Até que, por volta dos 16 anos, fiz teste vocacional... Foi a psicóloga quem me chamou para a realidade. Decidi ser advogado, se possível liberal.

Entrei na Faculdade de Direito da USP em 1983, e os primeiros contatos com o Departamento Jurídico foram por meio de colegas que auxiliavam os estagiários. O DJ vivia, talvez, o período mais crítico da sua história. Entre 1980 e 1986, vinha aos trancos e barrancos, numa situação descendente: poucos estagiários e estrutura físico-operacional completamente deteriorada.

CRISE AGUDA

Ouvi dizer que até o final dos anos 1970 o Jurídico tinha estrutura autossustentável. O dinheiro vinha de mensalidades cobradas dos estagiários e dos clientes que podiam pagar. Mas, com a crise econômica da década de 1980, e o consequente empobrecimento da população, tomou-se a decisão de não cobrar mais da clientela.

Quando entrei no DJ como estagiário, em 1986, a situação estava cada vez mais precária. Nada funcionava, tudo quebrado, não havia dinheiro, e o número de estagiários só diminuía. Para se ter ideia, não havia máquina de escrever em boas condições nem gavetas para guardar nossas coisas. Os estudantes que entravam não aguentavam três meses. Enquanto isso, diariamente, havia uma multidão para ser atendida.

Na sede, inaugurada nos anos 1960, os fios das lâmpadas corriam soltos entre o teto e uma estrutura de papelão. O Corpo de Bombeiros nos advertia que o risco de incêndio era enorme, e ameaçava interditar o andar. Era um lugar deprimente. Lembro-me até hoje da recepção de um dos diretores, o Gandhi [*Alvaro Luiz Rehder do Amaral*]: em caso de incêndio, a porta que dava acesso ao telhado estava aberta. Até fui ver se tinha mesmo saída para o prédio ao lado, traçar uma rota de fuga.

Na gestão do Mário Covas, o Jurídico firmou com a Prefeitura um convênio que representou um alívio. Mas havia um problema: a verba era dividida em partes, com destinação específica, e a parte com que se podiam pagar salários não cobria todo o valor da folha de pagamento, deixando um rombo maior a cada mês. O DJ tinha, então, quatro funcionários: Wilson, Vitão, dona Conceição e "seu" Etelvino. Em 1986, quando assumiu a Prefeitura, o Jânio Quadros denunciou o convênio, deixando o DJ sem dinheiro algum.

Poucos meses depois, o Jurídico firmou convênio com o governo do Estado, por meio da Secretaria de Justiça, cujo titular era José Carlos Dias. Ele convidou os diretores para a solenidade de assinatura do convênio, na Secretaria. Mas houve uma confusão e, por alguma questão política, o secretário foi destituído. E a reunião, cancelada. Felizmente, ele já havia assinado o convênio. Por conta disso, eu o tenho em conceito muito alto.

Em bases muito melhores, o convênio cobria todas as despesas e ainda dava bolsas aos estagiários e orientadores. Mas só podia ser usado para pagar as dívidas do mês corrente. Portanto, o passivo trabalhista continuava a assombrar. Em assembleia, os estagiários decidiram que o valor da bolsa seria doado ao DJ, até que os salários em atraso fossem quitados. Com essas doações, o Jurídico começou a fazer caixa. Quando assumi a diretoria, em 1987, os salários estavam praticamente em dia. Em meados do mesmo ano, na renovação do convênio, os estagiários passaram a ficar com o valor da bolsa.

PRIMEIRA REFORMA

Um dia, em 1986, o Chico *[Francisco Alberto Saraiva Bertolaccini]*, diretor muito carismático, eleito na gestão anterior junto com a Maria Paula Dallari, me chamou para conversar em particular. Entramos numa sala, ele fechou a porta e disse: "Você é o nosso sucessor". Dei as costas e saí sem responder. Não seria diretor! Só que ele espalhou a notícia para todo mundo. E, na comemoração da eleição do Marcelo Semer para presidente do Onze, num bar no Bixiga, o Chico levanta e grita: "O Guto vai ser o nosso sucessor no Jurídico".

Aí não teve jeito, por livre e espontânea pressão, era o candidato. No final de 1986, tinha a difícil missão de encontrar mais quatro nomes para compor a chapa que disputaria, sem concorrência, a eleição do DJ. Acho que o primeiro que topou foi o Agnello *[Herton Trama Jr]*. A segunda "vítima" foi o Maurício Miguel *[Abou-Assali]*, seguido da Maria Fernanda *[Junqueira da Veiga]* Serra e do Nivaldo *[Sebastião]* Vicola.

No final da gestão anterior do Jurídico, o professor Dalmo Dallari, que tinha acabado de assumir a direção da Faculdade, e o reitor, José Goldemberg, visitaram o DJ. No dia da visita, armamos um circo e convidamos muita gente. Lotou de estudantes e clientes. Impressionado com o nosso trabalho e o avançado estado de deterioração da sede, o reitor disse para os diretores passarem na Prefeitura da USP, onde sempre tinha material de construção sobrando. Por fim, a reitoria acabou abrindo licitação para a reforma.

Depois de algumas confusões, porque nada no Jurídico é fácil, saímos do estado pré-incêndio. Fizemos uma grande festa de reinauguração, registrada em vídeo pelo Pipa *[Pedro Paulo Maillet Preuss]*. Os professores compareceram, o Dalmo discursou, o Goldemberg também. De repente, aparece a imprensa. Foi maior do que a gente imaginava.

CHOQUE DE REALIDADE

Eu tinha ideia do trabalho do Jurídico, mas quando cheguei lá vi que a realidade era muito pior. Foi um choque. Quem não tinha estrutura emocional e muita vontade não conseguia ficar. Por natureza, aquilo é máquina de moer carne, só se ouve desgraça. E ainda por cima o lugar era escabroso. Com a reforma, ao menos passamos a trabalhar em ambiente mais agradável.

Sempre fui muito engajado, não alienado, mas a história lá era brava. Lembro-me de que, enquanto atendia aos clientes, pensava como a situação do mundo podia ser tão ruim. Uma das primeiras causas a que atendi foi a de uma mulher que apanhava demais do marido. Para suportar a situação, começou a beber, tornou-se alcoólatra. Procurou o DJ porque vencera o vício, e queria recuperar a guarda do filho. A história me chocou demais. Uma coisa é ler esse tipo de notícia no jornal, outra é ouvir a pessoa contar isso na sua frente, com naturalidade.

Outro caso chocante foi o de um cidadão que chegou ao Jurídico bêbado. Foi meu único caso penal. Contou que a filha de 18 anos estava presa sem ter feito nada. Demorava a dizer o que queria... Cheguei a duvidar até de que tivesse uma filha. Então, contou que ela havia feito um aborto e fora presa em flagrante. Estava detida em uma delegacia feminina, com criminosas. Conseguimos soltar a garota, que depois de uns quatro ou cinco anos foi a júri. Eu já não era estagiário, e quem atendeu ao caso foi o Flávio *[Américo]* Frasseto, hoje defensor público.

Marcante também foi o caso de um despejo que terminou em facadas. Vivíamos o ápice da crise habitacional, São Paulo inteira estava sendo despejada. Nesse caso, ganhei por duas vezes; o locador não recorreu e entrou com uma terceira ação. No prazo para contestá-la, o locatário apareceu no Jurídico para agradecer e dizer que tinha deixado o imóvel. Ele abriu a camisa e vi que estava enfaixado: tinha sido esfaqueado. Perguntei quem tinha feito aquilo, e ele me disse para esquecer. Não queria ir à polícia. Lembrou que tinha mulher e filhos, e por isso tinha medo do pior.

LEGADO

Sempre digo aos meus alunos que, na prática, aprendemos como as coisas funcionam. No Jurídico, onde fui orientador por 15 anos, aprendemos também como não funcionam. A realidade das periferias é assim até hoje, não mudou. Imagine o que é para um garoto de 20 e poucos anos ver ao vivo essas situações. Isso marca indelevelmente.

Minha pós-graduação, iniciada logo depois de me formar, foi sobre assistência judiciária. Essa experiência me ajudou muito. Ninguém falava sobre o tema, nem havia material para pesquisa. Na banca, o professor José Eduardo Faria, conhecido como "durão" nas arguições, até esboçou um elogio inicial: "É a primeira vez que vejo alguém fazer dissertação sobre pobre".

No DJ comecei a aprender que o Direito não é ciência de laboratório, não é conhecimento que se aprende apenas na biblioteca. A experiência e o contato com a realidade contam muito. Sempre tive postura acadêmica e profissional muito preocupada com a realidade – minha dissertação e minha tese mostram essa influência. Não adianta querer sustentar tese jurídica sem conhecer o país em que vivo, a Justiça que ele oferece, a estrutura do Estado, o ambiente em que essa proposta será aplicada. A experiência no DJ repercutiu na minha visão do Processo Civil, dos seus princípios fundamentais e do valor do acesso à Justiça. Ou da igualdade de oportunidades, imperfeita em todo o mundo, mas bem pior aqui no Brasil.

O Jurídico foi uma experiência e tanto. É uma explosão de informação sobre a realidade do Brasil. Eu me achava informado, mas nada é comparável a atender àquela população e ouvir suas histórias. Até chegar lá, não sabia que isso era tão real... Aquilo é a vida como ela é.

Graduado em 1987, ingressou no Departamento Jurídico em 1986. Orientador entre 1988 e 2003, atualmente orientador honorário. Concluiu o mestrado em 1993 e o doutorado, em 1999. Professor de Direito Processual Civil das FMU (1988 a 1998) e da Universidade São Judas Tadeu (1998 a 2009). Preside a Comissão da Sociedade Digital e é membro da Comissão de Estudos sobre a Reforma do Código de Processo Civil, ambas da OAB/SP.

Depoimento em 25 de março de 2010, no Marcacini e Mietto Advogados, em São Paulo (SP).

Cristina Guelfi Gonçalves

"No Departamento Jurídico, tive, além de uma edificante iniciação profissional, uma verdadeira experiência de vida: atuar em favor de pessoas socialmente excluídas, que não teriam possibilidade alguma de acesso à Justiça, não fosse pelo nosso trabalho."

O Direito sempre fez parte da minha vida. Meu pai foi juiz de Direito e militou principalmente na área da família. Sempre admirei sua dedicação e seu entusiasmo pelo que fazia, que representava mais do que uma profissão. Acho que, em grande medida, herdei um pouco dessa paixão. No entanto, quando deparei com a necessidade de escolher uma carreira que abraçaria por toda a vida, não posso negar que fui tomada pela dúvida: eu queria realmente atuar na área jurídica ou estaria sendo influenciada pelo meu pai?

Agora, olhando em perspectiva, tenho claro que a dúvida era natural daquela fase da minha vida, marcada pela passagem do final da adolescência para o início da idade madura, ocasião em que temos de começar a tomar decisões que nos parecem definitivas. Confesso que cheguei a acreditar que não tinha vocação para atuar na área jurídica e cogitei prestar o exame vestibular para outras áreas, mas, no final das contas, admiti que, de fato, o que eu queria era o Direito. Aquela paixão de meu pai havia me contaminado de forma irremediável.

A partir do momento em que escolhi o curso, evidentemente, o meu grande sonho passou a ser o ingresso na Faculdade de Direito da Universidade de São Paulo. Empreguei toda a minha dedicação para concretizar esse propósito. O esforço não foi em vão, uma vez que, no ano de 1989, começava a cursar a São Francisco.

Naquela época, o estágio no Departamento Jurídico do XI de Agosto só era franqueado aos alunos do 4º ano, sendo que aos discentes dos primeiros três anos restava apenas o serviço de "vareiro". Contudo, já em 1990, acabaram por possibilitar a realização do estágio a partir do 2º ano, quando iniciei minhas atividades no DJ. Éramos, então, vinculados a um estagiário mais experiente, que intermediava o contato com o advogado orientador. Apesar da pouca experiência, tenho certeza de que se tratou de uma etapa extremamente enriquecedora e marcante para toda a minha vida profissional, até pelo volume de casos que assumíamos desde logo. Ali recebemos, pela primeira vez, a responsabilidade de postular em nome de terceiro, ainda que estivéssemos atuando com a devida orientação.

EXPERIÊNCIA DEFINITIVA

Quando ingressei na Faculdade, desconhecia por completo a existência de um serviço como aquele. Assim, o Departamento Jurídico do XI de Agosto foi uma experiência que irradiou contornos definitivos para toda a minha vida; ali entendi o que queria e o que iria fazer. Foi meu primeiro contato com a assistência judiciária, a primeira vez em que atendi a uma pessoa e tive contato com a face concreta e humana do Direito, prestando um serviço de natureza social a quem mais precisava. E essa experiência simplesmente me encantou.

Lembro-me como se fosse hoje da primeira vez em que redigi e protocolei uma petição inicial; tratava-se de uma ação de investigação de paternidade. Na ocasião, com todo o capricho e cuidado, utilizei uma máquina de escrever para elaborar a peça. Não havia, então, a facilidade dos editores de texto, que copiam, colam e até corrigem os percalços ortográficos. Naquele tempo, que já parece jurássico, a máquina de escrever não perdoava, e um trabalho impecável não comportava um erro sequer. Finalizada e protocolada a peça, tive a nítida sensação de que o direito é um instrumento muito poderoso e que, a partir dele, podemos intervir, de fato, na distribuição da cidadania, num país em que a justiça social é exceção. Foi a primeira vez em que senti isso. Antes, via o Direito como algo imaterial, teórico, e, de repente, estava vivenciando o resultado prático de toda a teoria.

No Departamento Jurídico, tive, além de uma edificante iniciação profissional, uma verdadeira experiência de vida: atuar em favor de pessoas socialmente excluídas, que não teriam possibilidade alguma de acesso à Justiça, não fosse pelo nosso trabalho. Creio que ali foram plantadas as sementes que guiaram tudo mais que sucedeu em minha carreira.

Naquela época, eu não tinha a dimensão do papel da assistência judiciária. Embora soubesse que a população carente da cidade de São

Paulo era enorme, não tinha a mais vaga ideia do número de pessoas sem nenhuma possibilidade de acesso à Justiça. Sentia apenas que a demanda no Jurídico era enorme. Não sabíamos como chegavam até lá, mas a impressão era de que se tratava de um eficiente boca a boca: alguém ia, contava para o vizinho, que recomendava o serviço, pois sabia que teria um atendimento digno.

Predominantemente, quem nos procurava estava em busca de apoio na área do Direito de Família e, também, em questões relativas à moradia. Recordo-me de diversas ações em que atuei pelo DJ relativas a locação e questões possessórias.

Por conta dessa enorme carga de trabalho, o DJ sempre foi um lugar muito agitado; estávamos sempre indo e vindo, correndo, tocando os casos, tentando resolver os tantos problemas que apareciam e atender bem às pessoas que ali estavam à procura de alguma orientação. Recordo-me de que, naqueles primeiros anos da década de 1990, não havia entre os estagiários uma atuação política, no sentido de engajamento no movimento estudantil. Tenho certeza, porém, de que todos os estagiários que passaram por lá vivenciaram na prática o exercício do Direito, o que certamente influenciou a todos na sua formação política, no sentido amplo. Ainda que a minha atuação tenha sido muito prática, técnica, aquela experiência foi sempre marcada pelo idealismo e pela percepção de que o direito, concretamente, pode servir de instrumento para a redução da desigualdade.

DEFENSORIA PÚBLICA, UMA VOCAÇÃO

Esse sentimento, semeado nos anos de DJ, me acompanha desde o início como procuradora do Estado, carreira em que ingressei em 1994. Desde então, sempre atuei na Procuradoria de Assistência Judiciária (PAJ), notadamente na área da família. Essa atuação levou-me a optar, em 2006, pela Defensoria Pública. Ao me tornar defensora, pude dar prosseguimento ao trabalho com o qual estava realmente envolvida. Na PAJ, éramos cerca de 350 procuradores envolvidos nessa atividade. Destes, 87 fizeram a opção pela Defensoria, dentre os quais há vários ex-estagiários do Departamento Jurídico. Com a criação da Defensoria, percebemos que qualquer porta que se abra para a prestação da assistência jurídica dá vazão a uma enorme demanda reprimida. Apesar de atendermos, todos os dias, a um grande contingente de pessoas, sabemos que ainda há uma enorme parcela da população que não tem consciência dos seus direitos, nem sequer sabe que esses direitos estão sendo cotidianamente violados, não sabe que existe um órgão que pode resolvê-los, algumas vezes de forma bastante simples. São coisas pequenas, mas que causam grandes transtornos para muita gente, como a emissão de um documento, por exemplo.

Daí a importância de uma ação proativa dos defensores e de qualquer profissional envolvido com a prestação de assistência jurídica. Não basta ao defensor ficar só em seu gabinete, trabalhando em seus processos. Isso é muito importante, obviamente, mas é apenas uma parte da questão; há outro trabalho, fundamental, que é ir às comunidades carentes, realizar uma série de atividades em escolas públicas, em associações de bairro, conversar com a população, sentir as suas necessidades e compartilhar, de forma simples, o nosso conhecimento técnico.

É verdade que o número de defensores, em São Paulo, ainda não é suficiente para atender a toda a demanda. Aumentar os quadros é um dos nossos grandes desafios. Além disso, em São Paulo, a remuneração ainda é significativamente inferior à das carreiras da Magistratura e do Ministério Público, o que, infelizmente, contribui para um movimento muito grande de evasão do cargo. No entanto, creio que, na medida em que a Defensoria mostre o seu trabalho e sua utilidade social, o que já está ocorrendo, o reconhecimento virá.

Nesse cenário de muito trabalho e pouca recompensa, quem escolhe prestar assistência jurídica gratuita como profissão é movido por um "algo a mais". Ao contrário de instituições mais tradicionais, nas quais tudo está muito bem assentado, construído e acabado, há muito trabalho a ser feito na Defensoria paulista. Esse é um grande desafio, uma oportunidade única para fazer uma instituição diferente. Muitos defensores são jovens movidos pelo ânimo de agarrar esse desafio e começar do zero. Temos a marca do novo, de uma instituição em formação, composta em sua maioria de pessoas com menos de 30 anos. Isso nos dá características especiais: vibração, garra, disposição para fazer algo diferente. Não queremos repetir os mesmos erros de instituições encasteladas, viciadas. Queremos trilhar um caminho mais próximo da comunidade. Nosso objetivo é atender à população carente, de forma proativa, nas comunidades, nas ruas, atingindo as pessoas a que temos de atender, mantendo contato com elas e entendendo a sua realidade.

Esse idealismo, essa percepção de que o Direito, na prática, pode servir à comunidade, eu trouxe do Departamento Jurídico, assim como vários ex-estagiários que hoje são defensores públicos. E é esta chama que me move todos os dias: o fato de poder fazer a diferença, de levar um pouco de cidadania, de esclarecimento àquelas pessoas carentes não só de justiça, mas carentes de tudo. É saber que posso, com o direito, transformar essa realidade social.

Graduada em 1993, é especialista em Direito de Família. Ingressou na Procuradoria-Geral do Estado de São Paulo em 1994, sempre atuando na assistência judiciária. Foi conselheira da PGE/SP de 2002 a 2004 e participou, desde o início, do movimento pela criação da Defensoria Pública paulista. Foi defensora pública-geral do Estado de São Paulo de maio de 2006 a maio de 2010.

Depoimento em 9 de abril de 2010, no gabinete da Defensoria Pública, em São Paulo (SP).

No DJ, trabalho intenso para atender à sempre crescente demanda de casos

Manuela Schreiber Silva e Sousa

"Desejo manter em mim a marca do Jurídico, um selo. E, aonde quer que eu vá, que seja identificada por esse selo. Desejo, no meu trabalho, nunca fazer nada que possa negar o que eu já fiz nessa instituição."

Ingressei no Departamento Jurídico em 1998, no 2º ano da Faculdade, como vareira. Fui designada para fazer a vareiragem nos fóruns de Itaquera e São Miguel Paulista, os mais distantes, na Zona Leste da cidade. Eram os piores, naquela época... A partir do 3º ano, passei a estagiária plantonista, até me formar, em 2001. E já em 2002 me transformei em orientadora. Desde então, me afastei do DJ apenas por seis meses.

Para mim, o Jurídico tem duas grandes marcas: a primeira é ser uma instituição de portas abertas para a sociedade. As pessoas chegam aqui e, mesmo sem encaminhamento, conversamos com elas... Mesmo com o volume excessivo de trabalho, com a burocracia dos convênios, este é um lugar aberto. Talvez nossa estrutura não dê conta de atender a toda a demanda, mas essa é a nossa filosofia.

E, por ser aberto, é lugar de acolhimento, não só do ponto de vista jurídico. As pessoas que não têm mais a quem recorrer encontram aqui quem as ouça. Talvez por isso todos tenham atendido a um louco, ao menos uma vez. Nossas portas estão abertas inclusive à loucura, embora não haja muitas providências jurídicas para isso. O DJ acolhe a todos. Algum estagiário vai falar com ele, ouvi-lo, dar-lhe um sorriso, uma palavra de apoio.

A segunda marca forte são os estudantes. A cara do Jurídico são os alunos da São Francisco. Quem dá esse contorno, mantém as coisas funcionando, são eles, que permitem que os nossos sonhos não se transformem em meros projetos. Nos meus plantões semanais, na orientação, às vezes percebo que um caso não tem solução jurídica. É muito mais complexo do que o Direito pode dar conta. Mas nosso estagiário não aceita o não como resposta. Tem um inconformismo impregnado em si. Com o tempo, aprende a lidar com a questão, racionaliza o problema. Mas estará sempre indignado com a injustiça.

PROFISSIONALISMO

No Jurídico, o impossível acontece. Encontramos sempre uma alternativa para realizar planos que, em qualquer outro lugar, seriam inviáveis. O mesmo vale para as teses jurídicas criadas aqui. A contingência é tão forte que os estagiários simplesmente se veem obrigados a transformar problemas em soluções. Foi assim na reforma iniciada em 2000, a maior de todas, que mudou completamente o cenário. Na época, alugamos um conjunto no andar de baixo para não interromper o atendimento. Trabalhamos em condições precárias, mas não deixamos de atender nem um dia sequer.

Nos últimos anos, ocorreram mudanças físicas e na estrutura do Departamento. Atendemos a cada vez mais pessoas. As estatísticas dão conta de um crescimento assombroso no número de processos. Os advogados orientadores trabalham cada vez mais; eu encerro meu expediente no DJ cada vez mais tarde. A demanda dos estagiários, com relação às orientações, é maior.

Percebo uma espécie de profissionalização no atendimento prestado. Os estagiários de hoje demandam uma estrutura que, no meu tempo, não era necessária. Nós nos virávamos com o que havia; e o que não havia – material de escritório, por exemplo –, trazíamos de casa. Os diretores querem uma estrutura que funcione. Por isso, treinam os estagiários, promovem cursos e palestras para os calouros, vareiros.

O que não muda no Jurídico é o perfil de casos. Temos um gueto, nosso núcleo intocável, que sempre teve e terá presença maciça. São questões de família, criminais, cíveis e alguma coisa trabalhista. Certa vez, um professor da Faculdade nos disse que o DJ trabalha com o direito real, aquele que afeta a vida das pessoas nas suas relações cotidianas.

Do ponto de vista da clientela, percebo que o poder aquisitivo, de modo geral, aumentou. Hoje, as pessoas atendidas, em sua maioria, já não estão mais na miséria absoluta. Quando eu estagiava, atendi a muita gente abaixo da linha da pobreza. Claro que ainda atendemos a pessoas em situação socioeconômica crítica, principalmente nos casos criminais – o Estado não comparece para dar educação, saúde, moradia, mas aparece para punir, para prender. É importante observar, contudo, que essa melhoria geral nas condições de vida dos nossos assistidos fez surgir novos problemas. Enfrentamos, hoje, muitas ações contra bancos, financeiras.

SEGUNDO DIPLOMA

Desde a criação e consolidação da Defensoria Pública, o acesso da população carente de São Paulo ao sistema judiciário aumentou. Mas ainda é muito diferente daquela assistência com que o DJ sonha e pela qual sempre lutou.

Certamente, não existe outra entidade conveniada com a Defensoria Pública no Brasil que tenha o volume de processos em andamento que nós temos. O Jurídico é uma máquina de acesso à Justiça. Temos como meta, na verdade um sonho, que toda pessoa que nos procure possa, se necessário, chegar ao Judiciário.

Concordo plenamente com quem diz que o estágio no DJ confere um segundo diploma, que prepara o aluno da São Francisco para o imediato exercício da advocacia. Isso ocorre porque, no Jurídico, vivemos em permanente estado de sítio, seja pela demanda, grande demais para a estrutura, seja pelos casos dos nossos clientes, sempre seriíssimos. É impressionante: todos os exemplos dramáticos que um aluno leia nos manuais jurídicos não poderão ser comparados aos casos que enfrentará aqui. A abundância de eventos reais com os quais temos de lidar cotidianamente põe em cheque as teorias acadêmicas. Aqui, nunca sabemos se haverá como tirar cópia da petição da

outra parte, se será possível falar com o cliente antes da audiência... Depois de vivenciar todas as adversidades típicas do DJ, nada mais parece problema.

Gerir o Jurídico é uma tarefa desgastante para os estudantes. Há estagiários de diferentes perfis. Penso sempre na parábola bíblica do bom semeador. Os terrenos que semeamos são diversos. Há estagiários que fazem uma passagem social, pegam um caso ou dois, veem que a coisa é feia e desaparecem; há os que ficam um pouco mais, fazem um bom trabalho e consideram o período de estágio como uma fase da vida; e há os que realmente se inebriam, deitam aqui raízes profundas e se transformam. São meninos ainda, mas com o enorme senso da responsabilidade que esta entidade representa. Esses são os que fazem a história do DJ há décadas.

FORMANDO CIDADÃOS

Como todos os que passaram pelo Jurídico, também vivi experiências pitorescas. Uma vez, tive de fazer uma ação cautelar muito séria, para o mesmo dia. O Fórum fechava às 19 horas, e eu tinha de redigir a petição, providenciar os documentos, enfim, não daria tempo de colocar todos os argumentos. Então, a advogada orientadora me disse: "Escreve o que der. Na hora da audiência, conversa com o juiz. Se ele não quiser te ouvir, diga só que parte das suas razões jurídicas está na petição; o resto é pedir pelo amor de Deus, porque o caso é sério". No estágio, fui orientada por duas grandes mulheres,

Maria Lima Maciel e Aida Vera Foglio. Aprendi com elas a ter fé no imponderável, a perceber que as coisas se ajeitam diferentemente do que planejamos.

Isso demonstra como a engrenagem do DJ é azeitada. Há uma sintonia muito grande entre estagiários e advogados, baseada na solidariedade. E a afinidade entre essas pessoas é grande porque elas escolheram estar aqui, não importa o motivo. Isso faz com que as coisas andem de forma incrível. Os laços são tão fortes que as pessoas se transformam em casais, padrinhos de casamento, dos filhos. Aqui conheci meu marido, Rodrigo *[Ribeiro de Sousa]*. Os grandes amigos de um antigo estagiário do DJ são sempre outros antigos estagiários do DJ.

Ao mesmo tempo, existe uma ambivalência de forças entre os "atores" do processo judicial, com relação às demandas do Jurídico. De um lado, alguns juízes e funcionários do sistema judiciário comemoram o fato de estarmos patrocinando um processo, porque representamos uma tradição de 90 anos. De outro, há os que se armam de antemão porque esperam que causemos um problema. E nós sempre causamos muitos deles! Outro dia mesmo criei problema porque precisava falar com o preso antes da audiência. Não tive como ir até a cadeia. Se pudesse, disponibilizaria um advogado para visitá-lo no cárcere e dar toda a assistência jurídica de que ele é merecedor. Só que aqui no DJ isso é impossível. E como defender uma pessoa sem falar com ela antes? Não fazemos nada mais que nossa obrigação de advogados, mas incomodamos. E incomodamos porque não nos conformamos com farsas.

Hoje, raramente tenho contato direto com os clientes, mas não embacei a visão da estagiária. Sei da dificuldade de estabelecer uma comunicação com o cliente do DJ, porque ele não é só carente do ponto de vista financeiro. Ele tem carências infindáveis: intelectuais, nutricionais, educacionais. Às vezes, nem sequer conseguimos fazê-lo entender qual é o seu problema e que decisão ele precisa tomar. Nesse sentido, temos um papel muito importante de formação da cidadania.

Desejo manter em mim a marca do Jurídico, um selo. E, aonde quer que eu vá, que seja identificada por esse selo. Desejo, no meu trabalho, nunca fazer nada que possa negar tudo o que eu já fiz nesta instituição. Para estar aqui, deixei muita coisa pelo caminho. Não posso negar os efeitos do DJ em mim. É uma marca muito forte, principalmente na maneira de advogar, de tratar o cliente, não como um número do distribuidor do processo, mas como um ser humano. Atuo mais na área criminal e, para mim, isso adquire uma relevância ainda maior. Se eu não puder, nos casos criminais, atuar com a coerência que experimentei no Jurídico, então de nada valerá.

Quero chegar ao final da trajetória e poder dizer, como São Paulo, que combati o bom combate, terminei minha corrida, e mantive a fé. Esse modo de olhar a vida, construí no Jurídico.

Advogada, formada em 2001, foi estagiária no Departamento Jurídico de 1998 a 2001. É orientadora do DJ desde 2002.

Depoimento em 9 de junho de 2010, na sede do DJ, em São Paulo (SP).

Hamilton Kenji Kuniochi

"O que nos move é a incrível experiência coletiva, o caráter agregador do DJ."

A escolha pelo Direito teve influência familiar: um padrinho advogado e meus pais achavam que eu tinha vocação para a área jurídica por ser sério, formal. Mas eu sempre gostei de Publicidade e Rádio e TV, tanto que cursei um mês de Comunicação Social em uma faculdade particular. Mas virei calouro da São Francisco. Fiquei encantado e acabei desistindo do outro curso.

Já na matrícula, os calouros são bombardeados por informações, da Faculdade e do XI de Agosto. Logo no trote, acabei conhecendo o Departamento Jurídico: fui pintado no pátio pelo pessoal de lá. Depois, entre os eventos da calourada, estava uma visita monitorada ao DJ. Naquele dia éramos uma "multidão", e não havia espaço para todo mundo (as instalações eram ainda menores do que hoje). Quando todos saíram, eu e a Érika Mayumi Abe, amiga da escola que entrou comigo na São Francisco, resolvemos ficar mais um tempo. Conversei com os diretores do DJ sobre como as coisas funcionavam. Comprei uma camiseta e decidi que era ali que gostaria de atuar, especificamente no atendimento. Mas não fui aprovado na entrevista de seleção.

No 2º ano, em 2005, comecei na função de vareiro, no Fórum da Lapa, Zona Oeste da capital. Esse foi o meu primeiro contato com a prática do direito. Curiosamente, nunca havia pensado em estagiar em escritório ou em instituições públicas, mas, pelo caráter assistencial do DJ, pareceu-me uma escolha natural, mais adequada ao meu perfil.

Enfim passei para o atendimento e comecei a lidar com os casos – assumi mais de cem. Fui convidado a participar de uma chapa eleita para a diretoria, em 2006. Boa parte dos que integraram a direção era da minha classe, que tinha grande quantidade de estagiários do DJ: Adriano Buosi, o Drino; Alexandre Frigério; Alessandra Januário, que me "intimou" a integrar a chapa; Túlio Macedo Rosa e Silva, meu parceiro de Tesouraria; Bruno Redondo; Fábio Saar, o Fabão, grande responsável pela reestruturação da Diretoria de Estágio; Thays Tonin; e Vânia Medeiros, presidente.

Tive de abrir mão dos casos mais complexos. Mesmo assim, atuei em alguns curiosos, que fugiam à rotina. Um deles, do qual estou cuidando até hoje, é o de um cidadão envolvido em uma história cheia de equívocos. O número do telefone da casa dele apareceu como sendo do sequestrador de um jogador de futebol. Ocorre que, por ocasião do sequestro, o telefone já não pertencia mais ao cliente; havia muito tinha sido desligado. Por algum erro da companhia telefônica, ele acabou envolvido na história. Entramos com ação de indenização contra a companhia, pois o cliente passou por situação vexatória – foi levado pela polícia na frente de todos os vizinhos. Ganhamos em primeira instância, e aguardamos recurso.

PRESERVANDO A HISTÓRIA

Quando ganhamos a eleição, assumi a Tesouraria do Departamento Jurídico. Com isso, acabei me embrenhando em novos territórios do DJ: as preciosas gavetas. Logo percebi que muitos documentos "arquivados" ali poderiam reconstruir a história da instituição.

Mas só quando me tornei secretário-geral, no ano seguinte – o diretor administrativo de 2006, Drino, foi o presidente –, achei que estava autorizado a mexer naqueles documentos. Descobri que o DJ faria 90 anos dali a dois anos. Eu e o Bruno Redondo, então diretor de Assuntos Externos, espécie de relações públicas, resolvemos fazer um grande evento para marcar a data. Finalmente, pus a mão na massa: organizei a papelada encontrada nas gavetas, reuni o que estava espalhado entre antigos estagiários e nos arquivos do XI de Agosto, na verdade uma caixa com documentos em franca deterioração. Esse material, mais os registros nos livros do Armando Machado, organizei de forma cronológica, fazendo índice para consulta, catalogando e guardando tudo.

Em 2007, organizamos uma festa para comemorar os 20 anos da reforma da sede do DJ *[nova designação de Assistência Judiciária*

Acadêmica] pela Reitoria da USP e os 60 anos de criação do DJ. Tiramos todas as baias, suspendemos o atendimento, contratamos um pessoal para fazer crepes e servir os convidados, vários estagiários antigos. Muita gente compareceu, inclusive o professor Dalmo Dallari, que era o diretor da São Francisco em 1987, e antigos diretores da época, como Augusto Marcacini e Pedro Paulo Maillet Preuss. O Vitão fez um ponche muito forte, que fez o pessoal ficar "alto" rapidamente!

Outra coisa que sempre fiz nas diretorias, e mesmo depois, foram os cartazes, camisetas, quadros de avisos etc. Tudo o que dizia respeito à parte gráfica, usando o lado da comunicação social que acabei deixando ao optar pelo Direito. Muitas dessas criações até hoje são usadas pelo DJ.

Quando a nossa gestão acabou, eu, o Bruno e o Gustavo Ribeiro de Macedo, também diretor em 2007, que foi para a diretoria seguinte, resolvemos resgatar a Associação dos Amigos do Departamento Jurídico (AADJ). Criada em 1999, foi muito ativa nos primeiros tempos, tendo conseguido, inclusive, arrecadar recursos para a aquisição da nova sede. Depois perdeu fôlego. Mas, a partir de 2004, foi retomada graças ao empenho do Drino, que integrou a diretoria da AADJ ainda como calouro. Com isso, retomei a ideia de criar um jornal, inclusive adotando o nome O *Defensor*, projeto que havia sido pensado pela diretoria de 2005 e engavetado. Editado por mim, tem tiragem mensal de cem exemplares, entregues aos associados e também disponível no *site* do DJ. O jornal já completou três anos de existência. Além disso, a Associação permitiu a realização de algumas ações que marcaram as nove décadas de funcionamento do DJ, inclusive este livro, que reconta a história de uma das mais importantes instituições de assistência judiciária gratuita do Brasil.

VÍNCULOS PERMANENTES

Eu estava no Jurídico quando foi criada a Defensoria Pública de São Paulo e, em função do convênio assinado entre as duas instituições, acabamos tendo alguns encontros promovidos pela Defensoria com as entidades a ela conveniadas. Eram organizações de defesa de direitos dos cidadãos, como a Pastoral Carcerária e representantes dos movimentos de gays, lésbicas e simpatizantes (GLS). Nenhum deles, por mais engajados que sejam, tem o perfil de atendimento do DJ.

Somos, indiscutivelmente, uma instituição muito peculiar. Atendemos absolutamente a todas as demandas da população na área do Direito. Além dos tradicionais casos de família e das questões de moradia, o Jurídico atua fortemente em ações trabalhistas e criminais. Hoje também há muitos casos na área do Direito do Consumidor. Por isso, desde sempre, o Departamento é a melhor escola prática da São Francisco.

Nunca pensei no que move as pessoas a manter vínculos tão fortes com o DJ, mas acredito que seja a incrível experiência coletiva que promove, o seu caráter agregador.

Formado em 2008, integrou o Departamento Jurídico de 2005 a 2007. Foi diretor financeiro da AADJ em 2008 e 2009, sendo atualmente seu segundo diretor-secretário.

Depoimento em 8 de março de 2010, na Editora Lettera.doc, em São Paulo (SP).

Antonio Magalhães Gomes Filho

"Sem assistência jurídica gratuita, só os ricos ou pessoas de alguma posse poderiam ter acesso à Justiça."

Venho de uma família de juristas. Meu bisavô era juiz; o avô, promotor. E eles trabalharam juntos. Os meus tios eram advogados e juízes. Poderia até ser natural minha escolha pelo Direito, mas a verdade é que quando pequeno queria ser engenheiro. Porém, a Matemática me fez desistir de qualquer pretensão com as Ciências Exatas.

Em 1965, entrei na São Francisco, e me formei em 1969. Fiz concurso para o Ministério Público, no qual atuei durante 24 anos *[de 1970 a 1994].* Fiquei fora da Faculdade de 1969 até 1975 e voltei para fazer pós-graduação. Eu não tinha ideia de que faria carreira acadêmica aqui. Antes da pós, estava no interior do Estado, como promotor, e comecei a dar aula em Itapetininga. Por isso me interessei pelo Magistério.

O estágio no Jurídico ocorreu em 1969, quando cursava o 5º ano. Antes, havia estagiado em um escritório de advocacia, mas era mais burocrático, não havia contato direto com os clientes durante os casos. Fiquei um tempo e não me entusiasmei. Nessa época, também trabalhava no Banco do Brasil. Houve um período em que eu frequentava a São Francisco de manhã, à tarde ia ao Jurídico, ao Fórum, e à noite trabalhava no banco, na compensação de cheques.

Desde que ingressei no Departamento, meu interesse sempre foi o Direito Penal e o Processo Penal, do qual sou professor. Naquele período, os colegas em geral não tinham preferência por essa área. Recebi alguns casos cíveis e, já na primeira semana de estágio, apareceu uma senhora cujo filho estava preso. Ele tinha direito a *sursis*, mas o juiz não a deu em razão do porte de entorpecente. A mãe queria que eu assumisse o caso e fosse visitá-lo na Casa de Detenção. Assim fiz, numa manhã de sábado, e vi um mundo completamente diferente: o da cadeia. Pedi para ver o preso e me apareceu um rapaz aparentando 18 ou 19 anos. Ele me contou ter sido condenado por porte de entorpecente, cuja pena, à época, era de um ano de reclusão. Alegou querer *sursis*, pois era menor de idade (tinha menos de 21 anos) e a lei lhe permitia esse direito. Veja, eu tive uma lição de Direito Penal com um preso! Uma lição importante. Esse rapaz não conseguiu o *sursis* porque tinha uma lista de antecedentes extensa por roubos e furtos. Por um lado, foi mal, pois não pude obter o que o rapaz queria. Em contrapartida, do ponto de vista profissional, foi bom, pois passei a trabalhar em todos os processos dele.

Nas primeiras semanas de trabalho no Jurídico, atuei em cerca de 20 processos criminais... Fazia as audiências, as razões finais, com a ajuda dos orientadores, que eram o Miguel Aith e o Paulo Gerab. O Miguel era uma pessoa incrível, extraordinária. Ele tinha uma mesa para atender apenas a um estagiário, mas em volta reunia um grande número de estudantes. Fazia brincadeiras, era muito agradável e aparecia no Departamento no final das tardes.

IMPORTÂNCIA DA ASSISTÊNCIA JURÍDICA

O Jurídico representou uma experiência profissional muito intensa. Como relatei, logo que cheguei consegui um cliente preso, comecei a participar de audiências, peticionar em tribunais. Lembro-me não somente desse caso. Fiz pedidos de *habeas corpus*, de revisão criminal, e até assisti a sessões de julgamento no Tribunal para aprender. No Departamento, havia uma coisa muito importante: a discussão dos processos entre os colegas. Além da convivência, existia muita cumplicidade, dividíamos os casos. Se, por exemplo, eu não pudesse comparecer a uma audiência, outro estagiário ia no meu lugar. Ao sair do Jurídico, encerrei o que pude e passei os demais casos para outros estagiários que estavam chegando.

Durante muito tempo, a Universidade não participou do Centro Acadêmico XI de Agosto; e o DJ passou por crises muito sérias. Hoje isso mudou, graças ao envolvimento da Universidade com o Departamento, na forma de uma extensão. Mas é importante ressaltar a autonomia do Jurídico. Talvez, se fosse ligado formalmente à USP, tivéssemos maiores facilidades para obter recursos para o Jurídico. Mas me pergunto se teríamos a mesma liberdade de ação, que, ao longo de nove décadas, tem se mostrado muito salutar.

A assistência jurídica é essencial. A atividade do advogado público, até pela Constituição de 1988, é de suma importância à administração da Justiça. Sem a gratuidade, só os ricos ou pessoas de alguma posse poderiam ter acesso à Justiça. O Estado tem de garantir a assistência jurídica e judiciária. Mas nem sempre consegue. É fundamental que essa atividade, uma obrigação do poder público, seja complementada por iniciativas como a do DJ, que também atende à necessidade de um aprendizado. Eu acho que o estudante que vai para o Departamento Jurídico tem todo o entusiasmo para a advocacia e as causas sociais.

NA SÃO FRANCISCO

A minha carreira acadêmica na São Francisco começou em 1984, como professor assistente. Fiz mestrado porque, para exercer a função, tinha de ser mestre. Mais adiante, em 1989, concluí meu doutorado. Antes, em 1987, passei em um concurso para professor-doutor. Depois me tornei livre-docente e, em 2001, fui a professor titular. Assumi a vice-diretoria durante a gestão do doutor *[João]* Grandino *[Rodas]*, em 2007. Até então, o vice era o professor Chaves Camargo. Quando ele faleceu, recebi uma ligação do Grandino, hoje reitor da USP, para que me apresentasse como candidato.

Creio que de importante, atualmente, temos as mudanças ocorridas na grade curricular da Faculdade. Tínhamos turmas muito grandes, com mais de cem alunos. Hoje, cada turma tem de 50 a 60. Isso duplicou a necessidade de salas de aula. Além da grade, temos uma nova filosofia para a estrutura física da São Francisco, com a incorporação de mais dois prédios, totalizando três edifícios.

Penso em dar sequência a essas obras e adaptações e, também, na questão do ensino, da sua melhoria, do seu aperfeiçoamento. Nós temos uma biblioteca com raridades que devemos preservar, porque ela não é somente um instrumento acadêmico. A Faculdade é também um museu e um centro de eventos.

Graduado em 1969, mesmo ano em que estagiou no Departamento Jurídico. Mestre em Direito Processual (1981) e Doutor em Direito pela Faculdade de Direito da USP (1989), da qual é Diretor. Procurador de Justiça do Estado de São Paulo (aposentado). Publicou, entre outros livros, *Presunção de inocência e prisão cautelar*, *Direito à prova no processo penal* e *A motivação das decisões penais*.

Depoimento em 12 de março de 2010, na Faculdade de Direito da USP, em São Paulo (SP).

Emblemáticas Arcadas, no prédio da Faculdade de Direito da USP

Cronologia

Alguns dos principais fatos da história da assistência judiciária gratuita e do Departamento Jurídico XI de Agosto

- Lei imperial de 1841 reforma o Código de Processo Criminal e prescreve a isenção parcial de custas judiciais para réus pobres, embrião da assistência judiciária gratuita

- Luiz Gama (1830-1882), advogado dos escravos, ele mesmo cativo liberto, é o precursor da assistência judiciária gratuita, atendendo a clientes em juízo sem cobrar honorários advocatícios

- Com a criação do Centro Acadêmico XI de Agosto, em 1903, começa a germinar, entre os estudantes da Faculdade de Direito do Largo de São Francisco, a preocupação de instituir uma entidade voltada à prestação de serviços de assistência judiciária gratuita à população pobre da cidade de São Paulo

- Em 1912, o informativo *O 11 de* Agosto, do Centro Acadêmico, publica artigo de J. Benicio de Paiva revelando o desejo dos estudantes do Largo de São Francisco de criar uma entidade de assistência judiciária gratuita

- No dia 9 de setembro de 1919, em sessão solene nas Arcadas, é criada a Assistência Judiciária Acadêmica (AJA), que mais tarde passaria a se chamar Departamento Jurídico XI de Agosto

- Em 10 de setembro, a imprensa paulista, como os jornais *Correio Paulistano* e *O Estado de S. Paulo*, dá grande destaque à criação da AJA, reproduzindo, na íntegra, os discursos dos estudantes e professores da São Francisco

- Lei estadual de dezembro de 1920, de iniciativa do presidente do Estado, Washington Luís, antigo aluno das Arcadas e futuro presidente da República, organiza a assistência judiciária gratuita em São Paulo

- Em 1935, lei estadual prevê a criação do Consultório Jurídico de Serviço Social, para dar consultoria ao Departamento de Assistência Social (criado no mesmo ano) e também para prestar assistência judiciária gratuita aos necessitados

- Em 1947, é criado o Departamento Jurídico do Estado, considerado o início efetivo da Procuradoria-Geral do Estado de São Paulo (PGE/SP), unificando a advocacia pública paulista, que compreende a Procuradoria Fiscal, a Procuradoria Judicial, a Procuradoria do Patrimônio Imobiliário e a Procuradoria de Assistência Judiciária

- Em 17 de setembro de 1947, o serviço de assistência judiciária gratuita oferecido pelo Centro Acadêmico XI de Agosto desde 1919 ganha novo impulso e nova designação: Departamento Jurídico XI de Agosto

- O DJ XI de Agosto, até então alojado em dependência do Centro Acadêmico, passa a ter instalações próprias, na avenida Rangel Pestana. Em 1947, a entidade patrocina 30 casos

- Em 1949, o Jurídico recebe uma subvenção de Cr$ 2.500,00 (dois mil e quinhentos cruzeiros) da Reitoria da Universidade de São Paulo

- Em 1955, o DJ instala-se, finalmente, em sede própria, na 5ª sobreloja do Edifício Bocaiuva, à rua Quintino Bocaiuva, 255 e 257. Instala-se a biblioteca da entidade; 25 solicitadores acadêmicos (estagiários) trabalham no Jurídico, que adquire linhas telefônicas

- Em 1957, o Jurídico XI de Agosto recebe subvenções da Prefeitura e da Ordem dos Advogados do Brasil, seção São Paulo

- No início de 1960, o DJ compra os conjuntos 1701 e 1702 do Edifício Jurídico, situado na praça João Mendes, 62, 17º andar, onde funciona até hoje

- No final dos anos 1960, o Jurídico começa a atuar em causas de moradia urbana; diversos grupos de moradia são criados nas décadas seguintes, prestando assistência judiciária à população residente em loteamentos clandestinos, favelas e cortiços

- Nas décadas de 1970, 1980 e 1990, o DJ XI de Agosto atravessa frequentes crises financeiras, com a ameaça de encerramento de suas atividades e de interdição de suas instalações; os estagiários, em diversos períodos, foram chamados a dar contribuição financeira para o funcionamento da entidade

- Em 1984, o Jurídico celebra convênio com a Prefeitura de São Paulo que prevê o recebimento de subsídios em troca da assistência judiciária à população pobre

- Em 1986, a Secretaria de Estado da Justiça de São Paulo faz acordo com o DJ, o que permite a contratação de pessoal administrativo, concessão de bolsa-auxílio aos estagiários e pagamento de honorários aos advogados orientadores

- Com verba da Reitoria da USP, a sede do Jurídico é reformada, e reinaugurada em 28 de agosto de 1987

- Em 1990, o Jurídico interrompe suas atividades, por falta de verbas, atendendo somente a casos urgentes

- Em 1992, a Secretaria dos Negócios Jurídicos da Prefeitura de São Paulo cria o Serviço de Apoio Jurídico (SAJ), firmando nova parceria com o DJ XI de Agosto; nos anos seguintes, o acordo seria rompido pela Prefeitura

- Em 1995, o DJ firma parceria com a Procuradoria de Assistência Judiciária (PAJ) que se manteria até 2006, com a extinção do órgão

- A partir de 1997, o DJ recebe verbas da Pró-Reitoria de Cultura e Extensão Universitária da USP

- No dia 21 de outubro de 1999, é criada a Associação dos Amigos do Departamento Jurídico, com cerca de 180 ex-estagiários dispostos a contribuir financeiramente com a entidade, mediante doações regulares

- Ainda em 1999, o XI de Agosto consegue liberar os frutos civis das ações da antiga Fepasa; o DJ torna-se beneficiário de parte dos recursos, a partir de então, por decisão dos estudantes da Faculdade de Direito da USP, reunidos em assembleia

- Em 2001, a sede do DJ passa por nova e ampla reforma

- Ainda na primeira década dos anos 2000, o Jurídico celebra parcerias com os escritórios Pinheiro Neto e Levy & Salomão, o que lhe garante o repasse mensal de verbas para o custeio das atividades

- A Constituição Federal de 1988 e a Carta Estadual paulista de 1989 preveem a criação da Defensoria Pública, o que, em São Paulo, só viria a ocorrer quase 20 anos mais tarde, com a Lei Complementar Estadual 988/2006 e a extinção da Procuradoria de Assistência Judiciária

- Em 2007, é implantada a Defensoria Pública do Estado de São Paulo, órgão com o qual o DJ XI de Agosto mantém convênio para atendimento à população pobre, mediante o repasse de verbas

- Em 9 de setembro de 2009, o DJ XI de Agosto celebra 90 anos de atividades, em evento com centenas de pessoas no Salão Nobre da Faculdade de Direito do Largo de São Francisco

- Também em 2009, é adquirido um novo conjunto de escritórios pelo DJ, no condomínio ao lado do Edifício Jurídico. A área total ocupada pelo DJ chega a 300 metros quadrados

- Em 2010, o Jurídico constitui um fundo de investimentos de longo prazo *(endowment)* que confere rentabilidade e estabilidade às aplicações, aumentando, assim, as possibilidades de independência financeira da entidade

Notas

ANTECEDENTES HISTÓRICOS

Origens da assistência judiciária gratuita

1 "Assistência Judiciária Acadêmica". *O Estado de S. Paulo*, São Paulo, 10 de setembro de 1919.

2 Idem.

3 Ibidem.

4 Lei Imperial nº 261, de 3 dezembro de 1841, e Regulamento nº 120, de 31 de dezembro de 1842. Cf. SCHUBSKY, Cássio. *Advocacia Pública: apontamentos sobre a História da Procuradoria Geral do Estado de São Paulo.* São Paulo: Imesp e CEPGE/SP, 2008, p. 104.

5 CÂMARA, Nelson. *O advogado dos escravos. Luiz Gama*, São Paulo: Lettera.doc, 2010.

6 Cf. "Assistência Judiciária Acadêmica". *O Estado de S. Paulo*, São Paulo, 10 de setembro de 1919. *Correio Paulistano*, São Paulo, 10 de setembro de 1919.

7 SCHUBSKY, Cássio. *Op. cit.*, p. 106.

8 Araras, Assis, Santos, Sorocaba, São Carlos e Campinas. Cf. SCHUBSKY, Cássio. *Op. cit.*, p. 106.

9 MARCACINI, Augusto Tavares Rosa. *Assistência jurídica, assistência judiciária e Justiça gratuita.* Rio de Janeiro: Forense, 2003.

PERFIL – Antônio Carlos de Abreu Sodré

1 Verbete "SODRÉ, Antônio Carlos de Abreu". In: *Dicionário histórico-biográfico brasileiro: 1930-1983.* Rio de Janeiro: Forense-Universitária/FGV-CPDOC/Finep, 1984, p. 3248-49.

2 Idem.

3 Depoimento de Luiz Antonio Sampaio Gouveia em 2 de junho de 2010, seu escritório, em São Paulo.

4 Idem.

CRIAÇÃO DA AJA

No princípio, era a Assistência Judiciária Acadêmica

1 Departamento Jurídico XI de Agosto. *Histórico*. São Paulo, [s.d.]. Disponível em http://www.djonzedeagosto.org.br/AADJ_historico.htm.

2 Oscar de Vasconcelos Galvão, *apud* MACHADO JR., Armando Marcondes. *Centro Acadêmico XI de Agosto – Faculdade de Direito de São Paulo.* São Paulo: Mageart, 2006, p. 598-601.

3 *Correio Paulistano*. "Na Faculdade de Direito. Fundação da Assistência Judiciária Acadêmica". São Paulo: 10 de setembro de 1919, p. 5.

4 "Faculdade de Direito. Assistência Judiciária Acadêmica". *O Estado de S. Paulo*, São Paulo, 10 de setembro de 1919, p. 4.

5 Idem.

6 Ibidem.

7 SCHUBSKY, Cássio (Coord.). *A heroica pancada: Centro Acadêmico XI de Agosto: 100 anos de lutas*. São Paulo: Memojus, 2003, p. 24.

8 Ofício nº 11-854, de 21 de agosto de 1929. Acervo C.A. XI de Agosto.

9 Cf. MACHADO JR., Armando Marcondes. *Op. cit.*, p. 706.

10 Abaixo-assinado dos membros do Centro Acadêmico XI de Agosto. 19 de maio de 1930. Acervo C.A. XI de Agosto.

11 SCHUBSKY, Cássio. *Advocacia Pública: apontamentos sobre a História da Procuradoria Geral do Estado de São Paulo*. São Paulo: Imesp e CEPGE/SP, 2008, p. 104 e 106.

PERFIL – Alcyr de Luné Porchat

1 Cf. MACHADO JR., Armando Marcondes. *Centro Acadêmico XI de Agosto*, 3º volume. São Paulo: Mageart, 2006, p. 832.

2 Cf. Idem, p. 843.

3 *O Estado de S. Paulo*, "Assistência Judiciária Acadêmica". São Paulo, 10 de setembro de 1919, p. 4.

4 Cf. *Site* da Secretaria Geral da USP: http://www.usp.br/sg.

5 Cf. MORAES, José Damiro. *Signatário do Manifesto de 1932: trajetórias e dilemas*. Tese de doutorado, Unicamp, 2007, p. 246.

PERFIL – Ubirajara Keutenedjian

1 Ofício do Centro Acadêmico XI de Agosto à redação do *Diário Oficial do Estado*, informando o novo endereço do Departamento Jurídico. Ofício de 13 de agosto de 1947.

NOVO NOME, MUDANÇA RADICAL

Uma bela guinada

1 "Serviço gratuito de assistência judiciária ao povo de São Paulo – Inaugurado ontem, funcionará sob o patrocínio do Centro 'XI de Agosto'". Reprografia de notícia de jornal, manuscrita como sendo de 17 de setembro de 1947.

2 Idem.

3 Centro Acadêmico "XI de Agosto". Portaria nº 4. São Paulo, 13 de março de 1946. Acervo C.A. XI de Agosto.

4 "Estatutos do Departamento Jurídico do Centro Acadêmico 'XI de Agosto'" (cópia). São Paulo, 17 de setembro de 1947. Acervo DJ XI de Agosto.

5 Idem.

6 Ibidem.

7 Ibidem.

8 Correspondência para a redação do *Diário Oficial do Estado*. São Paulo, 13 de agosto de 1947. Acervo C.A. XI de Agosto.

9 "Inventário do que consta no Departamento Jurídico do Centro Acadêmico XI de Agosto" (cópia). Acervo DJ XI de Agosto. São Paulo, 1948.

10 KEUTENEDJIAN, Ubirajara. "Texto da carta". *O Libertador*, São Paulo, maio de 1948, p. 8.

11 ANHAIA MELLO, José Luiz de. "Tra-

balha-se serena e objetivamente na defesa dos interesses dos estudantes desta Faculdade". *Jornal das Arcadas*, São Paulo, 10 de junho de 1949, p. 1.

12 LIBERATORI, Rubens Ameleto. "Departamento Jurídico do 'XI de Agosto'". *O Libertador*, São Paulo, outubro de 1949.

13 "Causas patrocinadas". *Revista XI de Agosto*, São Paulo, 1955, p. 5.

14 Idem.

15 "Este é o Departamento Jurídico do XI de Agosto". *Folha Paulista*, São Paulo, dezembro de 1954, p. 3.

16 Idem.

17 KAWAS, Jayme. "Outros apontamentos". *Folha Paulista*, São Paulo, dezembro de 1954, p. 4.

18 "Projeto de Lei nº 608, de 1955". *O XI de Agosto*, São Paulo, dezembro de 1955, p. 14.

19 BELTRAME, Luiz Francisco. "Notas sobre o Departamento Jurídico". *Revista XI de Agosto*, São Paulo, 1960, p. 26.

20 ANGELI, João José Ozores. "Departamento Jurídico do Centro Acadêmico XI de Agosto". *Jornal do XI*, São Paulo, abril de 1976, p. 9.

21 RAIDE, Elias Miguel. "Departamento Jurídico – Experiência social". *Revista XI de Agosto*, São Paulo, agosto de 1956, p. 53.

22 KUNIOCHI, Hamilton Kenji. "Bosquejos de História". São Paulo, Departamento Jurídico XI de Agosto, 2007. Acervo DJ XI de Agosto.

23 Idem.

24 Ibidem.

25 Ibidem.

PERFIL – Miguel Aldrovando Aith

1 Cf. "Dez anos de serviços à coletividade". *Revista XI de Agosto*, São Paulo, 1957.

INTERESSE COLETIVO

Celeiro de inovações jurídicas

1 "Eu, o Jurídico e a repercussão". *Folha Paulista*, São Paulo, dezembro de 1954, p. 7.

2 "Departamento Jurídico". *Revista XI de Agosto*, São Paulo, 1955, p. 77.

3 RAIDE, Elias Miguel. "Departamento Jurídico – Experiência social". *Revista XI de Agosto*, São Paulo, agosto de 1956, p. 53.

4 Depoimento de Marcos Aurélio Ribeiro em 5 de abril de 2010, no escritório Ribeiro, Soares e Gerab Advogados, em São Paulo.

5 Depoimento de Marcio Sotelo Fellipe em 5 de abril de 2010, na Procuradoria-Geral do Estado de SP, em São Paulo.

6 Depoimento de José Antonio Dias Toffoli em 8 de julho de 2010, no Centro de Convenções Ulysses Guimarães, em Brasília, durante o II Congresso Brasileiro das Carreiras Jurídicas de Estado.

7 Depoimento de Ana Navarrete em 23 de julho de 2010, por e-mail.

8 "Uma grande fila se apresenta. Problemas: desquites, pensões...". *Jornal da Tarde*, São Paulo, 4 de abril de 1974, p. 14.

9 Superior Tribunal de Justiça. Recurso Especial nº 23.952-0. "Assistência judiciária. Prazos dobrados". Brasília, DF, 6 de outubro de 1992.

10 Depoimento de Sandra Mayumi Hosaka

em 26 de julho de 2010, por e-mail.

[11] "Assistência jurídica no XI de Agosto: 10 mil casos por ano". *Última Hora*, São Paulo, 4 de novembro de 1975, p. 11.

[12] "Arquivamento definitivo da sindicância sobre Camanducaia". *Diário Popular*, 20 de março de 1975.

[13] "Diarista consegue na Justiça Bolsa-Aluguel". *Jornal da Tarde*, 5 de novembro de 2005.

[14] Depoimento de Sandra Mayumi Hosaka em 26 de julho de 2010, por e-mail.

TESTEMUNHOS DE CLIENTES

[1] Depoimento de Maria Aparecida Gomes Ferreira em 5 de junho de 2010, no Departamento Jurídico XI de Agosto, em São Paulo.

[2] Depoimento de Flávia da Silva Meirelles de Souza Freitas em 5 de junho de 2010, no Departamento Jurídico XI de Agosto, em São Paulo.

[3] Depoimento de Elizete Rosa de Jesus dos Santos em 5 de junho de 2010, no Departamento Jurídico XI de Agosto, em São Paulo.

[4] Depoimento de Marília Bartolomei Bortolotto em 5 de junho de 2010, no Departamento Jurídico XI de Agosto, em São Paulo.

[5] KUNIOCHI, H. "Obrigado, dona Lúcia – Departamento Jurídico dá seu adeus à querida funcionária Maria Lúcia Cantarino Leopoldo". *O Defensor*, junho de 2008.

PERFIL – Jayme Kawas

[1] CAMARGO, Jorge Rubens Neiva. "Eu, o Jurídico e a repercurssão". *Folha Paulista*, São Paulo, dezembro de 1954, p. 7.

[2] KAWAS, Jayme. "Outros apontamentos". *Folha Paulista*, São Paulo, dezembro de 1954, p. 4.

[3] Cf. *Revista XI de Agosto*, 1959.

DIFICULDADES FINANCEIRAS

A luta pela sobrevivência

[1] "Este é o Departamento Jurídico do XI de Agosto". *Folha Paulista*, São Paulo, dezembro de 1954, p. 3.

[2] "Esclarecimentos dos estagiários do Departamento Jurídico aos colegas da Faculdade". São Paulo, 22 de outubro de 1974. Arquivo de Antonio Clarét Maciel Santos.

[3] KAWAS, Jayme. "Outros apontamentos". *Folha Paulista*, São Paulo, dezembro de 1954, p. 3.

[4] Depoimento de Luiz Antonio Alves de Souza em 6 de abril de 2010, no Schützer e Alves de Souza Advogados, em São Paulo.

[5] "Os advogados dos que não podem pagar". *Jornal da Tarde*, São Paulo, 20 de maio de 1969.

[6] "XI de Agosto atendeu 480 pessoas por mês". *Folha da Manhã*, São Paulo, 14 de agosto de 1969, 2º clichê.

[7] "Assim eles se tornam bons advogados". *Diário de S. Paulo*, São Paulo, 5 de agosto de 1973. Jornal do Ensino, p. 4.

[8] "Uma grande fila se apresenta. Problemas: desquites, pensões...". *Jornal da Tarde*, São Paulo, 4 de abril de 1974, p. 14.

[9] "11 de Agosto procura sede – Departamento Jurídico funciona em prédio inseguro". *Folha de S.Paulo*, São Paulo, 13 de maio de 1981.

[10] KOTSCHO, Ricardo. "Atendimento jurídico ameaçado". *Folha de S.Paulo*, São Paulo, 27 de maio de 1981.

[11] "Prefeito dilata o prazo no caso do 11 de Agosto". *Folha de S.Paulo*, São Paulo, 28 de maio de 1981, p. 12.

[12] "11 de Agosto pode parar o seu Jurídico". *Folha de S.Paulo*, São Paulo, 30 de maio de 1981, p. 11.

[13] Depoimento de Geraldo Henrique Moromizato em 15 de maio de 2010, em São Paulo.

[14] COVAS, Mário. "Projeto de lei sobre convênio – Exposição de motivos". São Paulo, 1984. Acervo Luiz Antonio Alves de Souza.

[15] SÃO PAULO (Município). Lei nº 9.714, de 7 de julho de 1984. Autoriza a celebração de convênio com o Centro Acadêmico XI de Agosto, e dá outras providências. *Diário Oficial do Município*. São Paulo, 8 de junho de 1984.

[16] "Crise financeira pode fechar jurídico do Onze de Agosto". *Folha de S.Paulo*, São Paulo, 13 de fevereiro de 1985, p. 23.

[17] SÃO PAULO (Estado). Gabinete do Secretário dos Negócios Jurídicos. Celebra convênio com o C.A. XI de Agosto [cópia da minuta]. São Paulo, 19 de maio de 1986. Acervo DJ XI de Agosto.

[18] Depoimento de Augusto Tavares Rosa Marcacini em 25 de março de 2010, no Marcacini e Mietto – Advogados, em São Paulo.

[19] Idem.

[20] Ibidem.

[21] Depoimento de Gino Augusto Franco Sant'Anna em 21 de março de 2010, por telefone.

[22] "Assembleia contestada". *O XI de Agosto*, São Paulo, agosto de 1988, p. 4.

[23] "População perde serviço gratuito de advogados". *Folha de S.Paulo*, São Paulo, 21 de novembro de 1985.

[24] Depoimento de Walter Piva Rodrigues em 12 de fevereiro de 2010, no Tribunal de Justiça, em São Paulo.

[25] Depoimento de Otavio Pinto e Silva em 18 de fevereiro de 2010, na Faculdade de Direito da USP.

[26] SÃO PAULO (Município). Lei nº 11.300, de 9 de dezembro de 1992. Cria o Serviço de Apoio Jurídico à População (SAJ), e dá outras providências. *Lex-Legislação do Município de São Paulo*, São Paulo, 1992, p. 1.175.

[27] "Projeto Assistência Judiciária Gratuita". Departamento Jurídico XI de Agosto. São Paulo, 1994. Acervo DJ XI de Agosto.

[28] "Proposta de aditamento de convênio". Departamento Jurídico XI de Agosto. São Paulo, 2005. Acervo DJ XI de Agosto.

[29] KUNIOCHI, Hamilton Kenji. "Bosquejos de História". São Paulo, Departamento Jurídico XI de Agosto, 2007. Acervo DJ XI de Agosto.

[30] Idem.

[31] SCHUBSKY, Cássio (Coord.). *A heroica pancada: Centro Acadêmico XI de Agosto: 100 anos de lutas*. São Paulo: Memojus, 2003.

[32] Depoimento de Rodrigo Ribeiro de Souza em 27 de julho de 2010, por e-mail.

[33] STEFANEL, Xandra. "A turma do deixa disso". *Revista do Brasil*, São Paulo, setembro de 2007.

DOADORES

Para consolidar a parceria

1 Depoimento de José Carlos Meirelles em 20 de julho de 2010, na sede do escritório Pinheiro Neto Advogados, em São Paulo.

2 Depoimento de Eduardo Salomão Neto em 13 de julho de 2010, no Levy & Salomão Advogados, em São Paulo.

PERFIL – José Carlos de Macedo Soares

1 Verbete "SOARES, José Carlos de Macedo". In: *Dicionário histórico-biográfico brasileiro: 1930-1983.* Rio de Janeiro: Forense-Universitária/FGV-CPDOC/Finep, 1984, p. 3227-33.

2 Idem.

ESTRUTURA ATUAL

DJ hoje, um nonagenário pujante

1 Departamento Jurídico XI de Agosto. *90 anos construindo Justiça.* São Paulo, 2009.

2 Idem.

3 Depoimento de Giordano Morangueira Magri no Departamento Jurídico XI de Agosto, em São Paulo, ao longo do mês de junho de 2010.

4 Depoimento de Marília Bartolomei Bortolotto, no Departamento Jurídico XI de Agosto, em São Paulo, ao longo do mês de junho de 2010.

5 Depoimento de José Clemente da Silva em 23 de agosto de 2010, por telefone.

6 Depoimento de Miriam Terezinha Monteiro em 23 de junho de 2010, no Departamento Jurídico XI de Agosto, em São Paulo.

7 Depoimento de Flávia da Silva Meirelles de Souza Freitas no Departamento Jurídico XI de Agosto, em São Paulo, ao longo do mês de junho de 2010.

8 Departamento Jurídico XI de Agosto. *90 anos construindo Justiça.* São Paulo, 2009.

9 Depoimento de Mariângela Franco Coelho em 23 de junho de 2010, no Departamento Jurídico XI de Agosto, em São Paulo.

ESTAGIÁRIO EXEMPLAR

Campeão de casos

1 Depoimento de André Luís Bergamaschi em 25 de junho de 2010, no Departamento Jurídico XI de Agosto, em São Paulo.

FUNCIONÁRIOS

Fiéis escudeiros

1 Depoimento de Wilson José da Silva Xavier em 23 de fevereiro de 2010, no Departamento Jurídico XI de Agosto, em São Paulo.

2 Depoimento de Benedito Vitor Januário dos Santos em 26 de janeiro de 2010, no Departamento Jurídico XI de Agosto, em São Paulo.

PORTADORES DE TRANSTORNOS MENTAIS

Causas improváveis

1 Depoimento de Benedito Vitor Januário dos Santos, 26 de janeiro de 2010, no Departamento Jurídico XI de Agosto, em São Paulo.

2 "Assim eles se tornam bons advogados". *Diário de S. Paulo*, São Paulo, 5 de agos-

to de 1973. *Jornal do Ensino*, p. 4.

3 "A assistência jurídica no XI de Agosto: 10 mil casos por ano". *Última Hora*, São Paulo, em 1975, p. 11.

4 Depoimento de Miriam Terezinha Monteiro em 5 de julho de 2010, no Departamento Jurídico XI de Agosto, em São Paulo.

ATIVIDADES EDUCATIVAS E CULTURAIS

Ação estratégica

1 Departamento Jurídico XI de Agosto. *90 anos construindo Justiça.* São Paulo, 2009.

RECONHECIMENTO PÚBLICO

Muito além de São Paulo

1 Livro de Visitas. Departamento Jurídico do Centro Acadêmico XI de Agosto, 1948. O documento ficou sob a guarda do orientador Paulo Gerab do começo da década de 1980 até 11 de junho de 2010, quando o advogado solicitou que fosse reintegrado ao acervo do DJ XI de Agosto.

2 Idem, p. 3.

3 Ibidem, p. 5.

4 Ibidem, p. 7 e segs.

5 Ibidem, p. 5.

6 Ibidem, p. 4.

7 Ibidem, p. 11.

8 "Esclarecimentos dos estagiários do Departamento Jurídico aos colegas da Faculdade". Nota de esclarecimento. São Paulo, 22 de outubro de 1974. Arquivo de Antonio Clarét Maciel Santos.

9 SÃO PAULO (Município). Decreto nº 3.883, de 10 de abril de 1958. Declara de utilidade pública o Centro Acadêmico XI de Agosto. *Diário Oficial do Município*. São Paulo, 19 de abril de 1958.

10 SÃO PAULO (Estado). Lei Estadual nº 2.574, de 4 de dezembro de 1980. Estabelece regras para a declaração de utilidade pública. Disponível em http://www.jusbrasil.com.br/legislacao/204388/lei-2574-80-sao-paulo-sp.

11 Departamento Jurídico XI de Agosto. *90 anos construindo Justiça.* São Paulo, 2009.

12 Depoimento de Roberto Podval em 7 de julho de 2010, por e-mail.

FUTURO

Um novo tempo

1 Departamento Jurídico XI de Agosto. *90 anos construindo Justiça.* São Paulo, 2009.

2 Idem.

Créditos de imagens

CAPA: Adalton Martins, a partir de foto de Marcelo Vigneron de fragmento de vitral de Conrado Sorgenicht (1869-1935) instalado nas dependências da Faculdade de Direito da Universidade de São Paulo, baseado na pintura *Partida das Monções* (1897), de Almeida Júnior (1850-1899), quadro pertencente ao acervo do Museu Paulista

ACERVO ANTONIO CLARÉT MACIEL SANTOS : 71

ACERVO C.A. XI DE AGOSTO: 33, 34, 35, 61

ACERVO DIÁRIO DE S. PAULO: 44, 58, 59, 62, 63, 66, 67, 114 (imagem 1), 139 (imagem 2)

ACERVO DJ XI DE AGOSTO: 55 (imagem 2), 57, 84, 93, 101,137, 138, 142 a 145

ACERVO FAMÍLIA ABREU SODRÉ: 30

ACERVO ÍTALO ANTONIO FUCCI: 55 (imagem 1)

ACERVO JOSÉ ANTONIO DIAS TOFFOLI: 73, 75, 159

ACERVO MARCOS AURÉLIO RIBEIRO: 69

ACERVO NIVALDO SEBASTIÃO VICOLA: 97, 99

ACERVO PAULO GERAB: 65, 86, 167, 198

ANGELO AGOSTINI (bico de pena): 21

FERNANDO BIZERRA/AGÊNCIA BG PRESS: 152, 154, 157, 158, 185, 186, 189

MARCELO VIGNERON: Capa, 1ª guarda, 11, 13, 15, 17 a 19, 27 a 29, 31, 39 (acervo C.A. XI de Agosto), 41, 43, 45, 47, 51 (imagem 1), 53, 79, 81, 83, 85, 89, 103, 104, 106 a 109, 111, 113, 114 (imagem 2), 115 a 117, 119, 121 a 127, 129, 131, 133, 135, 139 (imagem 1), 141, 147 a 149, 160, 162, 165, 166, 168, 171, 173, 174, 177, 178, 180, 183, 190 a 192, 195, 196, 199, 200, 203, 204, 206, 209, 210, 213, 214, 217, 218, 220, 223, 225, 227, 228, 230, 233, 235, 236, 238, 240, 243, 245, 247, 248, 250, 252, 255, 256, 258, 260, 263, 264, 267, 269, 270, 273, 275, 277, 278, 281, 282, 284, 287 a 290, 293, 294, 296, 299, 300, 303, 305, 306, 308, 310, 313, 314, 317, 318, 321, 322, 325, 327, 328, 330, 332, 335, 349, 2ª guarda, contracapa

MATUITI MAYEZO/FOLHA IMAGEM: 25

REPRODUÇÕES: 23, 37 (reprodução do Acervo C.A. XI de Agosto), 49, 51 (imagem 2), 77, 109 (reprodução por Marcelo Vigneron)

Entrada do Edifício Jurídico, na praça João Mendes: sempre de portas abertas

Doadores

Pessoas que contribuíram com o Livro de Ouro e ajudaram a viabilizar a edição desta obra:

Adacir Reis
Alberto Zacharias Toron
Alexandre Jabur
Alexandre Levin
Aloísio Lacerda Medeiros
Alvino Augusto de Sá
Anna Tereza Monteiro de Barros
Antonio Clarét Maciel Santos (Paulo Eiró)
Antônio de Gouveia Júnior
Antonio Magalhães Gomes Filho
Antonio Roque Citadini
Augusto Tavares Rosa Marcacini
Aziz Elias Siqueira Zenun
Carlos Alberto Salles
Celso Cintra Mori
Celso Lafer
Denis Mizne
Dyrceu Aguiar Dias Cintra Junior
Eduardo Salomão Neto
Eduardo Tomasevicius Filho
Elival da Silva Ramos
Estevão Mallet
Eugênio Bucci
Fábio Konder Comparato
Flávio Augusto Saraiva Straus
Flavio Flores da Cunha Bierrenbach
Geraldo Henrique Moromizato
Henry Sergio Sztutman
Ítalo Antonio Fucci
João Miguel
José Antonio Dias Toffoli
José Carlos Meirelles
José Marcos Lunardelli
Luiz Antonio Alves de Souza
Luiz Antonio Sampaio Gouveia
Luiz Carlos Bettiol
Marcelo Semer
Marcio Sotelo Felippe
Marcio Thomaz Bastos
Maurício Zanoide de Moraes
Miguel Reale Júnior
Naum Rotenberg
Otavio Pinto e Silva
Paulo de Barros Carvalho
Paulo Teixeira
Pedro Bohomoletz de Abreu Dallari
Pedro Paulo Maillet Preuss
Pedro Artur Unger
Percival Maricato
Paulo Henrique dos Santos Lucon
Ricardo Tadeu Marques da Fonseca
Sérgio Giovanetti Lazzarini
Sylvia Helena Steiner
Tales Castelo Branco
Vera Lucia Rocha Souza Jucovsky
Vicente Paolillo Filho
Virgílio Afonso da Silva
Walter Piva Rodrigues

Apoio

Associação dos Antigos Alunos da Faculdade de Direito da USP

Secretaria da Justiça e Defesa da Cidadania do Estado de São Paulo

Patrocinadores

AJUFESP

APAMAGIS

APESP Associação dos Procuradores do Estado de São Paulo

Litera construindo diálogos

ATS tecnologia www.atstecnologia.com.br

Fundação Arcadas de Apoio a Faculdade de Direito USP

Manesco, Ramires, Perez, Azevedo Marques, Advocacia

Livraria Jurídica Blanco Ltda.

Reis, Tôrres e Florêncio Advocacia

Souza Cruz

TELLES PEREIRA, AZZI, FERRARI E ALMEIDA SALLES SOCIEDADE DE ADVOGADOS

SCHUTZER E ALVES DE SOUZA ADVOGADOS

PODVAL ▪ ANTUN INDALECIO ADVOGADOS

Câmara Sociedade de Advogados

SIQUEIRA CASTRO ADVOGADOS

formato	15,5 x 22,3 cm
papel miolo	Couche Fosco 150g/m^2
papel capa	Couche Brilhante 150g/m^2
papel guarda	Couche Fosco 150g/m^2
número de páginas	352
CTP, impressão e acabamento	Imprensa Oficial do Estado de São Paulo

Visão panorâmica: do 17º andar do Edifício Jurídico, é possível vislumbrar a catedral da Sé e o Fórum João Mendes Jr.